读者丛书
DUZHE CONGSHU
读　者
签约作家
精品选粹

U0889411

大地深处

于坚自选集

于　坚◎著

读者出版传媒股份有限公司
甘肃人民出版社

图书在版编目（CIP）数据

大地深处 ：于坚自选集 / 于坚著. -- 兰州 ：甘肃人民出版社，2021.6
ISBN 978-7-226-05707-0

Ⅰ. ①大… Ⅱ. ①于… Ⅲ. ①散文集－中国－当代 Ⅳ. ①I267

中国版本图书馆CIP数据核字(2021)第103726号

出 版 人：刘永升
总 策 划：刘永升　李树军　宁　恢
项目统筹：高茂林　王　祎　李青立
策划编辑：高茂林
责任编辑：王建华
封面设计：今亮後聲 HOPESOUND 2580590616@qq.com · 核漫　欧阳倩文

大地深处：于坚自选集
于　坚　著
甘肃人民出版社出版发行
（730030　兰州市读者大道 568 号）
北京金特印刷有限责任公司印刷
开本 889 毫米×1194 毫米　1/32　印张 10.5　插页 2　字数 235 千
2021 年 7 月第 1 版　2021 年 7 月第 1 次印刷
印数：1~20 000
ISBN 978-7-226-05707-0　　定价：48.00 元

目 录

火炉上的湖泊

抚仙湖在滇池的东边，距离昆明九十多公里。这个湖与另外两个高原湖——滇池、阳宗海同属于五亿年前的一片大海，后来地质运动，大海退走，这三个坑是海洋最深的部分，剩水残山就成为湖泊。说得诗意些，这些湖泊是海的心，或者是海的遗址。过去，昆明人是不去抚仙湖的，不必舍近求远，滇池就在昆明旁边。三个湖里面水最浅的是滇池，水深才有十米。抚仙湖面积没有滇池大，但水深不可测，蓄水量相当于12个滇池。公元20世纪末，滇池灭。昆明人要游山玩水，只有长途跋涉，往抚仙湖去了。

二十年前，我第一次去抚仙湖，不是去游山玩水，是去进行中文系的写作课实习。那时候没有旅游的概念，自然世界无所不在，昆明城里，蝴蝶花朵成群结队，昆明外面，四围香稻、半江渔火，还要去哪里旅什么游呢。当时抚仙湖还隐藏在黑暗里，像一个农民的小名，知道它的人不多。抚仙湖旁边是澄江县，这个县一半被荷塘包围着，盛产莲藕。县城的街道上，马车当道，马匹脖子上挂着黄铜铃铛，昂首阔步，就像刚刚被授衔的将军。我当时在云南大学中文系读书，来这里实习。我一直以为在云南，最蓝的是天空，忽然看见抚仙湖。才发现宇宙间最蓝的部分，是在大地之上，我的天，那个叫蓝！后来我去世界各地游历，再没有见过比抚仙湖更蓝的水了。大学时代，风华正茂，才子周围，美女如云，我们像仙人一样飞翔。吴丹在天空的蔚蓝色大梁上飞跑，韩旭的眼镜融化成水珠，他可以看见远方了。桂枝和丽清跟着我们，80级最美丽的云，系在大地的腰上，内心隐藏着爱情的痛苦和迷惘。我四肢挺立在红色的高原之间，自我感觉像是一个托塔李天王，哈哈大笑着。这湖泊蓝得恐怖，像是古往今来，所有天空的源头，蓝色的生产基地就在它的内部，生产着剧毒之蓝。如果云南高原在夏天就像是正在开屏的孔雀的有着无数眼睛的羽毛，它就是其中最蓝的一个眼。游泳的时候，我潜入深处，就像进入了墨蓝黑的钻石里面，无数的光柱和齿轮在旋转、分裂、生产着晶体，鱼像车间里的工人游来游去，什么东西的背撞了一下我的腿，我顷刻浑身发冷，吓得双腿一蹬，浮上了水面，天空是另一种蓝，太平淡了。把抚仙湖比喻成孔雀身上的一只眼睛是很平庸的，但没有办法了，只能这么说。它是一种生命的毒液，进入它，不只是身体深入、潮湿、冰凉、抽筋，心灵也会变成墨蓝色。那个夏天，我成了一个有着墨蓝色心灵的兽，我总是坐在湖边上，与它四目相对，身体冰凉，直到日落，黑夜把前爪搭在我的肩上。它可以在黑暗里看着我，我却看不见它。

那时候大地是自由的，没有边界。我们可以向任何一个方向前进，可以从湖的任何一处下水，只要你敢。我们随便躺下睡觉，觉得哪里好就躺在哪里，身体喜欢哪里就占领哪里，沙滩、草地、林中、舟中、石头上、水面上。我们像国王一样不断地占有这个湖泊，但是它太深、太大，最后是它吞没了我们，我们离开了，消失了，它还在那里。就像两河流域的历史最终要吞没美国人。王冠是它的，世界最多的宝石闪烁在它的内部，而你一颗也无法带走。大学中文系的实习期是一个月，每天，我们乐呵呵地笑着，累极睡去，每个人都有一个抚仙湖，那时候穷得很，什么都没有，大学男生无法拥有他暗恋的女生，也不知道奔驰汽车生产线，但可以拥有抚仙湖。

有一个早晨，我们几个沿着湖岸向南方走，远远地看见天边有一座山，那山像一个巨大的锥子直立在湖边上。我一指说，我们爬到那个尖上去。那时期我就是那样的人，雄心壮志，总是渴望征服一切，我经常随便指着一个方向，就开始走，我们才不管前面是不是道路。古代约定俗成的习惯，大地上的一切是属于每个人的，自由就是你自己，你自己的身体和精力，你想做什么，去哪里，泅水登山，在平原上奔跑，对着月亮长号，在太阳底下干掉，全在于你自己的意志和力量。大地的传统就是自由，没有方向，没有道路，没有时间，没有势力范围，一切方向都是你的方向，你的道路，你的家，你的床铺，你的时间。你可以向着北方一直走，越过白令海峡，成为一个爱斯基摩人，或者一直向南方前进直到皮肤黑掉，在随便哪棵棕榈树下躺下去永不再醒来。那时候大地的传统将近尾声，但还没有消失，我还不知道我们已经置身古代世界的边界，这一切就要结束了，世界将建立起门票、围墙、铁丝网、别墅、单位的度假区、城镇、社区、护照、户口本，划分成各种各样的势力范围。现代主义的洪水就要来了，我们毫不觉察，我们是最后的古人。抚仙湖周围依然是自由的，圈地运动尚未开始，任何人都可以在那里为它的腿创造出道路。自由是大地创造的，人类从大地上领悟了自由，自由不是西方今天写在英文教科书中的抽象概念。我是有福之人，我体验过抚仙湖的无禁区的免费享有的时代，像古代的大诗人苏东坡那样，大地对于我是“耳得之而为声，目遇之而成色”“取之无禁，用之不竭”的自由之邦。我们随心所欲地穿过湖畔的湿地、沙滩、石头，自己创造出感觉最近尖山的路走，其实我们走的是最远的路。比通过权力和行政修筑的公路远多了，公路削平一切直达，我们却不得不向大地的各种曲线、干湿、软硬、冷热妥协，小心地用足底抚摩伺候着它，它是一个凸凹丰富的身体，说是女人一点也不过分，在经过那些毛茸茸的、乳房般丰满的小山时，我甚至担心踩破了它们。我们的鞋干着又湿透，再干掉。在一个小松林里，我们看见蘑菇，一群在草丛中东张西望的小脑袋，似乎立即就会变成十二个小矮人。到达尖山下面已经是下午，云南人土，给大地起名字不会玩文化，看见那山是尖尖的，名字也就叫尖山，而不叫马良山，说它是一只神笔是一点也不过分的。从远处看，尖山给人的印象很简单，就是爬不上去的，太陡了。到了面前，我们看出，爬不上去的只是一个面。在另一面，它并不那么尖，斜坡大约在七十度左右，我们绕到可以爬的这一面爬了上去，吴丹在前面，像班长一样为大家开路，山坡上布满碎石，踩在上面脚直往下滑，必须在石子还没有松的时候就移动脚步。埋着头，说不了话，汗珠滚滚，爬了一个多小时，感觉是爬了一天。说是可以爬，也就是指少数的云南人，大多数人还是只可以远远地跟着喃喃地重复一句，哦，尖山，腿有点发软，也就算了。我们把许多碎石蹬塌，滚落下去，揪着草，抠住石缝什么的，最后贴着石头爬到山的尖上。山顶并不是尖，那里是一个一堆岩石组成的一个莲花座，上面坐着天空。我们像第一个猿人那样，缓缓地站起来，就看见了洪水之前的大地。我看见了一个“开始”，因为我看见的就是无数时间之前就“这样着”的世界，它开始之后，就没有再前进过，改变过，我看见的和无数时间之前开始的那个开始一样。我无法说出我在“看见了”那一刻的感受，我真的是一个猿人，哑默，张口结舌。黑暗结结实实地浸透了我的语言，那时我才知道，我其实是一个什么也说不了的人。

下山的时候我们找到当地人上下的小路，顺着到他们的村庄去。那村庄叫作绿充，沿着抚仙湖展开，水田，炊烟，白鹭，生产队长和他的故乡天堂，我们就在他家吃晚餐。菜就是鱼，鱼是用一只铜锅煮的，味道非常鲜美。这种鱼只有抚仙湖才有，叫作鱇浪鱼。银白色的，摆在手掌中像一把冰凉的小剑。队长说，以前捕捉鱇浪鱼最好的季节是在每年的五到八月，那个时候绿充附近的岩石群中流出的泉水，水温升高，比较适合鱇浪鱼产卵，它们就顺着温水抢水上来，用竹笼就可以捕获。队长说，鱼多的时候，湖面上还会出现青鱼阵，由大鱼领着，各种颜色的鱼都有，一大片，就在那边，他指了指外面。后来他担忧地告诉我，现在捕鱼比较狠了，什么季节都捕，用炸药，用网眼很小的网，一个都不放过，捕鱼量非常大，感觉鱼比过去少多了，小鱼还没有长大就被吃掉，以后怕要绝种。我望着他炖在火塘上的一大锅子冒着热气的鱼，对他的担忧不太以为然。人不会绝种，树不会绝种，湖不会绝种，鱼怎么会绝种。但实习结束的时候，我还是与吴丹写了一篇小通讯《救救鱇浪鱼》，发表在《云南日报》上，编辑大约也觉得有危言耸听之嫌，鲁迅的“救救孩子”还有点意思，“救救鳒浪鱼”太夸张了，把它排在报纸上一个很不起眼的位置。我们在月光下离开绿充乡村，一个典型的清朝延续下来的村庄，已经有漫长的历史，村庄中的小路是青石铺的。狗叫，黑暗中有东西在扑腾，抚仙湖无边无际，黑暗的容器，盛满剧毒，看不见，只感觉到它在着。后来下起了暴雨，很快将我们淋湿就跑掉了，我说，抚仙湖摸黑起来小便了一回，哈哈大笑。前面出现了另一个村子，我们走进一个亮着灯的大房间，里面一房子的人，都坐在草墩上，喝茶，抽旱烟，中间有一个人在说书，这是我最后一次听见说书。说书人我从小就习惯，我几乎每天都看见他在文庙的茶楼里站着。我对说书人麻木不仁，不感兴趣，那时候我以为它是一种永恒事物，所以不以为意，我热烈地向往的是新事物，是未来。但几年后，他们忽然间就消失了，一个也不见了。我们向门口的小伙子要了些水喝过，继续上路，我们已经离开县城二十多公里，沿着乡村马路急步往县城赶，走不动的时候，就一条条横躺在马路中间休息一阵。暴雨过后，月亮又踮着脚尖拨开云，在黑夜的窗帘后面整理星子。我们走到夜里1点才回到实习驻地，班主任非常气愤，当场要我们写检讨书，认识“自由主义、无组织无纪律的错误”，并且要记在档案里，毕业分配时作为参考。写就写吧，那天我写了一生第一次检讨书，在那样的大地上，我还顾得上什么后果，为热爱一个湖泊写检查，够牛气的。

知道了抚仙湖是我大学时代最重要的收获，比阅读了金斯堡的诗歌还重要。他那一伙人的作品其实就是为了抚仙湖这样的天堂而写的，他们后来为什么到尼泊尔去？那里到处是抚仙湖啊。抚仙湖后来成为我生命中的一个圣地，每次去都像是朝圣一样，但这个圣地是可以体验的，我总是被湖水洗得很纯洁，很愉快，很蓝。

这都是洪水到来以前的事情了。我最近阅读金斯堡那伙人中的一个叫杰克·凯鲁雅克的家伙写的小说《达摩流浪者》，我觉得他写的孤梁峰的情况与我在抚仙湖所遭遇的世界一样，在他们，到大自然里去流浪是一种“垮掉”，从美国的牛气物质文明中垮掉。在我们则不同，80年代以前的中国云南本来就没有什么物质文明，本来就是自然界，我们热爱抚仙湖是一种天性，因为中国本来就是一个迷信“道法自然”的世界，这种理论在这个国家流行了五千年，大家已经感觉不到它是理论，它已经成为我们的一种日常生活方式。中国人从来不把自然视为人类发展的障碍，自然就是天堂，就是得天独厚，我们总是要在自然中才会心安理得。例如画家倪云林，为了“在乎山水之间”，把房子田地都卖掉，在太湖上漫游一生，直到老死。他可以说是中国的一个达摩流浪者。这种人在中国多了，红颜弃轩冕，迷花不事君，王维、陶潜、寒山……中国人把“在野”“归去来”，视为人生最后的归宿、退路，野是什么？野就是“江上之清风，与山间之明月”，所谓“耳得之而为声，目遇之而成色”的那种，所谓“造物者之无尽藏”。注意了，苏东坡说的是“耳得之”“目遇之”，自然世界是自在的，它与人的关系是“人被它动”，而不是人主动，是“道法自然”而不是“道可道”，人之道。这个关系与达摩流浪者不太一样，在他们，“达摩流浪”是一个主动自觉的行为，一种对美国消费文化的反抗，你看看在书里面他怎么说的：“如果整个世界到处都是背着背包的流浪汉，都是拒绝为消费而活的‘达摩流浪者’的话，那会是什么光景，现代人为了买得起像冰箱、电视、汽车（最少是新款汽车）和其他他们并不真正需要的垃圾而做牛做马，让自己被监禁在一个工作——生产——消费——工作——生产——消费的系统里，真是可怜复可叹。你们知道吗，我有一个美丽的愿望，我期待着一场伟大的背包革命的诞生，届时，将有数以千计的甚至数以千万计的美国青年，背着背包在全国各地流浪，他们会爬到高山上去祷告……”

《达摩流浪者》是50年前写的，当时在美国文化精英里面是多么牛气啊，为了实践这种生活方式，那伙人可没有少吃苦头，这种生活方式甚至被主流社会视为危险，流浪者被警察追捕，作品被查禁。《达摩流浪者》这种类似《前赤壁赋》或者中国田园诗歌的作品，居然是地下读物。今天可不同了，达摩流浪者已经成为一种有着先锋派记号的消费品，非常时尚，多如牛毛的背包者在世界各地流浪，但最后他们并不能反抗物质文明，流浪结束，每个人都必须老老实实回去，工作、挣钱。“达摩流浪”成为时髦的休闲方式，这种生活方式严重地刺激了从美国到意大利的野外用品生产线和《国家地理杂志》的销量，为他们创造了巨额利润。你看看就是在当年达摩流浪者进不来的云南，如今哪里不是这些背着大背包、穿着登山鞋的酷人，轻松、时髦、惹眼，令土著和他们的女儿血液沸腾，但令他们沸腾的不是达摩流浪者为什么要千辛万苦来到他们的穷乡僻壤，而是那些价格昂贵的户外用品所暗示的别处的高质量的物质生活，其实一双登山鞋就是一辆更有文化的奔驰。

我记得1987年我和几个朋友再去抚仙湖，坐着马车，到了湖边，赶马车的顺着岸往南走了一阵，远远看见悬崖下面有一片沙滩，我们就叫他回去，自己背着包往下走。1987年我们还不知道垮掉的一代，在此之前的无数时间中也不知道，但我们知道王维，我早就是他的崇拜者，我可不知道加里·斯奈德也崇拜他。我们的背包不是世界名牌，是参加过解放战争的老兵留下来的，其实这个世纪中国从来就没有放下过背包，我们习惯背包胜过习惯床铺。在《达摩流浪者》一书中，加里·斯奈德就是那个叫作贾菲·赖德的主人公，他是王维的崇拜者。马车夫把我们甩在悬崖上，说是第三天的中午来接我们，就走掉了。要从那高崖下到湖边可不容易，我背着一个大包，是李曙他父亲用来装煤球的，里面装着一些乱七八糟的东西，馒头啦、鞋子啦、口缸啦、铝锅筷子火柴啦、白菜萝卜啦，还有半袋子土豆和半个火腿，也不知道李曙要带着这些干什么。我背的这个帆布包非常大，是一个伞兵的空降包，虽然旧些，但非常能装东西。我面对悬崖，空降包悬在我背上，使我无法转身，走到后来，我必须背靠悬崖才可以继续走，我倾斜着身子试走了几步，我想既背着包，又可以走过悬崖，什么都不放过，但我立即发现这是不可能的，我要么把包甩掉，要么和它一道滚下去，我当机立断，把手臂从背带里抽出来，把包一放，它立即扑腾着滚下去了，李曙后来对我的这个行为非常赞赏，说我是可以做大事情的人，那么大一包说不要就不要了。那个包没有滚到海里面去，而是滚到沙滩上，正是我们要搭帐篷的地方。我很不喜欢这个大包袱，抚仙湖就是一切，还需要带什么，这是我的逻辑，水么，直接把湖捧来喝就行。我们在湖边上找些树枝条、稻草什么的堆在一起，又找了几个石头架起一个简易的灶。老方当过知青，在村子里面待过多年，野炊很在行，蹲下去搞了一阵，沙滩上已经火焰熊熊，热锅滚滚了。我很喜欢搭帐篷这件事情，找些棍子，把塑料布的四个脚捆上去，然后悬空固定在沙滩上，一个家就建成了。几个人立即钻进去，躺着不想出来。吃的吃，发呆的发呆，去的人有一半是昆明地方的诗人，就谈论诗歌，在这种地方谈论诗歌是最自然的，谈得很有灵性，费嘉说，我对着大海开枪，我立即呼应：打在自由的胸膛上。大家一阵欢呼，感觉诗歌也钻进帐篷来在我们中间住下了，而且是最有魅力的那个。那一夜星星一坨坨掉在海里面，我抓了一颗吃掉，味道像某种以前吃过的汤圆。沙滩一直延伸到海水里四五米，在抚仙湖这种地方不多，一般都是走几步就是悬崖深水。我们就在那片沙滩上全裸游戏，张开长腿奔跑。李曙大叫一声，似乎灵魂已经出窍，眼镜接着就掉到水里面去了，一个个白屁股翻起来，潜到深水去给他摸眼镜。后来我们坐在沙滩上唱歌，把古往今来的歌都唱了一遍。在我唱歌的时候，有一个人钻到帐篷里去了，里面原来就有一个人，她是眉冰，艺术学院美术系的。他们响起来的时候我们都装作什么都没有听见，把歌唱得乱响。星星从海中央从里向天上爬去，它们的后腿上都长着金色的绒毛。“人生如梦是什么意思，我怎么不明白我们是不是另一些人的人生之梦。”我说。我们在后半夜才钻进帐篷去睡觉，那两个人已经瘫软，不省人事了。我们这些人不是乞丐，却都是那种在随便什么地方都可以睡觉的人，我甚至就是在飞速前进的火车的钢地板上都可以睡着。我们直接睡在沙上，睡到半夜的时候，来了一个军的蚊子，把我们叮得抱头鼠窜，恨不得变成鸵鸟，钻进沙里面去。天快亮的时候，下了一场雨，雨水把塑料布压得很低，紧贴着脸，雨点的声音直接灌进耳朵，幸好塑料布绑扎得非常结实，没有散掉，我从小就有许多野营的经验，在这方面我不会太马虎。所以到天亮的时候，湖和陆地都湿透了，我们睡觉的这一块却是干岛。天一亮，大家就纷纷起来，都睡不着了，互相看看，皮子润的，都叮成了大肿脸，哈哈大笑呢。雨已经停了，就去找些柴来生火，蓬头垢面，逃犯似的在沙滩上奔走，李曙在地里面刨出来几个土豆，就放到火下面去烤着，那股味道持续了十多年，我现在还闻得到呢。太阳出来的时候，大家继续游泳，大朱不敢裸游，但看着其他人都光着屁股甩来甩去地走，就把裤子脱了一半，套着两个裤腿在那里蹲着烤土豆，他的意思是如果有人来，他可以立即把裤子套起来，把我们笑得要死。我们在那里待了三天，没有看见一个外人，不认识的生灵都是鱼啦鸟啦虫虫啦，还有一只乌鸦，它在附近的一棵老柳树上待了一个上午，干什么我就管不着了。

这都是洪水时代以前的事了。或者说是楚国的事情了，眼看着秦的势力越来越大，屈原投了汨罗江。我没有屈原那种勇气，滇池灭，我继续活着，逃到了抚仙湖，抚仙湖灭。我可以逃到阳宗海，阳宗海灭，再说吧。我最后一次去抚仙湖是今年夏天。我说最后一次去，是因为我觉得我不大会再去了，我不想彻底消灭我那些洪水时代之前的记忆。当时我和马云等人乘了一辆快车，这个中巴车的司机为了多跑几趟，把车子开得飞快，我们的生命没有他即将到手的钱重要，算起来，也不过就是四五百元吧，他把我们当作两袋土豆，飞快地拉着跑。我印象里抚仙湖非常遥远，因为我去那里的历史基本上是步行的历史，最快也就是马车。所以当司机停车，伸手要车钱的时候，我感觉他把我们带到了一个天外掉下来的飞行器面前，一群高高矮矮的水泥蘑菇，金属和塑料闪着光，小矮人探头探脑。我其实也知道最近二十年发生的事情，但有些情况我还是没有料到。我们被挡在一个大门外面，说是里面那个单位就是抚仙湖，进去要买门票，每个人交了十块钱才放进去了。大门附近有一个楼的门口挂着牌子，叫作“抚仙湖管理处”，我才知道它已经被管制了起来。穿过许多建筑、旅馆、饭店、网吧、邮电局、度假中心什么的，忽然看见了湖水，灰蒙蒙地摇荡着，许多快艇在上面划来划去。我忽然陷入加里·斯耐德式的厌倦和反抗里面，恨不得马上跳上开往西部的列车逃走，但我能逃到哪里去，我离开昆明，就是要逃到这里来，抚仙湖就是我的西部。一个老女人招呼我们住旅馆，说是又干净又便宜，还悄悄地贴着马云的耳朵说几句什么。这个老女人显然是本村的人，当年在月光下荡桨出海的渔家女之一，现在却讲着难听的普通话，并且学会了红灯区的惯用语。我忽然想起住在另一个湖——阳宗海的管理局副主任老叶说的那句话，他的湖上漂满了避孕套。我们找了一间可以看见湖的房间住下来，我推开窗子，看见水泥房子的尽头有一片灰色的水域，像是一个篮球场，就算它是抚仙湖吧。我们收拾好，下楼吃饭，满街都是小馆子，决定不了在哪一家吃，到处瞎逛，看见每个馆子门口都用玻璃缸养着几条鱼，问是什么鱼，老板说是鱇浪鱼，怎么这么少？老板说，这种鱼太金贵了，吃了可以壮阳大补，他把那味叫作十全大补的中药的漂亮包装上写的说明文字给我背了一遍。我问，多少钱一斤，他一喜，我们是论条卖，你要称斤也可以，最低价两千五一斤。在昆明我早就听说这个价钱，现在相信了。我们向湖边走去，经过许多馆子，经过一个大厕所、一个停车场，经过几个卖游泳裤救生圈的摊子，又经过一群围着我们，要求我们用他们的气枪玩游戏的人，打中一个气球奖励一个小熊猫，我知道肯定打不中，因为他们把气枪的准星搞歪了。经过这些只想赚钱，并且用最蠢的方法来赚钱的人，我心情很不好，好像自己正在发臭，所以才被那么多人嗡着。小镇的尾部出现了沙滩，这些人真有本事，他们经过多年的设计、施工，终于把抚仙湖搞成了一个跟在旅游区后面的东西，一个后院。前厅的什么都比抚仙湖干净，到处有人打扫卫生，旅馆房间、浴缸、抽水马桶、餐厅、街道，都干干净净、散发着讨好的光泽，随处可以看见表扬卫生先进的小红旗、小奖状贴在显眼的位置。抚仙湖在一切的最后，没有人打扫，没有人把这个抽水马桶稍微擦洗一下。我感觉那沙滩有些不对，立刻发现，这是一个人工的沙滩，这里本来没有沙滩，他们从别处拉沙来，做了一块，人真是有本事，我相信他们有一天可以做一个抚仙湖。沙滩不大，停着一大片可以在水上骑行的彩色车子，使沙滩看起来就像一个威尼斯双年展上的美国作品。我正在想，如果我骑那些丑陋的东西上面会变成一个什么，立刻就有四五个人朝我跑过来，我一看就知道他们想拉我去当妖怪，赶紧向湖边跑，头也不回走进水去了。

湖水的样子非常可疑。那么多的旅馆、餐馆的污水和作废的精液都排到哪里去？虽然水泥排水沟修得煞有介事，但我总是怀疑那些脏水冠冕堂皇地拐弯抹角之后，又流到湖里去了。湖边停着一艘轮船，已经改成餐厅和歌舞厅，这个地方搞完清洁卫生后排出来的污水又排到哪里去呢，我没有看到它的排泄管道。我戴着潜水墨镜向湖里走，满怀狐疑，感觉不是在走向自然界，而是在一家餐厅的洗手间里，担心着被呕吐物滑倒。但视觉没有那么恶劣，水还是清的，温度也是大自然的温度，刺激、冰凉，不是游泳池类似液体的温水。我一跃，游起来。

滇池在世的时候，在自然界游泳是我的日常活动，一个星期至少要去滇池两次，有时候夜里 12 点出发，12 点 58 分脱得精光，一点钟下水，月亮的角度恰到好处，可以照彻全身。月光下的滇池就像一条金身大鱼，周身都是鳞光。不时有鱼撞到我的身体，尾巴打我一下，嘴尖啄我一口，感觉像是在鱼国的闹市区行走。哗啦，一条鱼在水面翻个身，守财奴的金腰带亮了一眼，又收了起来。滇池去世之后，我的游泳活动就改在体育界开展了，这是一个温水区，没有水草也没有鱼，瓷砖的岸，透明如玻璃的水，在里面游泳，感觉自己就像金鱼。

我从小就在滇池里面游泳，少年时代从未想过滇池会死，更没有想到它会先于我而死。人谁会这么想呢？你也许会担心地震，但你决不会担心大地因此死掉，这种念头是无法产生的。在我的文化中，大地总是代表着永恒不朽，“千秋万岁名，寂寞身后事”，是因为我们迷信天长地久。滇池是我作为诗人的一种信心，因为我总是无意识地依赖着它，我的诗歌才具有活力。很难想象，我在知道滇池——它就是我的故乡，乃是死水一潭，我还能够对写作建立信心，我从来没有在古代诗人的作品里读到自然界死亡的描写，“海枯石烂”的意思，恰恰就是强调这是不可能的。如果这世界的大海、河流都是臭水，我们能够对写作建立信心吗？梭罗的《瓦尔登湖》写得非常缓慢，充满细节不动感情，他不必多情，因为他相信这湖泊会比他的生命更长久地接纳他的文字，比起滇池来，瓦尔登多么小啊，只可以算是水库，但作家梭罗是伟大的，天地有大美，一个小湖就可以成就一位伟大的作家，这就是自然的魅力。我的记忆待在原地，我的生命其实在三十岁左右的某一日就停止了，此后的岁月只是回忆，只是对昔日的一次次徒劳无功的寻找、重返、想象和小规模的模仿。我不是一个可以不断地投入新时代、创造新生活的人，因为我无法创造新的故乡和新的滇池，那是滇池吗？就在我窗外十公里外的天空下散发着尸体气味的液体。那是我的故乡吗？那片水泥的多米诺骨牌。

地质革命没有毁灭掉的东西，被我的时代毁掉了。地质运动在数亿年的沧海巨变中改变不了的海的心，被我的时代在二十年中就消灭了。我应该迷信时代，这个没有身体的庞然大物，一切身体的敌人，唯其没有身体，所以任何力量都永远无法阻止它、打击到它，它是不会死的，它是抽象的、形而上的，它是一个虚无的意志，但却有造物的力量。大地却无可奈何，它就摆在哪里，它是身体，挖掉一块就是一块，怎么糟蹋都可以。

我幸运的是，我的诗歌信心是建立在我一生的前三十年的世界上，20世纪的50年代到70年代，一个渚清沙白的滇池和一场史无前例的革命足够成就一位诗人了。我不知道此时代的诗人如何建立他们的文化信心，在汽车上？玻璃和塑料之间？抽水马桶？汽缸？通过绿党的示威？我幸运的是，我的诗歌得以和过去五千年的中国山水诗歌的传统相联系，我得到这样的洗礼，大地乃是诗人的天堂。但现在我的诗歌只能活在记忆中，我是被放逐的说谎者，有什么证据证明存在过一个于坚的滇池？没有。20多年前，滇池还活着的时候，我开始成为一位诗人，1976年，我写下了第一首关于滇池的诗歌：

滇池月夜

当滇池的水上
流过幽蓝的月光
乘一叶小小的木舟
一摇桨离开了水岸……

漫游在夜的天空
披着温柔的山风
睡美人躺在我的船头
她的头发浮在银波浪中

鱼儿跃出灰色的水面
月光照见金色的鱼鳞
鱼鳞被波浪们捏碎
散作了天上的星星……

星星像她的眼睛
白云像她的纱巾
我是这滇池的波浪
她望着我敞开的心……

夜里响起了歌声
夜一样神秘深沉
不知道谁是歌者

月光啊忽暗忽明……

想起古代的传说，
就去找跳海的石匠。
月光下站着西山，
好像是他的雕像。

绕进那静静的苇丛，
惊醒了夜鸟的睡梦。
扑腾着打起翅膀。
分不清海水天空。

现在看不见海岸，
我划着孤独的小船。
世界在我的心中，
生命在我的桨上。

就要去了，夜！
就要来了，光！
就要醒了，滇池！
就要泊了，船！

我以为这种吟风弄月的诗歌可以永远写下去，我有的是时间，张若虚就是这么想的，所以他自信地说，“人生代代无穷已，江月年年只相似”。但关于滇池的赞美诗我才写了两首，第三首已经是《哀滇池》了，我的哀歌写于 1996 年，与屈原的不同，他写的是《哀埕》。

抚仙湖令我思想活跃，头脑清醒，这个冰凉的母亲抚摩着我，她的手指光滑柔软，我在湖岸附近像鱼一样梭巡，把头闷到水里看，水还清，还可以看见两米以下的情况，但与我二十年前见到的湖底不一样了，这是一个战后的废墟，废弃的酒瓶，长满暗黄的毛，像是浸在防腐液里的胎儿，沉沦的塑料袋，沉船，沉没的电视机、那些大红大紫的节目无影无踪，它怎么会沉在此处？正在解体的皮鞋，包裹了什么凶杀案件的麻布，远离图纸的砖头、锈铁，已经看不出曾经是什么，犁头、镰刀？罐头盒、铁丝、灌满水的可口可乐筒、破渔网，苔藓，很多都是新东西，这古老的湖床做梦也想不到的东西。水底不是墨绿色的，而是棕黄色的，没有一条鱼，什么都不动，喝醉了似的。我在水里闷着游了一阵，越来越害怕，就逃到表面来了。过去我也非常害怕湖的内部，恐惧但好奇，这种恐惧是柔软的，是从安全里产生的，我信任这水就像信任母亲一样，它绝不可能谋害我，没有毒性，它就是我的生命的起源。我不信任它我信任什么呢？危险和恐惧来自我自己，我自己的能力和生命力。就像深入一只神秘莫测的海胆，曾经看见过的色彩都被记忆着，一个可以触及、体验的记忆，浑浊的、漆黑的、灰暗的、深蓝的、冰凉的、温热的……其间有许多过去时光的飘带，被鱼群佩戴着，一闪一闪，有一张绿色的脸刚刚泛出笑容，又缓缓地暗下去了，成为苍白色。我曾经用安徒生童话来描述这个地方，根本不够，因为语言无法面面俱到。就是汉语这种可以镜花水月的文字，也没有办法描述。现在，陌生的东西都跑到湖的内部来了，就像患了胆结石的病人，正在变形成为达利的大脑，我不喜欢这个家伙的作品，什么都被他想象完毕，在达利的世界里我没有丝毫的想象力。湖面上，快艇像刀片在湖的青色下巴上刮来刮去，肚子上拖着黑色的鼻涕，那是汽油燃烧后留下的，游泳的人内心恐惧，害怕这些刀片会把它们像胡子那样刮掉。忽然破浪而来，掀起一个高潮，把游泳的人抛起来，穿着红色救生衣，紧紧抱着舵手的男女青年尖声大叫，巨大的汽油味弥漫在湖面，代替了海腥气，我很难受。快艇过去，它带来的浪潮把许多漂浮物带过来，一个水上垃圾场就要把我包围掉，我逃命般地向岸边游去。

在湖边餐馆吃饭的时候，看见昨天的报纸，在第一版登着一个消息，抚仙湖的水质已经下降为 2 类。过了两个月，我又看见报纸上说，洱海危在旦夕。三十年前，我的《救救鱇浪鱼》一文，就登在这家报纸上，哦，这个铅字车间倒是比滇池长久啊。我忽然然想到“春秋”的新写法：公元 21 世纪某年，青蛙灭。某年，蝴蝶灭。某年，鱇浪鱼灭于澄。某年，滇池灭，于坚去澄。某年，于坚去洱。公元某年，洱灭。公元某年，湖灭于云南内。春秋战国时代，灭六国的是谁？很清楚，秦。所以荆轲刺秦王是对的，只要把秦始皇刺了，事情就结束了。但灭滇池的是谁？我倒是很愿意去当一个荆轲，但我不知道我要去向谁行刺？那些下水道？我自己家里就有一根。

我做了一个梦，秦大军压境，刀枪兵马忽然变成了火海，钻入地下不见了，屈原对我说，统一是难免了，楚国灭了，六国也差不多了，你逃命去吧，我说，你不能死，我带你去滇池避难，我拉着屈原赶紧向一个亮着绿色的字母EXIT的门跑，电梯飞速下降，我发现我们是在911的大楼里，旁边都是银行白领和伊拉克人，屈原大叫着：去终古之所居兮，哀吾生之须臾！我们向着火海坠落，巨大的爆炸声。我看见大海在远方，变成了黑浪滚滚的石油。

夜里，我被巨大的响声惊醒，窗外雷声隆隆，闪电把天空照亮，抚仙湖上在下蓝色的暴雨。我隐约看见有人在天空里披头散发地奔走呼号，我确信那是诗人屈原的幽灵。

2003年11月7日星期五在昆明

滇东北，雄狮大峡谷

马云从滇东北回来，说，算啦，我实在忍不住了，还是说给你听听算啦。那种地方，去过一回么，这人生也值了。老顾领我去的，他说那边有一个比美国的科罗拉多更了不得的大峡谷。吹牛啦，你又没有去过美国。是去过的人说的。一晚上，都在说那个峡谷如何了得，路上如何艰难，如何走到一半路的时候就下起大雪来，同去的一个人终于耐不住，就撤退了。我也想打退堂鼓啦，太冷啦，魔鬼都出来啦。可是老顾说，马老师，我不哄你，那个地方，莫说下点雪，就是下石头，也值得去，说完天上就下起石头来，打得脑袋砰砰乱响，是冰雹啊。又走了半个小时，只看见前方出现一个大口，云一大团一大团从那里吐出来，飞快从我们头上、脸上飞过，像白毛巾一样抽得满脸发木，仿佛全世界的云都藏在那里面，都放出来啦！我是不会写诗，如果我会写，我就要仿这种写。一路上啊，又是刮大风又是下雨、闪电、下雪、下冰雹，我想着，完啦，完啦，一样也看不见，天都黑起来了，莫从哪里掉下去就算好的啦。但最后，天突然在黄昏时候晴掉，夕阳从后面露出来，大地光辉灿烂，像是新做出来的，因为湿漉漉的，比干的时候更灿烂动人，到了峡谷边边，忽然大地就落下去，我真的是一生都没有被这么吓（音 he）着过，太了不得啦，因为落日，那大峡谷整个是金红色的。我只敢趴在地上，站起来腿就软，风那个大，吹着我感觉就像自己是一块布。带我们去的老顾说是，这里只是个序曲，还有呢，太了不得啦！我说不出来，如果这种地方就在云南你没有去的话，白活了。马云说得相当有气氛，有色彩，有温度，我眼前立即出现了那些情景，但我并不想去，真有那么不得了，我怎么从来也没有听哪个说过，那些昭通出来的一个也没有这么说过，只是听说那个地方太陡了。最后马云拿出他趴在地上用傻瓜相机拍的照片给我看，我看了几张，心中大动。要去看看，一定要去。马云说，这两天莫去，过个把月，梨花开的时候再去。

转眼到了四月，昭通的朋友和成打电话来说，梨花开了，你们下来吧。于是马云、大猪、我和李曙开着车直奔滇东北。李曙靸着拖鞋，穿着短褂，就去了。我说，昆明这里你莫看气温已经 20 度，那边是北方，北纬 21 度，梨花才开呢！你这些行头怕耐不住，李曙不听。十多年前，我去过昭通，也是在春天，我永远难忘那大地上那一丛丛雪白的梨花，仿佛一些黑少女正举着花环在天空下奔走。那尚未播种的大地，色彩阴暗地等待着，弥漫着一种苍凉、伟大的气氛。我再次感受到了那种东西，我再次被大地的朴素感动。我再次看见那些衣服褴褛的农民在大地上种植土豆，一个汉子驾着牛拉着木犁在前面把土地犁开，三四个裹着红头帕的女农民，抱着簸箕跟在后面，顺着开出来的浅沟，两个下种、一个撒肥，我再次看见她们被北方的风刮得红彤彤的脸。十年过去，我已经被世界改变，十年前我在车窗口瞥见的那些种地者，已经被生活和命运改变，但那些基本的东西，春天、播种、土地和牛，以及山冈上正在盛开的红杜鹃，那在遥远的一日令我们在不同的命运中感激着生命的东西，依然如故。大风吹着，把大块的云吹过土地，那土地忽然阳光灿烂，忽然又阴暗下来，云在移动，光也在移动。一只松鼠从树上蹿下来，飞越了公路。四月的布谷鸟，像去年的春天那样啼叫，它似乎在回忆一种已经完美的声音模式，而且它总是可以原模原样地回忆起来。

从早上九点钟离开昆明，到达昭通的时候已经是晚上八点。和成和他妻子用上好的昭通火腿招待我们，这种火腿与距离它七十多公里的宣威火腿味道不同，另外一种美味，我们吃了许多，经常忍不住大笑。人生的乐事之一，在夜里抵达某个地方，晚来天欲雪，朋友、火腿和酒在等着你。我们感受了北方早春的冷酷，李曙现在夸张到立即去买了军大衣和棉鞋来立即穿上。云南就是这样，只要你从一个地方到另一个地方，气候、风俗、口音、饮食，甚至人们所信奉的神祇都不同了。梨花已经开了，和成不断地说。以前我只知道昭通有昭通酱，用来炒杂酱，味道最好；还知道这里是云南盛产英雄豪杰的地方，唐继尧、龙云、卢汉这些云南历史上的风云人物、山大王都来自这里。我不知道这里还有梨花，和成他们说的梨花，意思并不是到了春天云南到处都开的那种，那意思是，那些算哪样，我们昭通的才叫梨花。他的朋友老顾（画画的）和小张（照相的）则不断地告诉我们哪里哪里的梨花开得最好，他们谈论梨花的口气，就像从前在中学的宿舍，谈论班上的某个美女。哦，了不得，那些梨花，衬着蓝天，更是好看呢！

我以为梨花早就远远地躲开了城市，它们至少在昭通二十公里以外的地方。但当我在黎明时打开窗子时，意想不到地竟看见了它。大地的一半在雾气里，另一半在黑暗中，其间散布着朦朦胧胧的梨花、树林、溪流和村庄。亮起来以后，我发现不大的昭通城几乎就是被梨花包围着。中间是坚硬的水泥，周围是无边无际的花。这个城市还与大地保持着千丝万缕的关系，一些农民挑着蔬菜从小路上走进城里，到了水泥路的边缘，他们一个个停下来，把鞋底支在公路边的台阶上，把底上的泥巴刮去。一个还看得见大地的城市，这使我对昭通有了非常的好感。后来我们出了城，不过出去两三公里，我们已经进入大地深处。这边的梨树多是老梨树，历尽沧桑，枝干黝黑，弯曲成中国画中的样子，许多梨树是集中在坟地上。那些梨树和我在其他土地上见到的不同，不是那种活泼的、燃烧的、年轻的，而是沉着、顽强、老态龙钟。那花朵似乎对它一年复一年地到来的白色花瓣有些无奈，它们已经洞透了沧桑，不再炫耀任何东西，只是保持着基本的品质。梨花安静无声，但我强烈地感到它们在“喧嚣”，下面的树干是苍老而沉默着的，但上面的花却声音灿烂，我甚至觉得在那耀眼的花朵下，有一种震耳欲聋的感觉。我们奔向一处处的梨花去，许多土地只是翻过，还没有播种，所以可以在土地上朝任何方向走。土地里面有许多人在干活，他们默默地看看我们，吐口水在锄头把上，又继续举起来。那土地平坦辽阔，很远地方的人都可以看见，像是一粒粒的种子。这土地缺水，人们用车把水一车一车拉来，浇地。细细想想，这活计是多么艰苦，浇地的水是从三四公里外的地方拉来的。但在他们似乎从来意识不到艰苦一词，干活的人有青年、老人、妇女和儿童，他们一边说话、笑、一边干活，拄着锄头说一阵，又挖上几下，梨花就在他们四周，时时有白色的花瓣掉下来，飘到他们的头上、肩膀上、新翻开的土疙瘩上，他们就这样在一个巨大的花园里劳动，浑然不觉。像白色的花朵忍受着沉默的梨树那样，这些劳动者顺从着大地，顺从着它的肥沃或贫瘠、顺从着它的缺水或灾害，也顺从着它的奉献、丰收，他们是另一类的梨花。

和十年前相比，昭通变化并不大，十年，无数事物毁灭了（包括昔日被叫作诗人的那些），无数新的东西暴长出来。许多在十年前离开故乡的人，再也无法回到故乡。而昭通却是例外，像它盛产的土豆那样，在许多方面依然如故。无数的事物被前进所吞灭，昭通却像洪水过后露出来的一角，令我们回忆起洪水之前的世界。在21世纪开始的时候，昭通依然古老，依然没有彻底焕然一新。那些在云南世界已经消失殆尽的生活形式，依然在这里缓慢而顽强地活着。这是时代列车旁边的一只蜗牛，它没有因为“落后”而被抛进时代自以为是的死亡中，而是被抛到了大地上，因为在时间中，它坚持的是一种大地的速度。

在一个变化的时代里，不变未必不是一种福音，这是大地启示于我的真理，但除了梨花，没有人相信这种不值钱的真理。昭通其实自卑得很，这个城市的精英纷纷离去。十年前，我应这个城市的诗人邀请前来交流，那时昭通有上百的诗人。我在一条老街上路过，居然有人停下单车来大喊一声，于坚，上来，我带着你走！激情、青春、活力、伟大的梦想、野心勃勃。我记得在一个飘雪的中午，我和一群诗人钻进一个小酒店，在0℃以下，喝白酒，吃凉白肉，谈论第三代诗歌。如今这城市已经没有诗人，文化精英们对古老的、顽固守旧的故乡感到绝望，投奔新世界去了。当年在这个城市我有许多志同道合者，我们相信诗歌和永恒，我们相信任何一种生活都可以造就诗人。他们并不羡慕昆明，我从未感到昭通落后于什么。我当年来到昭通，是以诗人的身份来的，现在依然保持着这个身份，而这个城市已经没有诗人了，我有些悲哀，写诗难道不是一生的事吗？啊，当乌鸦回到昨天栖留过的树枝，那里已经没有任何一只乌鸦，谁又知道它就是乌鸦呢？如今我谁也不认识，喧嚣者消失了，留下来的乃是昔日沉默着的部分，不怕落后的部分，基本的部分，根的部分。普通人，生活，梨花、老街、厕所、茶馆、父母、老师以及每个黎明准时开张的热气腾腾的羊肉米线店。开了一百年的羊肉米线店，和成知道一家，带我进去，五块钱一大碗，满满的羊肉片、红油、花椒和周围呼噜大响的喝汤的声音，人生得此足矣。

有一条街，连着都是茶馆，充满旱烟味，里面座无虚席，我从未看到任何一个咖啡店或酒吧有这样多的人，而且是一些很不时髦很普通的人，百姓。这些人恐怕永远不可能到酒吧里去。在茶馆已经完全消失的昆明，这些人早已不见了踪影，酒吧里只有时髦的青年。那些不时髦而传统、只是喜欢泡一杯茶，在象棋的落子声中坐一个下午的青年、中年和老年到哪里去了？昭通人是幸运的，这种中国式的平民化的社交场所依然存在，他们如果讨厌电视机的话，他们还有一个可以谈话的场所。在昭通最现代的街区也开着个把时髦的酒吧，我去过两次，每次都没有看见有客人，那些只知道油盐柴米和风花雪月的市民不敢去，那里没有安全感，没有他们习惯的旱烟味和昭通土话，感觉在里面是只能说普通话和外语的。那些茶馆从开业以来就没有装修过，已经被烟子熏得漆黑，茶壶是黑的、茶杯是黑的、桌椅是黑的、沏茶的伙计似乎也是黑乎乎的，却有着茶馆一词所传达的最地道最货真价实的气息。光线阴暗，坐下去要好一阵才能适应，慢慢地，一张张昭通人的脸，那是一些可以称之为大爹、老伯、师傅、老哥、小弟的脸，安详，善良，与世无争，仿佛外面的时代从来就没有前进过。太落后了，将来这里统统要拆掉，全部换成最漂亮的酒吧。还要引进麦当劳。我知道有一个野心勃勃的计划已经种植在人们心中，人心向背，都是这个众所周知的未来。在这样黑暗的茶馆深处回忆往日的时间不会太多了，让我多待一会儿。我是否已经成了一个怀旧的遗老遗少？怀旧今日在文化界，已经很时髦，已经成为一种风度。我以为我的感情不是对必然死亡的事物的怀念，而是对基本的东西被"前进"所普遍遮蔽的恐惧，基本的东西必然是旧的东西，它与旧不同的是，它是有生命的，比旧更长久的。这是一个夸张的时代，我怀念的是朴素的、基本的、真实的世界。睡觉，最基本的东西是一张床，但人们却为住在一个总统套间里而奋斗。吃饭，一只碗一个盘子已经足够，但人们却以为一桌酒席那才是吃。滇池，它作为水和鱼已经足够了，但人们夸张到要向它要粮食，于是基本的东西——水被毁灭。这就是夸张，这时代不喜欢基本的东西，我的邻居到我家里来参观，他说，你怎么不吊顶？我说，那不是顶是什么，你看不见吗？他坚持认为那基本的本来的顶，不是顶。在此时代，没有人看得见顶。

古老的街道，古老得几乎已经完全被灰尘和烟子遮蔽了，正是这种旧得可怕的街道使我对这城市有着安全感和信赖，仿佛走在我外祖母的厨房中。我害怕玻璃，它的光，它的易碎、它的与鲜血息息相关的潜在含义。但这木头做的街没有玻璃。一条街都是使人想起“林家铺子”一语的商店，弥漫着煤油烟、辣椒、胡椒、草果、大蒜、蔬菜、腊肉、葱花饼、烧土豆、鸡和鸭子的味道。人们的气味也使我感到，洗澡并不是很普遍的事情。有一家铺子在卖橡皮筋，我为给女儿买它跑遍了昆明，我立即买了两根，我女儿将成为三年级最得意的女生。另一个铺子在卖坛坛罐罐，一个铺子在卖提箩菜篮，妇女们在街沿一排坐着，提箩里盛着自家的鸡下的蛋，等待出售。随时可以遇见裹着长布头巾、阴丹蓝的长袍，缓慢走过的老者，我以为是少数民族，问了，都是汉族，那是昔日汉族男子的传统打扮，如今已经成为“少数民族”的穿着了。人依然是街道上的王，时常可以看见人在马路中央优游，老者挡了道，汽车跟在后面讨好似的小声按着喇叭，依旧不让，后来回过头来朝司机笑笑，才慢悠悠地让开，那司机一点也不生气，不猛按喇叭，他懂礼貌。在三纲五常，“老吾老以及人之老”的秩序里，汽车是什么东西？算老几？在一条小巷里，全是卖工业废品的，钢筋、轴承、扳手、铁皮、电线、螺丝……全是破旧的工业品，一大股铁锈味，沿小巷展开的十几个摊子，全是卖这些，和卖菜卖鸡蛋的集市一样，那些买主像母鸡般蹲在这些废铜烂铁之间，挑挑拣拣，讨价还价，使这些坚硬的东西似乎有了某种柔软的成分，好像不是车间里生产出来的零件，而是从大地上长出来的土豆。其间还有一两家做铁制品加工的小车间，车床临街摆着，满脸油污的伙计一边操作车床，一边和旁边纳鞋底的姑娘说笑。还有许多写字公公坐在某个角落上给人写信。其中一个正在写：某某乡政府，某某的出生年龄应该为某月某日，因为当时登记是托人口头说的，说大了一岁，请给予更正。我到过无数的集市，最普遍的是农产品的集市、旧家什的集市，也见过工艺品的集市，但把工业产品与集市联系起来，我这是头一回见到，这真是世界上最好看的集市之一。

去马云说的那个峡谷不是说去就可以去的。只有泥巴路通往该地，七十九公里，轿车是开不进去的。市里的朋友给我们找了一辆三菱，我们在一个阴郁的早晨上路了。去看马云牛气哄哄夸张得要命地介绍过的那个峡谷。老顾倒是不喜欢夸张，他只是说，到了你就知道了。我们穿过风景明丽的乡村，梨花的骤雨一场场袭来。每当穿过村庄，路就烂得要死，有一个村子，居然有五公里长，农民的院子就一个个建在两边，中间泥流滚滚，猪和狗在其间拱动，奔跑、拉屎。小孩在撒尿。要出门就得踩高跷似的顺着两边稍高的土坎走，有的地方，你甚至有几步要把脚落到人家里去，才走得过去。南来北往的车子经常在这里抛锚，陷到一米多深的泥浆里。车子多是拖拉机、东风牌卡车，道路上整日都是陷在泥泞里的拖拉机什么的在黑烟滚滚地挣扎、轰鸣。等雨季过去，一切干掉，这路上又是灰尘滚滚。人们就对着这样的路面吃饭、聊天、睡觉、走亲戚、举行婚礼什么的。除了我们这些从水泥路上过来的人会想到“肮脏”“难受”这些词，当地的居民似乎浑然不觉，仿佛他们朝夕相伴的是一条林荫大道。如果中国的乡村道路都是这样，也就是在这样的道路上出现了步行的李白、杜甫或者骑着毛驴的陆游。而在水泥路的尽头，并没有站着一位诗人，那么是谁有问题呢？是水泥路，还是乡村的土路？

离开村庄，路立即好走了。道路是红土的，与周围的泥巴一样。忽然瞥见一群白色的羽毛从水田里飞起来还拖着一些长腿，那就是黑颈鹤！老顾说，我赶紧把头伸出去看，已经不见了。我想，这么容易，在昭通听人们谈论它就像谈论神灵似的。神秘兮兮，眼睛发亮，骄傲，像是去过西藏。这么容易，有的是看见它的机会，不就是一种鸟么。但从此刻恍惚看见一些羽毛之后，我就再也没有见过它们，就是后来我抵达那些在很多的照片上都显示了它们的地点，我也没有见到它们。只是马马虎虎地瞥着一下，就在我的视野里永远无影无踪了。在这个梨花盛开的春天，一想到黑颈鹤，我就有些惆怅。它们在哪里呢，我的诗歌。

我们要去的地方没有马云所谓的大峡谷这个说法。当地人把该地叫大山包，那是位于3100米的海拔之上的一个包括土地、草场、沼泽、山冈、黑颈鹤、乡村、人类和3600多匹马、12800多头羊、6600多头猪的一个深棕色的广大地区。人们在这里种植荞子、燕麦、土豆、兰花子为生。这土地展开在一个个线条丰满的山包上，那些山包像是一个连一个的巨大乳房，包裹着黑暗中的什么、肥胖、丰润、酥软，似乎怀抱着无休无止的生殖欲望，淫荡的土地。我忍不住跳下车去，在一块地里面打起滚来。大猪说，在老母身上打滚啊。我们大笑。高原下面是阴天，上面却是蓝天，蓝得像古代的地中海。蔚蓝的春天下，泥土闪着光芒，呈现着深浅不一的颜色，有些土地黑沉沉的，也许本身并没有那么黑，因为它们在另一些土地的阴影中。空阔、荒凉、朴素，这是从另一个方向看得到的印象。很少看到人，但忽然，会有人在大地上出现，仿佛是刚刚从泥巴里钻出来的。人们正在施肥、下种。一匹马拉着一车肥料走到一块地的中央，停下来，赶车的人开始用铲子把肥料弄到土地里，空气中弥漫着肥料的酸味。马云突然叫道，看看那个村子。我就看，就看见了一个村子，也明白了他为什么那么冲动，那直接就是一个塞尚，或者巴尔丢斯画的村子嚜。黑色的茅草屋顶、棕黄色的土墙、黄狗、一些黑色的树，只有简洁的枝条，没有叶子，有一棵的中间，盛着一个黑乎乎的鸟巢。一些泥巴路在村子里穿过，一个穿红衣服的女人在路上走，手上还拿着正在刺绣的什么。一些鸡站在一堆牛粪堆上刨着什么，猪低头在下面拱。一些小孩子在打谷场上玩着，村子后面的山坡上，站着一头黄牛，并且叫了一声。另一边是高地，一匹黑马站在天空下，低着头。太阳忽然照到了这个村子，亮了。金黄色的天堂，而周围的土地，是黑沉沉的。我们就像看天堂那样看了一阵。老顾说，走，到村子里去吃烧洋芋，我认得这个村的一家人。就有人跟着他去了，我没有去，我一直站在这个村子外面。

七十多公里的泥巴路尽头，就是大山包乡。它藏在那些大山包中间。看见过路上的那些美丽山村，我想象里的大山包乡也就是那样了。到了，才发现不是，这是一个水泥和钢筋做的乡，平庸、坚固、实用、得意扬扬。使它领导的那些村庄为它们落后的茅草屋暗暗自卑着，在这些水泥盒子的领导下，塞尚、老巴的那些村子自然会消失掉。意识到这一点，我心里不太舒服，但也不能说什么。我无法对那些在茅草屋里啃烧洋芋的穷人讲什么法国的印象派。这是艺术和文学永远的一个虚伪，永远的荒谬。因为目的不一样，生活是实用的，而诗人决不可以这样看世界。所以我知道，世界在骨子里永远不会喜欢我们。我们也别骂它，把它可怜的美说出来就行，让那些美丽的茅草屋天堂存在于纸上，就行了吧。我们住在乡政府的招待所，那里好找，是此地最高的一栋楼。乡上有三个小饭馆，其中一个饭馆味道特别好，老板娘从当地农民那里收购来的火腿，煮熟切成大片，肉色有红白蓝紫黄五层，美而爽口。饭厅同时也兼为仓库，因此我们周围堆着一袋袋大米、面粉，还有火腿、盐巴、香油等。窗子很矮，屋子也很矮，像老母鸡似的孵着我们，屋子中间升着火炉，暖融融的，我们大块吃肉，小口饮酒，饭有燕苞谷面，燕荞面，掺着大米饭吃，好吃得不得了啊。趁我们破口大吃的时候，天在外面悄悄地黑了。马云好动，吃下去一碗人就不见了，到黑暗里面干什么去了。过了很久，他大喊着跑回来，下雪了！外面！下雪了！我们不信，刚刚还看见满天星星，多得像糖果，还有些盛不住，掉了下来。老板娘说，是呢，我们这个地方的天气就是这种，一下晴一下雪。刚说罢，一阵响雷滚过屋顶，电灯灭了，又是一阵雷，屋内闪过一串蓝光，都摸着到门外去看，那个冷，寒气呛到肺叶深处。外面的雪已经下了厚厚一层，到鞋面了。还夹杂着冰雹。赶紧关了门，回到火炉旁边，在雷声中，闪电的光一亮一亮的，好像是在《呼啸山庄》的庄园中。没有人说话，都在想自己的事。雪根本不停，已经可以把整个脚陷进去了。走啦，不然回不去啦，大猪显然有些害怕，大家就听他的，深深浅浅地在雪地上，冒着寒风、雪花和冰雹，摸回招待所去了。可以住二十多人的招待所只住着我们六个人，每个人拿上两床被子，严严实实地裹起来，立刻睡着了。

第二天醒过来，穿着短裤就开门去看外面，白茫茫一片真干净，而天是蓝的。雪有小腿那么深。还去不去大峡谷呢？大猪支支吾吾，和成说可能太危险啦。只有老顾和我坚决要去。我说，我们往那个方向走，照照相，也看看路，如果不好走，就回来。大家都同意，就朝峡谷那边走。太阳起来了，并且立即就强烈无比，我们走在雪地上，像是走在北极。走了半个小时，大猪嚷嚷起来，回去啦，回去啦，我眼睛要瞎啦。我根本不想回去，我一定要去看那个峡谷。就说，你要回去自己去。老顾说，已经走了三分之一了，再坚持一下。雪很快就化完了。我根本不相信今天雪会化完，这么厚，到小腿，每一脚下去，鞋都会被雪埋掉。大猪只好跟着走了。但老顾说得很对，又走了大约一个小时后，土壤已经隐约可见了。后面开过来一台拖拉机，就请求师傅带我们一段，上来嘛，我们立即飞驰起来。师傅说，他是来搬家的。搬到哪里去，江城。哦呀，那么远。原来大包山乡已经被划为国家的黑颈鹤自然保护区，政府要分批把这里的居民迁移出去。黑颈鹤喜欢这里，而住在这里的人生存起来却非常不容易，这里不是鱼米之乡，人均年收入才 650 元。又是那个问题，美丽的地方，不一定就是生活丰富的地方，往往在那些好风景中，居民却在为生存而艰苦挣扎，例如非洲，例如西藏。诗人喜欢荒凉原始的风景，而这风景之所以荒凉，因为对于世俗生活，它们完全无用。诗人歌吟的风景画，住在那里的人们却恨得咬牙切齿。在昆明，搞摄影的家伙们无不梦想拍摄到黑颈鹤，而在当地，农民却恨透了它们，他们把它叫作小偷，当它们回来的时候，这高原就要遭受一场浩劫。那些贼鸟偷吃正在灌浆的玉米，偷吃水库里的鱼，吃的凶猛无比，胃口奇大。而农民毫无办法，它们受到法律的保护。甚至，人们还要为它们作出最悲壮的牺牲。为了保护黑颈鹤，这土地世代居住的人们要迁移到另外一个地方去，他们高尚地理解政府，政府也为他们选择了更富裕的生存地。但离乡背井永远是惨痛的，而且是在七十岁的时候！在拖拉机停下来的时候，我看到一个空掉的村子，一个七十多岁的老者，坐在几个包袱上，那就是他一辈子的财产，价值不过百把块人民币。

我很怀疑，一路上的地理环境看起来根本没有任何峡谷的迹象。雪已经化到只是斑斑点点的了，那些浑圆的山包一个个从雪里钻出来，因为潮湿了，颜色更深沉。老顾说，走嘛，跟着我走嘛！就要到啦。山包消失了，出现了一片草滩，后面是一个湖，许多绵羊在草滩上吃草，这里的羊太好看了，样子非常善良天真，是羊里面的农民。牧羊人披着羊毛毡子，站在羊群中间。大猪贼一样猫腰跟着羊群，想偷拍到牧羊人电影明星般的表情，羊立即发现了这个怪物，不再吃草，小跑起来。牧羊人把脸转过去，望着远处的山包，大猪毫无办法。经过了湖之后，又走上了一片高原，这里的土地没有开垦，荒草萋萋，到处是黑色的碎石。前面突然出现了几个大石头，犹如巨人被砍下来的脑袋，孤零零地放在高原上，上面是深邃的天空。这么大的石头突然出现一定是自然界发生过事情，我感觉到某种东西就在附近了。一路上，我不断地听见世界在窃窃私语，山冈上的草在窃窃私语、溪流在窃窃私语、羊群和马群在窃窃私语、风在窃窃私语、小路上的碎石在窃窃私语、马云的鞋在窃窃私语、大猪和李曙在后面窃窃私语、白云在天空上窃窃私语，我的耳朵不好，听见的世界总是隔着一层，给我窃窃私语的感觉。现在，窃窃私语突然停止了，似乎整个世界像小学生那样竖起了耳朵，都听见了什么，只有我听不见，我继续走，老顾大喊起来，慢点，危险呀！我忽然就看见，大地在我前面不到五米的地方消失了，我已经站在摩天大楼的边缘，脚底下面是笔直的绝壁，我双腿一软，就趴在地上。我们全都爬在地面上，像蚂蟥一样紧紧地吸附着，蜗牛似的向前移动，移到边边上，浑身酥软，不敢说话。我前面是一个雄伟无比的峡谷群，这是我此生见到的最壮丽的风景。没有比它更壮丽的了。在那边，大地断裂，露出一排排阴森森的勒巴骨，蓝色的云烟在其间环绕。一边是层层叠叠的悬崖绝壁，另一边则是在下面重新展开去的大地，苍苍莽莽，其间隐约可见一条河，像一根弯曲的针在闪光。荡胸生曾云，决眦入归鸟。我们沉默良久，都忘记了别人的存在。老顾最先回过神来，说，退后点慢慢看嘛，日落的时候更不得了。慢点，草滑，小心滚下去。我们爬着后退了几米，找个石头坐上去，又不说话了，说什么呢，你还要说什么呢，人啊，在这伟大的造物面前，你还牛气啥子！我梦想过这种地方，在云南，我去过的大大小小的峡谷多了，我梦想的峡谷就是这种。天空像一个正在装卸着云的集装箱的大码头，风扛着云块从我们眼前走过，像是古代埃及的奴隶在金字塔下面干活，而我们是君临一切的法老王。人在此处确实会有帝王的感受，这是一个最适合胸怀大志的人培养浩然之气的地方。阳光在忙着调节大峡谷中的光线，忽暗忽明，云的巨蹼踏过一个个山头，留下阴暗的脚印，立即消失，山头又一个一个亮起来。云永远不甘心，它的野心是遮蔽大地上的一切，再次带领千军万马涌来，又变成了散兵游勇。峡谷一阵子是森蓝色，一阵子是黑灰色，一阵子是金黄色的，辉煌如大英雄一生的赫赫功业。但我看出它的本色是很朴素的棕黄色还有些红色的锈迹。这峡谷群就像一头被分裂了的雄狮，它的黑色眼眶深陷在石头中，它带血的牙齿布满峭壁；它的身子伏卧着，成为起伏的山脊，它的脚爪垂直而下，支撑着一片巨大的高原。狰狞的鬃毛形成了绝壁上的花纹，那空气和狮子有关，雄风激荡，那深和狮子有关，一个巨大的肺在岩石里面的黑夜中呼吸，它使我害怕，恐怖，就像面对真正的狮子，我时时会心头一怖，一股凉气就直扑脊背，就像在一头狮子熟睡的时候，凑近去看它随时会狰狞起来的脸。我感受到狮子的一切，我并没有分裂，我的感觉强烈而完整。我问老顾，这里当地人叫什么？老顾说，叫鸡公山。他说的是就在我们立足的这块高原下面的一座尖峭的小山，那山看得出来是地质运动时代从我们这边的高原分裂、垮下去的。老顾说，如果下到下面的牛栏江那里，看这个山，它就像一只大公鸡。我说，能不能下去？老顾说，下去倒是有路，不过你不敢。那路几乎是垂直的，死在路上的人多了，当年龙云就是从下面出来到昆明去的，他的老家就在下面。他就是从这里爬上来，成了云南王的。后来我就看见小路上冒出一颗黑乎乎的头来，接着又是一颗，又是一颗，原来是住在峡谷下面的农民，他们背着土豆、火腿什么的，要去赶明天开始的大山包乡的街子。老乡说，从下面上到这里要走四个钟头，而且你不能歇，路太陡了，没有坐的地方，也不得回头看，看一眼就掉下去。我再次周身发软，幸好我不想打天下，也不想当云南王，不然么，这种路非得走一趟不可。

落日时分，峡谷在平庸的灿烂后暗下来，犹如上演悲剧的舞台落下灰色的帷幕。老顾指着天边边上的那些波浪般的群山说，那边是四川的凉山，彝族在的地方。我默默地看着远处，一个伟大的民族在那里生活、繁殖、创造文明，但看不出丝毫的踪迹，一只乌鸦从那边飞过来，越过了我们的头顶。我发现，在这里我总觉得雄伟的峡谷中响着歌剧的声音。是伟大的帕瓦罗蒂还是女神萨瑟兰？或者科隆教堂的唱诗班？我说不清楚。这是一处在西方式的美学中会被大加推崇的风景。壮丽、悲剧感、英雄气质、史诗等等。我对老顾说，这个峡谷应该叫“雄狮大峡谷”。老顾说“以前我来过好多次，都不知道有这里，只知道这里叫鸡公山，后来是一个娃娃说，我带你去那边玩，我天天在那里放马。我就跟着来，那天太吓着我啦，昭通还有这种地方，我从来没有听哪个说过，那些来这边拍黑颈鹤的也认不得有这里啊！后来有个美国的来，说这里比那个科罗拉多大峡谷么，牛气多了，也是吓得要死。”龙云是从这里出来的，但从未听他说过家乡是这样的一个牛气地方，恐怕也就是说过路比较难走。我一直以为他的老家不过是种着些土豆、南瓜，腌着几只火腿，飘着些云彩。在关于昭通的书籍中，这个地方从未被提及，鸡公山，只是说了一下海拔，名称只令人想到一座像鸡的山。我细想了一下，这是很正常的，中国近代以来的美感并不太注意这种过分阳刚气质的风景，不喜欢这种危险、坚硬、无遮无挡、一览无遗的地方。中国人不喜欢歌剧、悲剧，就像苏州庭园里的怪石，扔在科罗拉多大峡谷里面，那些游客恐怕也是麻木不仁。高山流水，但中国人喜欢的角度是高山仰止，是在下面，在中国画里面看山的人都是在山下、林中，很少有站在光秃秃的山头上的。鸡公山作为风景，是在下面才有名，在顶上，人们不认为有什么风景，所以从来不注意，有些农民过来放放马而已。老顾说，这个大峡谷如要看的话，可以走几十公里，比这里雄伟的地方多的是，只是没有路，太危险了。这些风景存在了无数年代，从来没有人大惊小怪。我们这些文化人对着它长吁短叹，其实不是当地人身在宝山不识宝，而是我们自己害着文化病，在20世纪，西方人看世界的眼光已经悄悄地影响了文化人。文化人看风景已经不满足于茂林修竹、明月清风、烟寒柳斜、奇洞怪石这些修身养性的东西，他们要看恐怖、怪诞、害怕、大起大落的东西了，这是受了革命的影响。这个大峡谷，我一直是在惊心动魄中看的，一直在害怕、在提心吊胆，一点也不休闲，离开以后立即感到累得要死，神经绷得太紧了，晚上还梦见自己在这个峡谷里一直掉下去，但落不到底。但这也很难说，唐代的中国人似乎并不害怕这种风景，也喜欢大气雄浑阳刚壮观的东西，李白不是有诗么“登高壮观天地间，大江茫茫去不还”。中国美学到鸦片战争时代已经完全没有了这种真气、大气，那么现在是不是重新采气的时代？我还得好好想想。我内心是非常喜欢这个峡谷的，虽然害怕，但在某一瞬，我觉得我灵魂世界又开了一道大门，雄风涌进来，什么是天地精神，什么是浩然之气，我又有所觉悟。我感觉到李白脱口而出“登高壮观天地间”时的那种豪气、激动。我本来想找个搞旅游的朋友讲讲这个地方的开发价值，后来想想，算啦，那些游客来到这里，看见这些荒凉的石头，满脑子是梅花松树之类的构图，又害怕着滚下去，到处找风景，在哪里，在哪里，怎么什么也没有啊，来看这个大山沟干哪样？失望恍惚之间，真的就有几个胖的滚下去怎么办？说不定某个搞旅游的还嫌这里不够高，夸张到把那些巨人脑袋般的大石头一个个炸掉，修个瞭望塔在上面，手可摘星辰，那就玩完。

黑夜在峡谷里集结，并且马上就要出动了。我们往回走。我对马云和老顾说，谢谢领我来这个地方。我们再次回头去看，那里只有天空、高原，和被谁放出来的野兽般的乌云。没有什么峡谷。

2001 年 7 月 26 日

大地深处

有些树散布在山谷，谷底泉水淙淙。五月，绿叶欣欣向荣，风稍微一吹，树枝就大鸟似的挣扎着作出展翅欲飞状。树身灵动浪荡，招摇多姿，想不到结出的果实却那么难看，坚硬干涩，黑乎乎的一小团，这是核桃树。什么树结什么果，在春天可看不出来，感觉每棵树最后盛开的都是花朵。核桃树是前几年种的，前年开始结果，全乡种核桃树的都发了一笔财，去年却一个核桃也没有挂上，老天爷的事情，谁也说不准。今年会不会结呢，还看不出来。这个乡的口号是，以核桃立乡，以核桃致富。标语贴在乡政府的楼前，给我深刻的印象，看来，人们还是信任大地的。天地之大德曰生，这个德包括赐予我们核桃树。立乡没有问题，其实这个乡几千年来一直都立着，彝族人的乡，叫作桂花。但致富就很难说了，富是个无底洞，纽约上海香港，那是富。桂花乡的目标如果是跟着这样的富走，那么是否能够富起来可就不一定了。什么是富起来，大地上的人们今天很迷惘。过去，一家人有个两三亩地，几棵果树、一头老牛、几匹马，以及狗啊猪啊鸡啊什么的，那就是日子好过了，闲下来就唱歌跳舞绣花喝苞谷酒去了。舞蹈家说，云南是歌舞之乡，歌唱家说，云南是民歌之乡，想想，如果真是穷得天天发愁，哪来那么多歌舞。云南民族文化的丰富，是大地的丰富，不是凭空掉下来的。知足常乐，云南地方的人总是笑眯乐呵的，因为云南水土养人，不是养富人，而是养普遍的知足乐天之人。现在呢，每天看电视，那塑料盒子里宣传的富，是开着闪光的奔驰轿车，跑在摩天大楼下，这地方可没有，以那种标准衡量，桂花永远是一穷山沟。一般来说，大地献出核桃，只是够当地人吃而已，并不是为了使人更富，核桃是有限的。那样的富，必须把核桃连根拔掉，重新挖坑。这地方已经盘出核桃 16000 多亩，花椒 10000 多棵，白芸豆年产量 350 吨，小杂豆年产量 150 吨……还有牛、羊、马、荞子、板栗、土豆、白芸豆、松茸、牛肝菌、树木、草叶、矿泉水、各式各样的鲜花，四季不败，八月桂花盛开，香得桂花天空的云飘到哪里，哪里都要投下香影……大地也就给那么多，352 平方公里，够也是这块地皮，不够也是这块地皮，多一分都没有。桂花人知道大地在黑暗里管辖着限度，知道适可而止。所以，桂花乡每个村子里，都有一棵祖先传下来的大树，谁也不敢砍，被当作神灵祭祀着，以示对大地恩德的不敢须臾忘记。

我在一棵这样的大树下遇到了老米。他家没有汽车也不用手机，有的是一排两层楼的木楞房，七八间，其中一间堆着玉米、核桃、大米、土豆，还挂着腊肉、干椒。一群黑山羊，十三或十五只鸡（从来没数清过），五棵核桃树，两亩地，十几盆花，一只狗等等。他看见我正在村子里溜达，就请我去他家住，好嘛，就跟着进了他家，客厅里有电视机，厨房里却支着火塘，烧柴。他夫人女王般地吆着牛回来，穿着彝族人祖传的衣裳和裙子。这种衣裳很有讲究，小姑娘穿的是一种，媳妇们穿的是另一种，老妈妈穿的又是一种。他夫人穿一身黑，锈了些花边，朴素庄重。劳动，穿了这一身，那就是女王在劳动。清早起来去把地耙了一遍，洒了些种子、干粪，泥巴在裙子的后摆上甩着几块。把牛关去圈里，望见楼梯里的灯没有关，皱眉头关了，就过来厨房扒火。彝家人的火塘是不能熄的，她自有办法使它不熄。对我们笑笑，说了客气话，就支起锅子，和些荞麦面，用个棉布擦子在锅底上搽些生香油，就开始烙饼，一会儿，房间里就飘起香气。黄生生的荞饼端上来，又舀来一小碗蜂蜜，拿来些核桃，老米打开一罐自己酿的荞酒，奇香，盖过了荞饼的香。我们就一边喝荞酒，嚼着饼，一边说话。老米的汉语讲得不好，还算是村里讲得最好的，许多人基本不会讲。我们说了半天，主要是说他的核桃，他的酒，有时候公鸡在其他鸡的簇拥下走进来高傲地视察一番。富起来是什么？去它的吧。我们一句话也没有提到。这个村家家户户都差不多，彝族传统的木楞房，每家都是一长排。十几户人家，错落在一个山坡上，与一群古松为邻。本来没什么人搭理，从公路到这个村，要步行一个小时。忽然，旅游者误入歧途，看上了这些木楞房子，惊呼，太美了。于是乡里面顺水推舟，将计就计，修了简便的土路，在这个村搞起农家乐，旅馆是现成的，粮食、腊肉、矿泉水、星星、月亮、风……所谓的“原生态”，都是现成的，原在。太阳一落山，夜就回来了，依然像童年时代那样纯粹。天黑定时，月亮辉煌地升起来，照得万籁俱寂。在我们那边，都以为大地上没有光，所以造了大量的灯，夜晚被管制起来，自惭形秽。我以为老米是村主任，他却不是。但我总觉得他是这个村德高望重的人之一，他那么富有经验，那么从容，肯定见过沧海桑田，但说不出来。我们说起那棵松树，在村里的松树中，它显而易见是长老，苍茫，皱纹深刻。老米说那就是寨树嘛，每年年头都要祭的。谁领着祭呢，老米说，就是我。哦，我怎么觉着他不同凡响，原来他就是村里的毕摩（祭师）。他是我在村里遇到的第一个人，诗人住在毕摩家里，缘分。天亮时自然醒来，鸡鸣，红日在山头上蹲着，老妈妈已经坐在火塘边支起锅子，炕着荞麦饼了。又是荞麦饼，核桃、蜂蜜、荞麦酒，如果以为吃海鲜才是富，那就永远富不起来了，只有背井离乡。各有各的富法，你的富不是我的富，这是个道理。

桂花乡很容易被忽略，县城出去 70 多公里的地方，偏离国家投资的柏油公路，朝着那排杨草果树或者滇朴树拐进去，里面藏着一条土路，通往桂花。人们常常被柏油公路误导，去哪里都顺着它，其实好地方藏在公路线外面那些地图上的空白处。这种误导相当深，不只是路的问题了。如今，所有的县城都建在高速公路边上，怀着对地名后面隐藏着的不可知的好奇心翻山越岭而来，进去后却总是大失所望。每个县城都一模一样，大城市的不伦不类的赝品。县城已经干净彻底地消灭了地方性，比大城市还彻底，大城市还有许多传统的死角，经常闪回般地由彩色照片变成黑白照片。县城却千篇一律，除了方言和烹调秘方岿然不动，其他荡然无存，新世界无非是一条或两条灯光灿烂的冷飕飕水泥大街，水泥厂和玻璃厂的豪华部分，一批气派堂皇令人望而生畏的机构，一切只想着象征繁荣，汇报政绩，不考虑怎么过日子。一到夜晚，大街两边全是反射着路灯的卷帘门，贫乏苍白，像是人去楼空的工业产品展览会，粗心人连自己的家门都找不到。以前的县城是过日子的好地方，土特产的集散地，四面八方的人都愿意来，赶街时那个叫人山人海，那个叫车如流水马如龙。炫耀秋天的收获、夏日的新鲜、春天的茂盛、冬日的结实；炫耀新衣服，炫耀家酿的美酒、腊肉、咸菜、卤腐……炫耀家养的公鸡、母鸡、耕牛、肥猪，炫耀自家种的大萝卜、青菜、南瓜……暗中较着劲呢，你今年卖得好，我明年种得更好。小伙子们牵着骏马呼天抢地，大姑娘们野山雀般叽叽喳喳，老人家走走停停，什么都要摸摸，瞅瞅……如今的县城，玻璃是好玻璃，水泥是好水泥，钢筋是好钢筋，铝合金闪闪发光，停车场上汽车钢片闪成新闻发布会，交通信号就是无人问津也是红灯亮过跟着黄灯、绿灯。这个旮旯那个部门还配置着进口的这样那样，正规、整齐，横是横直是直，没有脏乱差，洗手间挂着便后干手用的热风机，已经与世界水平大略接轨，可惜只是办公开会的好地方，提拔升官的好地方，谈恋爱吃喝拉撒声色犬马过日子就嫌寂寞冷清贫乏无聊。县城中间，一律是个太阳大的广场，如果不搞大型演出，那地方就是撒哈拉的小沙漠，夏天热得残酷无情，冬天冷到过路人都要绕着走，风大。

傍晚，人群沿着公路往广场走，那里要搞文艺演出，这种活动千载难逢，一年也就一两次。县城平时很冷清，茶馆绝迹了，赶街本来这是县城最好玩的户外活动，也被规范到农贸市场，平时除了打麻将看电视，就没什么好玩的。所以一有活动，大家都要去凑个热闹。广场是县城里最大的一块空地，搭着台子，铺了红地毯，张灯结彩，警察、官员、代表、腰缠万贯的歌星以及人家演什么你就规规矩矩看什么的百姓们。外星人般的大气球在空中摇摆着，气魄宏大，所谓大场面也不过就是这样了。胸前戴着红花，要人坐在第一排，领导讲话、嘉宾致辞，演出开始，报幕员一身红，普通话说得很滑溜，当地人听得懂，可说不来，他们说彝语和云南汉语混杂的方言，外地人很难听懂。晚会将省会电视台那种模式化的文艺演出模仿得惟妙惟肖，地方上的人只有鼓掌的份，每个节目完毕都跟着鼓掌，巴掌拍得有点犹豫不决，不知道应当热烈地拍呢还是礼貌地拍几下。忽然，舞台前面一声巨响，一排焰火爆炸，喷向天空，观众一齐惊叫，几个站在长板凳上伸着脖子正看得发呆的姑娘被吓得滚下来，大笑着抱成一团。干脆就不看了，爬起来拍拍灰走掉。喷焰火，意思是演出到了高潮了，许多人还没有看出兴趣，也就拔腿走掉了。这些县城晚会，耗资不菲，筹备很长时间，还要跑到上面去求爷爷告奶奶，领导很有面子，效果却很一般，没有坐在茶馆里听花灯那么享福。文艺本来是寓教于乐，让人乐的，现在却尽整成教育，预先设定观众都是冥顽不化的，很不好玩。还给我造成这个地方没什么文化的印象，没什么玩场。与省城之间，隔着那么多的高山、河流、方言，天空的颜色都不一样，怎么就没有点别样名堂呢？以前是有的，现在没了。现在没了，是不是世界就比以前更好玩，日子更顺心了呢，不一定。其实人家认为这就是民族特色，晚会也确实看得出些地方的影子，服装、道具、口音、动作什么的，而且这些歌舞的源头也就是这个地方，只是这个地方对它的文化源头没有自信，地方歌舞要省里的文艺团体认可才认为是合格的、正式的、才上得台面，可以登堂入室。那些歌舞看得出来，已经被歌舞团的教练“去粗取精”地改造过了，完全符合国家舞台的标准模式。“去粗取精”，字面上看很抽象，其实具体得很，粗就是大地，精就是歌舞团。这种“去粗取精”20世纪50年代以来很普遍，已经压倒一切，把大地上的原产搞得支离破碎，猥琐不堪，充满自卑感，识时务的后生，都不跟着学了。云南白族舞蹈演员杨丽萍在编《云南印象》的时候，对那些大地上请来的各民族舞蹈唱歌天才说，你们才是我的老师，你们就按照你们原来怎么跳就怎么跳。天才们根本不敢，说是舞台上不兴这么跳的，我们的东西只能在地上跺。其实那舞台也真的经不住他们跺。我为明天将要继续的旅行犯愁，如果一路都是歌舞团的话，岂不难熬。既来之则安之吧，天一亮，赶紧走人。过去在云南，只要到了县城，就感受得到云南的好，明白云南人为什么都是家乡宝。现在不行了，你得下去，再下去，乡一级都很乏味了，要下到村子里，才看得见云南的好。

桂花乡在大地深处。一路穿越高山森林，越来越深。到了，迎接我的是核桃树而不是广告牌。乡上有一条小街，正在赶集，欢乐活跃，大猪在人群里号叫着，车子走不动了，妇女们背着箩箩穿来穿去，红鲜绿翠，刚刚宰杀的山羊翘着前腿，卖什么的都有，从泥乎乎的土豆到国产电视机，男人吆五喝六，女人从容大方。一眼扫去，女人的穿着最鲜明，打扮与别处不同，个个是花团锦簇的裙子、短衫，仙女般地灿烂，都是自己一针一线绣出来的。图案绣得最漂亮的女子很自豪，被一伙别个村的女子扯着，摸着，啧啧称赞，给我个花样嘛！男人的穿着就显得单调，西装、中山装在这里显摆不出气派，寒酸皱巴，穿在身上没有什么高尚人士的感觉，还被泥巴灰尘马屎牛粪搞得蔫蔫的，工作服的本相原形毕露。满街都在传说下午乡里要搞文艺演出，摩拳擦掌，奔走相告，都赶紧把该买的买了，要卖的卖掉，好去看演出。想起昨天那台晚会，我对这台演出不感兴趣。规模小点而已，能有什么名堂。我宁可看核桃，不看演出。乡政府的朋友请吃中饭，吃了说是去听听我们农民唱歌吧，推辞不掉了。去吧，找个不起眼的地方困上一把。

演出是在一块露天的空地上，地上长着草，爬着虫虫。搭了个台子，还模仿着国家剧院蒙了块背景布在后面，写上标语口号。但蒙不住四周的青山、大树、蓝天、云彩、山坡、草地、风……台子上按照彝族人过节的规矩，铺着松毛。人坐定的时候，有些鸟也落到了树杈上。观众就是刚才赶街的那些妇女、男人、孩子、婆婆、大爷。抱着娃娃的，坐着的、蹲着的、站着的、躺着的，会场上此起彼伏的都是酒味、旱烟味、汗酸味、女人的乳汁味，好几个妈妈亮出乳头给娃娃喂着奶呢……不是看演出，而是看热闹。开始了，出来一披羊皮的歌手，张嘴就放炮仗般地说出一串，引得一堂大笑，下面的谁喊了一声，意大利！一核桃壳打过去，“意大利”歪头让了，说，严肃些嘛，老三！哈哈哈又笑倒一群人。然后一扬嗓子唱将起来，唱的是彝族歌子，自由、嘹亮，原始的激情，不是歌舞团里面那种通过理解歌曲的意义而激发起来的故意激情，震撼人心。唱一段，又说几句，下面又是一阵大笑。人人都认得他，平常他总是牵着一头黑牯牛，在小街上穿过，他家的地在南边坡头上，有人告诉我。他唱得那么好听，我听得出神，哪里还有困意，傻了似的张着嘴。当地人没我这么听的，他们天天听，自己也会唱，不觉得有什么稀奇。他在那里唱，下面自由活动，年轻人乘机打情骂俏，私订终身。唱罢，跳下台子蹲到一边抽水烟筒去了。乡长说，

"他刚刚从意大利回来"。这话怎么听着那么耳熟，才想起来是省城艺术家圈子的流行话。在那边，"我女儿在加拿大读书"这一句，比"我女儿上初中了"更受人尊敬。前不久省里组织民间歌手访问欧洲，他是成员之一。乡长说，"他刚刚从意大利回来"，意大利嗯了一声，继续抽着水烟筒。他旁边坐着一位女王，打扮得美丽非凡，看了一街子，她的衣服是绣得最美的，完全的手工，色泽朴素，花样重重叠叠，复杂厚重，有点像周代青铜鼎上的回纹。她不年轻了，但依然充满魅力。她是谁？歌手说，是那边寨子的，山头上，她们那里没有公路，走路来的。她微笑着坐在一条长板凳上，个子很高，鹤立鸡群。又有人说，你上去唱嘛。她唱得好呢！她只是笑。台上又上去了四个人，吹拉弹唱，两男两女，他们是一家子，大哥、姐姐、妹妹和妹夫。姐姐说，我们现在是在家里面，为父老乡亲唱，就不说普通话啦。他们刚刚去北京唱歌回来，所以有这一番解释，唱得真是灿烂，天然。听着听着，产生了幻觉，他们变成四只山鸡，刚刚飞出来，站在黑森林的边上唱着天真之歌。又上来一群小伙子、小姑娘，化装成老头老太太的样子，表演彝剧，剧本是自己编的，谴责贪财之人，拉拉扯扯、嘻嘻哈哈。台下的喊着，你的烟斗掉啦！嘿嘿笑着拾起来。台上台下笑成一团，笑得那个陶醉，天空、云彩、鸟、树林都跟着笑，笑容像是风吹出来的，停都停不住。最后，那位住在山头上的女神上台了，报幕的姑娘把她安排在最后，因为她没有在乡上预定的节目单上，自告奋勇，临时加入。报幕的姑娘说，现在，请麻梨坡的李大嫫为大家表演！她走到台子中间张口就唱，我的天，那声音仿佛是天国忽然开了个窗子，女神在那里歌唱！如泉水，从黑暗岩石中涌出，如白鹭，站在田野深处。中世纪的女高音，巴赫乐章中的某一段，那一段差远了，这是勾魂的歌声，领导着我们的灵魂，迷人啊迷人！她唱的是“梅葛”中的一段。“梅葛”是彝族人的一种演唱方式，意思就是“唱过去的事情”，调子是固定的，内容是民间歌手口头传承，靠的是记忆。他们的脑子里有个记忆模式，学者叫作“大脑文本”。唱开天辟地、唱人类诞生、唱诸神、唱说亲、唱婚礼、唱请客吃饭、唱生娃娃、唱盖房子、唱狩猎、唱在山坡上放牛羊、唱造农具、唱死亡、唱怀念祖先亲人……这是其中的一段：“开始的时候没有天，开始的时候没有地，天和地呀，是格兹神的五个儿子造的，是格兹神的四个女儿造的。天造好了呀，要打个雷试天，雷就把天震裂了。大地造好了呀，要用地震试试地，大地被震裂了洞。他们用云彩补天，用泥巴补地。天地补好啦，还摇摇晃晃的，格兹就叫儿女提了3000万鱼儿来撑地角，700万母鱼来撑地边。”另一段：“万物都是老虎变的，用老虎的左眼做太阳，右眼做月亮，虎须做阳光，虎牙做星星，虎油做云彩，虎气变雾气，虎肚做大海，虎血做海水，大肠变大江，小肠变成河，虎皮做地皮，排骨做道路，硬毛变树林，软毛变成草。”她唱的是哪一段我不知道，在场的人也翻译不过来，只是听得出，她把我们这些客人也唱进去了。“梅葛”的基本模式不变，但歌手可以根据现场的情况发挥，唱“梅葛”不仅要记住基本的模式，要有好的嗓子，还要有创造力和魅力。歌手们在无数个现场创造了无数精彩的即兴唱段，都随着现场解散而消散了，只有歌手被人们记着，那些嗓子好、临场发挥精彩的歌手，在乡村中赫赫有名，他们经常被各个地方邀请去唱“梅葛”，因此衣食无忧。“梅葛”就是不断地将人们从当下的现场带回文明开始的那个源头，保持记忆，延续时间。“梅葛”是一种时间的艺术。演唱者一般都是毕摩，毕摩翻译成汉语就是巫师，但没有现代汉语巫师一词的贬义。楚国的屈原就是个巫师，但现在都为尊者讳了。毕摩根据不同的场合，有时候为死者超度，有时候为盖房子求吉利，有时候为新婚夫妇唱赞美诗……毕摩们其实就是民族的精神领袖、智者、通灵者、神使、诗人、高级知识分子。“文革”时期，毕摩被取缔，但民间依然暗中尊重着他们，与尊重祖先的墓地一样。他们是可以将人们领回源头的人，他们是活着的陵墓。屈原是一位巫师，老子是一位巫师，海德格尔也是一位巫师。世界诸神是住在源头处。最初的巫师直接召唤神灵，他们是先知。后来的巫师是智者，他们将我们领回源头，他们掌握着世界开始之门的钥匙。有一年，我在另一个彝族村子，看巫师举行祭火的仪式。那个地方的彝族人一到新年都要举行迎接新火的仪式，仪式开始时，毕摩取出祖先传下来的木钻，使劲摩擦，直到木头冒烟，点燃干草，成为火焰。世界再次被原始之火照亮，身体温暖，食物可以熟吃，野兽逃得远远的，人们开始唱歌，神灵到场。村民们装扮成神灵鬼怪，戴着面具，唱着歌跳着舞弹起大三弦，沿着村庄游行，将火种传给每一家的火塘。这种取火方式已经有几千年的历史，但是从来没有中断遗忘，“文革”时期是唯一的例外。村子里已经通电，用着火柴、打火机，这个仪式也没有被遗忘，那是我见过的最伟大的仪式。那位巫师也唱了“梅葛”，那是我第一次听到“梅葛”，在一片红土高原上，一个梨花盛开的村庄。那一天，我回到了燧人氏的部落里。“国有火树，名燧木，屈盘万顷，云雾出于中间。折枝相钻，则火出矣。后世圣人变腥臊之味，游日月之外，以食救万物；乃至南垂。目此树表，有鸟若鸮，以口啄树，粲然火出。圣人感焉，因取小枝以钻火，号燧人氏。”《王子年拾遗记》就是这样。这位毕摩与我一样，出生于1954年。他说，他学习了二十年，才敢给人做法事。他在学习做毕摩的时候，我在学习写诗。另一天看一部西方电影，讲的是巫婆玛格蕾塔被烧死的故事。从1480到1780年的近300年中，欧洲曾经进行过大规模虐杀“女巫”的运动，大批“问题女人”在经历酷刑之后被烧死，据说有十万或者数百万的女巫被追捕杀掉。灭巫运动为文艺复兴理性主义的兴起扫清了道路，到20世纪，理性主义已经令人窒息，出来尼采为首的一批人，包括海德格尔、福柯等等。嚎叫“理性就是酷刑”。他们的思路就是要回到源头去，回到生命、原始、非理性，回到诸神光辉刚刚照亮的那种充满魅力的黑夜边缘。“文革”中也消灭巫师，指为迷信，但没有欧洲猎巫运动那么严重，只是不准再搞，用唯物主义统治一切。但经过那么多年，巫师也不多了，如今云南境内会唱“梅葛”的人凤毛麟角。民间文学工作队整理收集过一部分“梅葛”，将口头的东西用文字固定下来，采取的也是“去粗取精”的原则，将许多在正统文化看来是迷信、下流的糟粕去掉，改编成健康积极向上的主题，将兄妹关系改成夫妻关系。许多部分老歌手们说不出来，就比画动作，这部分也被省略或者误解了许多。“梅葛”过去是彝族文明生活的主流山，现在只有些小溪了，但气候土壤合适，再次成为洪流也不是没有可能，因此人民是生活“梅葛”里而不是歌舞团文工队了。从山头上下来的女神显然非常受欢迎，唱了三次，大家才放她下去，立即背起背篓走了，要走四小时才到家呢。有人用蹩脚的普通话悄悄地告诉我，她是个巫婆，搞迷信活动的。

智者朱熹说“上古之时，民心昧然，不知吉凶之所在，故圣人作《易》，教之卜筮，使吉则行之，凶则避之，此是开物成务之道。故《系辞》云‘以通天下之故，以断天下之疑’，正谓此也……但如今人因《火珠林》起课者，但用其爻而不用起辞，则知古者之占，往往不待其辞而后见吉凶，至文王周公，方作篆爻之辞。使人得此爻者，便观此辞之吉凶，至孔子，又恐人之不知其所以然，故又复逐爻解之，谓此爻所以吉，谓以中正者也。此爻所以凶者，谓不当位也。明明言之，使人易晓尔。至如《文言》之类，却是就上面发明道理，非是圣人作。专为说道理以教人也，须见圣人本意，方可学易。大抵易之书，本为卜筮而作，故其辞必根于象数，而非圣人已意之所为。近世说易者，殊不知此，所以其说有义理，而无情意。”

朱熹的学生刘用之问到学易：“用之问：坤六二：‘直方大，不习无不利’，学须用习，然后至于不习。”朱熹说：“不是如此，圣人作易，只是说卦爻中有此象而已。如坤六二，‘直方大，不习无不利’，自是他这一卦中有此象。人若占得，便应此事有此用也，未说到学者须习至于不习。在学者之间，固当如此，然圣人作易，未有此意在。”“文王之心，已自不如伏羲宽阔，急着要说出来。孔子之心，不如文王宽大，又急着要说出道理来，所以本意浸失。”朱熹讲的就是遮蔽。遮蔽什么，就是遮蔽文明的出处，文明的出处被大地保管着，“问渠那得清如许，为有源头活水来”。所以，子曰：“礼失而求诸野”；李白说：“自从建安来，绮丽不足珍。圣代复元古，垂衣贵清真。”杜甫说：“致君尧舜上，再使风俗淳”；

海德格尔讲，“在语言的途中”；凡·高离开巴黎逃到阿尔的天空下；高更在塔希提岛发问：“我们是谁，从何处来，到何处去?”塞尚独居埃克斯采石场的小屋；齐白石画大白菜、扫帚……都是回到出处。

这边在唱歌，那边的溪流两岸，已经支着一口口大锅，用石头垒起灶，烧起火来，煮着羊汤锅了，这边唱歌跳舞，那边喝酒吃肉，不想听了，过来吃碗羊杂碎。吃饱了，听仙女唱歌去。溪流滚滚，里面落着大石头，彝家女人就在溪水中洗宰好的羊只、蔬菜、碗碟，远远看去，溪流上热气腾腾，幻若仙境。这边，娃娃们在乱草野花中翻滚，那边，一群好汉在划拳，这边，有个女人在唱“梅葛”，那边，有个老人在拨弦子。马匹站在树林边沉思。火腿挂在树杈上，已经割下一块在大锅里炒着，香油在响。有个帐篷里浪语浩荡，忽然倒塌。里面的人笑得天摇地动。有个石头上牧童仰面朝天酣睡，上面是桂花树的叶子，正为八月制香呢……这才是本地人的真实世界，这样的场景在彝山，经常都有，春节、赶花街、火把节……许多政府组织的活动，末了总是被这些大地上的习俗修改得面目全非，领导致辞一完，活动就只剩下高音喇叭和主席台。下面，羊汤锅、帐篷、“梅葛”、调子、对歌、酩酊……铺天盖地，浩荡山野。

当山头上的女神回家去后，我就想起哈尼族诗人哥布来。我一直觉得他像一个巫师。巫师在哈尼话中叫作“贝马”“尼马”。我认识他二十年，从来没有告诉过他。我是在云南红河附近的那些被改成了水田的高山中认识他的，那些水田是世界奇迹，哈尼人用了近千年的时间把那些高山改成了一块块盘山蜿蜒的梯田，吃上了水稻。这种丰功伟绩比 20 世纪 60 年代发生在山西昔阳县大寨的愚公移山早多了，宏伟多了，当大寨正在当时官方报纸上大吹大擂的时候，哈尼人在自己的家乡默默地收获着水稻。哥布吃这些稻米长大，到十岁上才学会说汉话，中专毕业后在一所小学教语文，人称哥布老师，他开始用汉语写诗，不久就在《边疆文学》发表了几首，他天生诗人，只需要把母语转换成汉语。我读到他的诗，哦，高原上的洛尔迦！就乘着长途汽车，翻越无数高山森林，在鹰的翅膀下找到了哥布。我到达的时候是中午，县城大雾弥漫，哥布正坐在单身教师宿舍的一间阴暗小屋里写诗。他写得很吃力，他要用哈尼话想好，再翻译成汉语。我跟着他走了一天，去他的家乡热水塘村。我们从世界上最高的山向下走去，一直走到大地的脚根上，喝了点山泉水，又开始爬山，一直爬到高山的额头上。我们在黄昏中走向哥布的故乡，天空摆开一路的黄金来迎接我们。村头站着神树，仙女般的女人们穿着用麻织成，又用蓝靛染成的布衫，上面缀着银饰，她们喜欢眼睛那样的图案。清朝、民国的银圆流传到这里，被视为神物，装饰在身上。解放军的军帽和徽章被男子们视为神物。穿黑色衣服的女子站在雾里，美丽而神秘，母狼的幽灵，她带走了我的一个灵魂。每个人都有许多灵魂，多少不一，有的多些，就像千手观音的手。有的少些，一串火把果。这些灵魂是无数的火焰，将生命燃烧着，火苗越少，生命越弱。一个灵魂都没有的人就是行尸走肉。哥布家有一间土屋，茅草顶，火塘边坐着他的父亲和母亲。火塘和旁边的锅碗、食物就是这屋子里最贵重的东西了。我睡了两个晚上，眼睛被烟火熏得红肿，身上被跳蚤叮成坦克履带。半夜听见哈尼人还在围着那塘火喝酒唱歌。最近的泥石流几乎将这个村庄冲走，但神灵保佑，魔鬼只到达哥布家的后门就停住了。这个村庄与世界各地一样，诞生了母亲、父亲、妻子、少女、英雄和诗人。他父亲是个英雄，在村子里德高望重，但是沉默寡言，他的英雄事迹永远不会张扬出去，所以他也不是英雄。她母亲清瘦、矮小，像个漆黑的树桩，等着被投到火塘里。村庄里的人不知道哥布在写诗，他们不知道哥布写的那个诗是什么东西，他父亲也不知道，哥布很得意地把他发表在这个国家最权威的诗歌刊物上的诗给他父亲看，他父亲数了数，五十多行，笑了。我在哥布家住了两天，浑身红肿，热水塘是个有着浓烈硫黄味的温泉，水从山坡上的石头中流出来，下面有一个泥坑，我在那坑里洗了澡，身上就不痒了。我和哥布在黎明告别他父母和乡亲，返回城里去继续写诗。我们一边走，一边有乡亲从村子里追出来，塞给我糍粑、鸡蛋、果子。我们背着这些大地的产物翻山越岭，沉重，感激。一晃二十年过去了，哥布的父亲已故，埋在故乡的深山老林中。哥布已经成为云南省的著名诗人，获得许多诗歌奖，出版诗集三本。这些诗歌与他的故乡有什么关系呢？那些说哈尼语的乡亲永远不知道这些诗歌的存在，哥布在城里是著名诗人，在故乡是儿子，他的英雄业绩是利用在政府机关工作的便利为村里批到了建筑材料，拉到了资金、贷款。哥布一直没有结婚，他一方面是哈尼族，农民之子，梯田上长大的，手指头上全是栽秧留下的老茧，一放假就直奔老家，说哈尼土话去了。另一方面却穿着西装，写汉语诗，在办公室接电话，开会，把牙齿都嚼碎地说着普通话，把诗歌念成思科。此人很有些魔幻现实主义，他像是一只困在动物园里的桀骜不驯的山鹰，随时可能一去不返，讲求实际的汉族姑娘们搞不清楚他是不是靠得住，谁敢嫁给他。在城里，在地方文坛上，哥布代表哈尼族诗歌用汉语发表出来的最高水平，但在哈尼人中间，在高山深处，民族诗人却不是他。他们的诗人是谁呢？另一次，我跟着哥布去他家乡的山区拜访一位盲歌手。那天下着雨，我们听着这位歌手唱歌，直到雨停，他的歌声像雨一样来自天空。我问哥布，他唱了些什么。哥布满脸敬畏，像是希腊人在谈论荷马，他说，我说不出来。后来有一段时间，哥布的创作激情似乎消失了，他很少再出现在省城的文学会议，谣传说他灵感枯竭。忽然，哥布带着一部长诗回来了，我想先睹为快，他说是用哈尼语写的，还没有翻译成汉语。我被一座高山挡住了，我急切得几乎想立即就去学哈尼语。他的写作退回到大地上去了，令我怀疑起自己的写作，我有没有他这样的可以退回去的语言故乡？哥布在一个春天的上午回到热水塘，百鸟朝阳的时候，他请来村里的长老、歌手、朋友、“贝马”“尼马”，他在他们面前念了他的长诗，这是他写诗二十年来，首次在故乡发表诗歌。那故乡终于发现他是一位诗人，老“贝马”以他为荣。哥布的父亲站在后面的树林里，默默地听着。有些乌鸦在他们朗诵现场的天空中盘旋，是哈尼人的天神派来的。哥布发布他的长诗的时候，曾请我去，我没有去，那是另一个诗坛，大地深处的诗坛，他的诗人是哥布。

秋天的时候我见到哥布，他告诉了我这件事的始末，大地的叶子已经落光了，他内心的喜悦还没有散去。他还告诉我，他结婚了，妻子是他的族人，他们生了一个儿子。

2009 年 1 月 18 日星期日

红山上的圣殿
——致记布达拉宫之一滴

嘻嘻，往昔古老的年代
初始之年代
在蓝天之下
在大地之上
建立起庄严的宫殿
高，不会把天刺穿
低，不会把地压塌

引自《松石宝串——西藏通史》

每当黎明，太阳从拉萨东面石头山冈升起，把光芒投向海拔3700米的拉萨城的时候，最先亮起来的是布达拉宫。它也许还是世界上第一个被光明照亮的宫殿，因为世界上再没有比它更高的宫殿了。这个伟大的宫殿在大地上的位置非同凡响，一开始它就被建造在那必有一座宫殿的地址，日后，它果然为整个世界所景仰。

随着这宫殿又一次从黑夜里升起，无数的朝拜者穿过苍茫大地正在继续走向它，这个朝拜布达拉宫的运动已经持续了数世纪之久。1846 年 6 月抵达拉萨的法国辣匝禄会传教士胡克说，“两旁幽静的林荫大道从拉萨通往布达拉宫，大道上可见成群结队的外国朝圣者。他们数着长长的念珠，喇嘛们身穿红色袈裟，骑着装饰华丽的马，布达拉宫给人一种奇异的静寂，静寂中的宗教默祷，赢得了所有人的心”（《西藏探险》约翰·麦克格雷）。如今，朝拜的浪头波及整个世界，它并不像麦加朝圣那样狂热，但经久不息。夜以继日，无数朝拜者越洋跨海，穿过天空和大地，利用各种交通工具前来，世界上没有一个宫殿被如此地膜拜过，朝拜者的队伍从中国内地，从西方列国、从印度的恒河、从尼泊尔、从澜沧江、从缅甸、从青海省的牧场、从内蒙古草原……前往的方式包括乘坐最现代的飞机、汽车、火车，也包括最原始的步行、骑马、赶着牛车……更有不计其数的最虔诚的佛教徒，继续着那古老的、最艰苦的、只有圣徒才可以忍受的磨难方式，朝它走去的时候，每一步都以磕头的方式前进。来自四川昌都的少年巴桑今年 15 岁，他一步一磕头走到拉萨用了五个月的时间，当翻越高山的时候，他的身体抚摩了路线上的几乎每一块石头，遇到溪流，他也要搭便桥从流水上磕头爬过去，一路上他唯一的食物就是炒熟的青稞粉。他的身体像一把尺子，丈量了高山、河流、积雪、沼泽地、柏油马路、草地、暴风雨和雷电、烈日和黑夜，一寸土地都不马虎忽略，没有说四处看看无人，就搭个汽车或骑马把路程贪污掉几公里。宗教就是生活方式。为此，他有专用的磕头工具，皮裙、手套，木制的手板。抵达布达拉宫下面的时候他的身体已经轻盈得像一只豹，磕一次头可以滑跃出去五米之遥。喇嘛普布列吉来自云南德钦，他走了一年零七个月，他的头部因为反复磕碰已经形成一个蚕豆大的灰白色茧子，永远不会消失了，这是一个无上荣光的印记，当他重返故乡的时候，人们将对他肃然起敬。布达拉宫对于藏传佛教的信徒是一个圣殿，对于别的人们它也具有非同寻常的意义，人们相信它具有巨大的显灵力量。一位寓居加拿大的广东人怀揣着一颗价值连城的红宝石，乘坐波音飞机越过万朵白云前来，忍受着高海拔对心肺功能的折磨甚至生命危险，为的是登上布达拉宫，把他的宝石递给帕巴拉康——圣观音殿的喇嘛，为它开光。从此这颗领受了灵气的宝石将伴随他一生，随时带给他避邪消灾的信心。西方旅游者背着行囊，越洋过海而来，也许20世纪60年代西方的嬉皮士们兴起的对喜马拉雅山麓的僧侣世界的返魅运动依然余波未尽。许多中国内地人士一生的梦想就是登上布达拉宫，成就一个英雄壮举，“我去过布达拉宫”，成为汉语中的一句自鸣得意的短语，世界上没有一个地方可以像布达拉宫这样，当你从那里回来的时候，你自我感觉在精神境界和人生经验上高出了周围的人群。

布达拉宫乃伟人所创。公元617年，西藏历史上最伟大的王松赞干布诞生了，这个诞生于墨竹工卡县加麻囊的强巴弥居林宫殿的灵童降生时“全身肌肤洁白，相貌端庄，身体发育超过同龄孩子”。成年后，是“学识渊博、智慧超群，英勇善战之人，父王极为高兴，臣僚快乐，赞美之声不断，英名传遍大地”。伟大的史诗《格萨尔王》据说就是以他为原型。13岁继承王位，那时，吐蕃“父系庶民心怀怨恨，母系庶民公开叛变，外戚象雄、牦牛苏毗，聂尼达波、工布、娘布等均公开反叛，父王囊日伦（松）赞被进毒遇弑而薨”。松赞干布“幼年亲政……叛离之庶民复归辖治之下”。他定制了吐蕃社会的管理体制和法律条文，“吐蕃基础三十六制”，迎娶唐朝的文成公主，派大臣吞弥桑布扎去印度留学，创造了现在还在使用的藏文。“从东方汉地和木雅，引进公历书算，从南方白色的印度，翻译佛陀正法经典；从西方栗特尼泊尔，开享用财物的宝藏；从北方霍尔与回纥，获得法律事业的楷模，统治四方的勇武之王，边地财富悉聚治下”《智者喜宴》公元7世纪初，松赞干布定都拉萨。拉萨是个被高原群山环抱的小型平原，拉萨河像牛奶一样在平原的南方流过，水草肥美。平原中间有个湖叫作卧塘湖，旁边有三座连在一起的小山。在松赞干布的祖先拉托托日年赞的时代(年赞，王的意思)，佛教开始传入吐蕃。传说拉托托日年赞第一次看见拉萨，看见天堂般的平原，那平原上有三座山，东有红山，中有药王山，西有帕马日山，河谷地带，绿草茵茵，牛羊肥美，藏王在逆光中看见拉萨河白银般地闪着光芒，如牛奶，所以取名为卧塘，就是流着牛奶的草原的意思。红山好像吉祥侧卧的大象，药王山好像狮子吼着跃向天空，帕马日山如老虎入洞，就在红山上建立一个白塔，是拉萨最早的人为建筑。松赞干布即位后回忆起“昔日我祖拉托托日年赞，乃圣普贤之化身，曾住在拉萨红山顶上”，于是决定“践履先王遗迹，往彼吉祥安适之处，而作利益一切众生之事……于是，王又从此（他的故乡墨竹工卡的强巴弥居林宫）前进，至红山顶修筑宫室居焉”。另一个说法是他“为公主筑一城以夸后世”，这个公主是尼泊尔的赤尊公主。《卫藏通志》的记载则说“松赞干布好善信佛……逐修布达拉城垣”。据说，最初的布达拉宫有“九百九十九间房子，连宫顶上的藏王寝宫共一千个房间。宫殿顶上树立着长矛旗帜”，飞檐、走廊，装饰着各种珠宝，丝绸、风铃，风来时万铃齐奏。为文成公主在南面筑了一座九层高的宫殿，与布达拉宫用银子和黄铜打造的桥连接着，桥上还安着风铃，挂着帷幔，公主过桥去见藏王的时候，桥就歌吟飘舞起来。布宫有四个城门，南面的城墙下，挖了深壕，上面铺着木板，木板上再铺上火砖，造出奇妙的效果，一匹马在上面跑过，听起来就像群马在奔驰。人们赞美这座宫殿，“极尽精美之能事”，“妙丽庄严，世绝其伦”，“胜似天堂之城寨”。因为建立在“玛波日”山，玛波日山就是红山，所以叫作红宫。布达拉宫是后来虔诚的佛教徒把它比喻为“普陀山”，才又叫布达拉，“布达拉”是藏语“普陀”的音译。一座伟大的宫殿当然需要时间来生长，伟大的建筑是有命运的，决非简单的土木工程。在8世纪后期松赞干布的孙子芒松芒赞的时候，雷电袭击了布达拉宫。之后，在赤松德赞时期，布达拉宫又一次遭到雷击，当时佛教在西藏的地位并不牢固，人们把布达拉宫遭到雷击与佛教在西藏的传播联系起来，“红山遭到雷击，人病畜瘟，年荒受灾，因此，全体属民心生反感”认为“此因赞普（藏王）信奉佛法所至”。但赞普决不动摇，从印度请来莲花生大师，大师绘制了精美的坛城图，做了一个圆光塔，指出雷击红山的乃是念青唐古拉山神，制造灾荒瘟疫的乃是永宁十二地母神，大师做了圆光法事，降服了它们。见（《西藏通史》上卷147页）9世纪中叶西藏爆发平民起义，布达拉宫在战乱中被大部分毁灭。只剩下松赞干布修行的法王洞和帕巴拉康——圣观音殿，继续供奉着阿雅洛格夏热（圣观音自在）。

布达拉在黑夜中等待它的救主，伟大的建筑总是在杰出人物的时代复活。五世达赖阿旺洛桑嘉措是西藏历史上的另一位英王。他由于杰出的业绩而被称为“阿巴钦波”即“大第五”——伟大的五世。公元1643年，林迈夏仲·贡觉群培大师对五世达赖说，“曾见宁玛派预言……在红山与加布日山（药王山）之间将会有一绵亘之宏广宫殿”。贡觉群培的意思是应该在红山建造一个政教合一的行政中心，作为西藏的最高象征，以长久地治理稳定西藏。在达赖五世看来，林迈夏·仲贡觉群培大师“从宗教方面与文殊菩萨无别，从世俗方面论，其智慧又可与大梵天相媲美”，其言正合达赖喇嘛之意。于是，在1645年（藏历第十一饶迴之木鸡年）四月初一，布达拉宫白宫部分开工奠基，“在此以前的日子里，狂风不时大作，从当天起，晴空碧霄，连一丝微风都不曾吹起，虹光四射，白云萦绕，美不胜收，贵贱人等都亲眼目睹花雨飘落，出现了奇异的瑞兆……开始挖出的都是油质土，后来出现的都是白土”（《五世达赖喇嘛自传》）。三年后，白宫建成，就是达赖喇嘛的西藏地方政权甘丹颇章的首府和达赖喇嘛的生活起居之处。建筑布达拉宫的总指挥是第悉·桑结嘉措，当时甘丹颇章政权的格局是达赖喇嘛主管宗教事务，第悉主管政务。第悉·桑结嘉措是第五任第悉。1682年，达赖五世圆寂，为了安放达赖五世的灵塔，第悉又主持修建了红宫及其主体建筑“世界——庄严”金塔。红宫于1690年（藏历第十一饶迴铁马年）2月22日奠基。当时西藏最杰出的匠人参加了红宫的修建。历史记载，这些民间工艺领袖包括石匠大头领甲门塔杰、木匠大头领奈萨瓦·江央旺布、木雕大头领白朗·贡布、铜匠大头领罗巴·莱甘巴、金匠大大头领旺秋、金属雕花大头领欧珠、铸造大头领交热·顿株、画匠大头领门汤画派的洛扎巴·丹珍诺布和钦仁画派的桑阿卡巴·曾培、泥塑大头领群培、铁匠大头领仓巴、泥匠大头领甲日赞丹、缝纫大头领拉萨热孜夏·索南、颜料制作大头领江夹顿珠……还有康熙大帝从北京派来的汉族工匠 114 人，尼泊尔工匠 191 人，每年召集 5770 名差役，可以想象这个工程在当日是一个多么伟大的场面，大师云集，能工巧匠如千军万马。1694 年藏历水鸡年 4 月20 日，红宫竣工，共修建了三年零两个月。后来又经过历代的小规模扩建、维修，布达拉宫形成了今日的格局。它已经不是某个独一无二的设计师或工匠的作品，作者已经匿名，它是神的建筑。红山海拔 3763.5 米，布达拉宫主楼高 115.7 米。红宫顶上有七个金顶，作为宗教建筑，比作为行政中心白宫略高。红宫从外面看上去十三层，里面其实有九层。除了红白二宫，其他建筑还有：扎仓、扎厦、僧官学校、藏军司令部、印经院、监狱、骡马圈、供水院等，建筑的秩序格局暗示着宗教和政治等在西藏的不同地位。在藏传佛教信徒心目中，布达拉宫就是普陀山，因为他们相信达赖就是观音转世，它从一开始就是一个圣殿。布达拉宫复活，“世界——庄严”金塔，屹立于世界之最高原。

这伟大的宫殿看起来不像是建筑物，而是一座红白相间的山峰。它是从大地上生长出来的，依顺着山的形势生长，与世界上大多数宫殿的傲慢设计不同，就是今天，历尽沧桑，布达拉宫已经成为西藏世界最复杂的象征，其立足点也没有脱离大地。这宫殿一开始就起源于把大地作为神灵的寓所加以敬畏的思想，是依附于它，而不是居高临下地解放它。传说历史上有人曾经见过布达拉宫的图纸，但今天没有下落。我宁愿相信这个伟城的诞生依据的是内心的指引和经验，它已经存在于建造者的心中。也可以说布达拉宫的图纸就是红山，它是依顺着大地和信仰而生，它不是趾高气扬地改造、重新设计大地，大地是它开始的图纸，而信仰指引它抵达。“依山而建”，说起来好像很平常，其实里面隐藏着深刻的建筑思想。20世纪以来世界最时髦的后现代建筑理论认为，建筑是一种可交流的语言，建筑应当尊重现有环境、历史和传统，并强调建筑的精神性、形而上的隐喻和象征力量。布达拉宫正是依顺环境，顺其自然，尊重历史，而又具有巨大的独创力量和象征体系的伟大建筑。在修建红宫的时候，对松赞干布时代留下的法王洞不是迁移或者拆除，而是保持着敬畏，环绕着它来修建布达拉的红宫，作为最古老的遗址，法王洞就是布达拉宫的根，建筑者不是斩除历史之根，而是在这根上继续生长起来。它位于建筑物与自然之间，它依顺自然也升华于自然。即使你完全不知道西藏的历史和宗教，当你看到布达拉宫的时候，你的精神也会立即与它发生最神秘的交流，它完全征服你，吸引你，把你引导向建筑以外的象征世界。这个象征系统在确定与不确定之间，对于西藏人，它是一个崇高的宗教象征。对其他人，其象征力量则与形而上的领域有关，崇高、伟大、庄严以及朴素，是这建筑明确无疑暗示着的，大地所隐藏着的内在语言，被敞开在天空下，它与希腊、埃及、巴西和吴哥等地的伟大神殿处于同样的精神领域。而这个建筑并非什么后现代的产物，它总结的是西藏人一千年以来的建筑思想。在西藏，我印象深刻的是，当我经过那高原，大地上几乎看不出建筑，其实一座座村庄和城市就在其间，隐身在大地之怀上，就像那些一步一磕头的转经者，每一步都即表达对佛的虔诚，也表达对大地的敬畏。

日日，人们环绕着布达拉宫顺时针行走，上千个黄铜制作的转经筒安装在宫殿的外墙上，里面放着大悲咒等经文，这些经筒都是信徒们自己出资做的，边走边转动这些经筒属于藏传佛教信徒修行的一部分。十年前，我首次跟着香客们环绕布达拉行走的时候，那些经筒高高低低排列在白墙上，镶着黑边的藏式窗子，如布达拉宫长在脚上的眼睛，不动，望着每个人流过。周围是民居、树林、湖泊……转经的队伍浩浩荡荡，灰尘滚滚，经筒转成一条金光灿烂的哗啦响着的河流，这是一个永不结束的节日。现在，一个商业圈包围了布达拉宫周边，各式各样的百货和旅游品摊子、饭馆、车辆、三轮车……环绕着布达拉宫，在宫墙下留出一条小路，让经筒得以继续旋转。转经的队伍依然浩浩荡荡，络绎不绝，一个跟着一个，每个人都用手拨一下经筒，在商业区和布达拉宫之间构成一道最后的底线。黑暗或五光十色的人们，身上带来大地之色，梅里雪山的白，德格印经者身上的墨迹，塔尔寺僧袍的暗红、缅甸和尚黄色的袈裟、甘孜草原的绿、印度的灰尘、芒康高原上的牦牛之黑……意念不同，但都迷信转动经筒会给自己带来某种好。转经者，低头缓慢走着的有，边走边磕头的有，边跳边转的有，坐在地上化缘的有。有人为转经专门配置了手套，要把上千个经筒都推动一下，一般的手是吃不消的。有些长得像老绵羊的妈妈提着油桶，边走边为转经筒的轴加点油。绕着布达拉宫转一圈大约 20 分钟，一路上你可以看见来自世界各地，长相完全不同的人，最引人注目的是那些康巴人，长辫子盘在头上，扎着红色的带子，个个英俊生猛，表情中有一种朴素的傲慢。一个来自四川芒康的犹如黑炭的大娘步行来到拉萨已经五年，不知道自己的名字、年龄，这个世界上只有神知道她的存在，每天要环绕着布达拉宫转三圈，已经在布达拉宫转了五年，靠化缘活着，老家的活佛不好，所以到拉萨来了。她说布达拉宫是她的命根子，她的意思是布达拉宫不只是她的精神寄托，也养活了她。无数的人在这里化缘，但布施者更多，只要你伸出手，就会有人往你的手中递钱。化缘不是为了过上好日子，甚至作为富起来的一条捷径。拉萨的化缘者只是维持最起码的生存，如果化缘得到的更多，他们会接济生活条件更差的人或者贡献给佛事。没有比拉萨更尊重化缘者的地方了，也没有比拉萨更容易化缘的地方了，这个宫殿养活了无数的化缘者，无数吝啬鬼来到这宫殿下，会着魔似的慷慨起来。转经者目的不同，某些人为今生而转，企图好运当场兑现。但大多数信徒的化缘只是维持最基本的生存，他们只是能够每天环绕在布达拉周围，内心就充满喜悦。好日子是什么，就是一生都可以侍奉在神的旁边。转经就是他们的圣职。那些坐在地上衣服褴褛但表情安详的人们，谁知道他或她是不是一个转世的活佛呢。那些经筒发出各自不同的声音，犹如每个都装置着喉咙，有的暗哑，有的尖锐，有的厚重……这个长叹刚刚消失，那个的喃喃重新响起，声音轻重不一，长短错落。许多香客不只是右手转动经筒，左手还举着一个小的转经筒，口中还要念着六字真言。有的人转一把不转一把，最虔诚的个个经筒都要碰到，有时候转的次数比较密集。经筒旋转速度快得只看见一道金光，手根本无法碰。无数声音围绕着布达拉宫，经筒旋转时发出的咕噜咯吱声、人们念叨六字真言的声音、脚步移动的声音、由于高原缺氧而导致的沉重呼吸声……顺着时针的方向混合成一种美妙的音乐，周围小贩们的叫卖声和录音机里播送的现代音乐也受到影响，合起拍来，听着都像是在念六字真言。布达拉宫就像一个巨大的乐器，世界和人生环绕着它转着，轮回着，此人成了彼人，现世成了来世，永恒的流水，把日新月异转得个灰飞烟灭，转着，转着，这宫殿仿佛也在旋转中升腾在天空中了。

布达拉宫是世界上最缓慢的宫殿，我的意思不只是说它用了近1500年的时间才生长起来。每个人走向这座宫殿的速度也是非常缓慢的，你必须跟着当地人，低着头，一步一步地慢慢移动。这是一次庄严的登山活动，庄严永远是缓慢的，白色的山墙和道路，顺着山势向上，在远处看，还以为布达拉宫那些之字形的线条是某种装饰，其实就是顺着山逐渐向上的道路。世界渐渐沉下，当你抵达布达拉宫入口的时候，大地已经敞开，白云像窗帘几乎垂到头顶了，但宫殿的主体才刚刚开始，等待你的是无数继续旋转上升的楼梯，而此时你正在大口大口地喘气。进入布达拉宫的方式完全不像你在电影里见过的那类宫殿，穿过德阳厦前的小广场，来到红宫的入口，入口是两部木梯，一部上一部下，现在一边是入一边是出，而过去，右边那个楼梯是专供达赖使用的。那木梯没有雕饰过，原木，被无数人如流水的手摩挲之后，花纹毕现，犹如玉石。后来我发现，所有楼梯的扶手都已经被摸成了玉。门票是100元一人，藏族人只收两元。理由很简单，你们是来参观博物馆，我们是来朝拜。内部仿佛巨大的洞穴，阴暗，方向不同的通道，走廊、梯子，空间疏密分布，依据感觉而不是逻辑，各式各样的历史、意念、必然性、偶然性、秘密、掌故创造摆设了各式各样的房间；有的房间安全、亲和、温暖，被格鲁派的黄色布匹包裹得慈祥温柔；有的房间深邃、威严，威猛的护法金刚怒目圆睁；有的房间幽深、静谧，仿佛亡故者依然活在房间某处，微笑着看着世间，令人后心发凉。许多高大的佛像安置在狭窄的空间中，你绝对只可以仰视，正面晦暗不清，而后面窗子上的布幔被风扬起时，忽然间阳光就把耀眼的翅膀伸进来。洞穴与殿堂合为一体，大殿与小殿彼此依存，辨不清方向，一个巨大的迷宫，犹如中国盒子，房间套着房间，就是在里面生活了一生的喇嘛，也无法穷究它的奥秘。黑暗深处藏匿着各式各样的光，像一个个披着羊毛氆氇、行踪不定，飘忽而来飘忽而逝的僧侣，在此时领你进入幽地，在彼时将你导向明处，在这个过道将你抛入黑暗之渊，在那个窗口让你登上光明之岸。光明在布达拉宫不是绝对的“亮化”，而是无数复杂缓慢的过渡状态，不确定的，旋转着，交替着。文物局的尼玛次仁先生说，目前布达拉宫不完全统计的房间有 2500 多个，而新的处所、地垄、仓库等还在不断地发现。若明若暗，忽然间光辉灿烂，世界灿烂如莲花升起，忽然阴郁森严，瞬间晦暗无明，没有什么可以一览无遗。形影模糊的柱子、墙壁，细看发现上面刻着精美生动的花纹、佛像。五万多平方米的壁画，全是无名作者的杰作。红色、黑色或者黄色……的布幔，红色、黄色、黑色……的墙壁，森林般的柱子，妙像庄严的佛，数以万计，在冥冥中微笑着，低垂眼帘，或高踞于莲花宝座之上，或排列于橱柜中，里三排外三排，坐着、卧着，出现在一切方向。或绘制于墙壁、皮子、布匹，这些杰作在精神最虔诚的高峰时代被绘制出来，最完美的想象和技艺，已经出神入化，之后要再达到几乎是不可能了。这不是一个珍宝陈列之所，不是一个参观对象，不是博物馆，一切都像过去时代那样放在原处，它们如此置放、存在着的目的不是供人参观，而是来自伟大的虔诚，是供人与神进行精神交流，是为了讨得诸神的欢喜。它们诞生于遥远的时代，最遥远的法王洞是1300年前的作品。但它们不是古董，它们继续活在当下，影响着世界的精神领域。布达拉宫整个就是一个活着的巨大珍宝，有无数依然在呼吸的文物，而且它也许是世界上唯一的可以抚摩并通过抚摩和言语来与人们交流的宫殿。昔日，香客们进入布达拉宫，不只是战战兢兢地顶礼膜拜，他们抚摩它，碰它，用手，用身体，用头部，不断地涂抹添加着酥油……并对它说话，大殿里充满着各自口音各种方言的低语，这是一个活着的宫殿，生长着无数的神经，可以感应到世间的一切。无数的珠宝、黄金、银子、门框、门上的铜饰、门槛、各种各样器皿的边沿、扶手、佛座的基部……只要是人可以触及之处，无不被抚摩出花纹、光泽，这种抚摩犹如巨大的地质运动，如河流，在黑暗中把巨石磨砺成美玉黄金。就是那一根根圆木的楼梯扶手，也已经在流水般的摩挲中脱离了普遍的森林，升华为木中之玉。那些被踩塌下陷的门槛已经成为作品，那些数不清的质量最好的黄金、银子、珍珠、柱子、丝绸、绿松石、翡翠、蒲团、氆氇、经幡、云母石、蓝宝石、琉璃、猫眼石、水晶石、钻石、珊瑚、琥珀、青金石、红宝石……在夜以继日的香火、酥油和诵经之声的熏陶中，已经得道成仙。置身其内，转来转去，你迷失了世界的方向，在密集的虚空中，陷入意识的迷狂，忽然看见一个巨大的窗子，守护佛殿的喇嘛正在窗子下闭目捻动着一串佛珠，窗子下面是白色的拉萨平原，人和汽车小得像沙子。你看见了方向，但离开窗子，你又再次迷失。就是今日，博物馆的概念影响了布达拉宫，许多地方不能抚摩了，但人们依然在可能的地方继续抚摩它，很难想象有人会向卢浮宫最伟大的绘画敬献酥油。但在布达拉宫，人与宫殿之间并没有界限，守护文物的喇嘛在价值连城的佛像前面喂猫、吃饭、磕头。而本地的香客可以进到一般参观者不能进去的佛龛前，近距离地膜拜，并抚摩。尼玛次仁先生告诉我，目前有150多人管理这个宫殿，其中80位喇嘛负责香火、佛堂的日常管理，50名工作人员负责维修保养事宜。其他人员是行政人员、研究人员、保安等。

“外面看是险峻山崖，里面看是黄金珠宝”（摘自《西藏通史》）。当我问到布达拉宫有多少文物的时候，尼玛次仁先生迟疑了一下，他说这是保密的。他只告诉我，布达拉宫的珍宝一是来自历史上西藏的积累；二是信徒们的捐赠；三是历代中央政府的赐赠。布达拉宫并不是我们所谓的文物，一切都是旧的，古老的、一切都已经价值连城，但并没有过去，成为历史，成为考古研究的标本，一切依然活着，在现场与世界精神发生着交流。

1747年总理卫藏事物的多罗郡王颇罗鼎去世，他的儿子珠尔墨特那木扎勒继任，管理西藏地方政权，他所做的大事之一是完成了他父亲颇罗鼎时代开始进行的曼唐风格的佛陀百业如意宝树卷轴画和八十幅宗喀巴生平卷轴画，献给了达赖六世。公元1642年，达赖五世为了建立与清朝的联系，任命赛欣曲结为使者，前往沈阳，第二年才抵达。使命完成后，清太宗命赛欣曲结带回给达赖五世等的书信和赐予的礼品，计有：金碗一、银盆二、银茶筒三、玛瑙杯一、水晶杯二、玉杯六、玉壶一、镀金甲二、玲珑撒袋二、雕鞍二、金镶玉带一、镀金银带一、玲珑刀二、锦缎四。公元1795年，乾隆皇帝登基60年的时候，赏赐八世达赖“哈达一条，无量寿佛像一尊，珍珠念珠一串，如意玉柄一把，丝袋三条、白银三万两”。此类的赏赐不计其数。在则杰拉康——无量寿佛殿内有16尊来自清朝的罗汉檀香木雕刻的罗汉像，是我见过的最精美的罗汉木雕，我前后进去观看了三次。在土旺拉康——释迦能忍殿内的东侧的经书架上，存放着《甘珠尔》，就是释迦牟尼全集，共115部，被古代许多杰出的高僧大德翻译成藏文，在17世纪的中叶誊录在蓝锭纸上，用金子熬成的汁液书写而成。八世达赖江白嘉措的灵塔表面镶嵌着上千颗金刚钻、红宝石、绿松石、明珠等天然宝石，它们都是宝石中的宝石，这些宝石在遥远的年代从大地深处取出来，途经高山大河，穿越土匪强盗和无数贪婪者的森林，每一颗都有它如何脱离黑暗辗转来到布达拉宫的传奇故事，只是已经无人知晓了。宗喀巴·罗桑扎巴创立了藏传格鲁教派，他是14世纪西藏类似德国宗教改革领袖马丁·路德那样的宗教领袖，他一生漫游西藏青海大地，四处传教。“上师从太阳升上山巅之时起到蔡寺卫林佛殿的金顶尖照到阳光之间的这么一段时间，就能把箭杆那么长的每页九行的四页经文准确地牢记心中”，二十岁那年的秋天，他在朋友和同学的劝说下，答应返回故乡一次，走到墨竹拉垅地方的时候，忽然下了永不回家的决心，把依恋母亲等看成是世间轮回的铁链，应当断绝，没有回故乡。53岁的时候，他创立了拉萨祈愿大法会，是他的四大功业之一。在他的时代，僧侣们戒律松弛，生活放荡，他以噶当派的教义为立说之本，结合自己的独立思考，进行改革，倡导不分密显都要恪守戒律，建立了格鲁派的体系。格鲁派成为藏传佛教影响最大的一派，宗喀巴·罗桑扎巴的银鎏金质像放在朗仁拉康——菩提道次第殿，左右排列着68位大智大慧的上师。曲杰竹普——法王洞是布达拉宫的根，一切都是从这里成长起来的，

1300年前塑就的松赞干布、文成公主、尼泊尔赤尊公主等的泥塑座像是布达拉宫无数神像中最写实的一组，使这些千年前的传奇人物看起来非常可信，平易近人。

达赖五世的灵塔“世界一庄严金塔”用119282两黄金打造而成。该塔的塔门下有台阶，第四级台阶上安放着一颗明珠，这个珠子生成于印度一头大象的脑髓。13世纪的时候，它被印度一僧人献给萨迦王朝的八思巴，后来又被萨迦王朝的高僧贡献给五世达赖。五世达赖圆寂于1682年，他在病重之前留下遗嘱，对他圆寂之事要暂时保密，事无巨细，难于决断时，要在吉祥天母的像前占卜。摄政王第悉·桑结嘉措等在吉祥天母的像前占卜，把四种主张写于纸头，揉进糌巴团，请吉祥天母示意，结果藏有保密到迎请完转世灵童的糌巴团掉了下来。这一保密竟然达12年之久。摄政王等只好对外声言达赖喇嘛一直在严格闭关修行。遇到达赖必须予以接见的时候，便令长相与达赖相似的布达拉宫的郎杰扎仓的僧头瞿热出面。假扮达赖的瞿热整年不得出来见人，忍不住的时候大叫，“我没有做什么该关监狱的事情，我要出去”，第悉·桑结嘉措只能好言相劝。直到1696年才宣布达赖圆寂的消息。红宫在三年前就已经建好，人们并不知道建造它是为了安放达赖五世的灵塔。“世界一庄严金塔”一俟造成，即成为灵地，1705年1月，六世达赖、吉雪第巴、拉木降神人、色拉、哲蚌寺的堪布、政府要员、班禅大师的代表、蒙古施诸位主等曾经在“世界一庄严金塔”前聚会，决议重大的人事变动，主持修建红宫和“世界一庄严金塔”摄政王第悉·桑结嘉措在这次聚议中被免去了第悉的职位。灵塔内的灵物至今原封未动。里面藏着不为人知的稀世珍宝。可以窥见一斑的是，达赖五世在自传中说，固始汗丹珍法王曾经把八思巴大师用过的玛瑙法铃赠送给他，这个宝物蒙古人叫作“百介”（高兴得仰面倒下的意思），价值与藏地十三万户相仿，曾经在乃东首领之手，后来又落入仁蚌巴之手，最后被固始汗丹珍法王得到，又献给了达赖五世，可以肯定这个宝物依然放在达赖五世“世界一庄严金塔”的金塔里。

布达拉的镇宫之宝是供奉在帕巴拉康——圣观音殿内的阿雅洛格夏热（圣观音自在）像。据说这个观音塑像是在檀香木中自然生成的。公元 7 世纪时，松赞干布修建布达拉宫，“心自思维，我于此有雪边地，利益众生，应当修建一本尊佛像”，才立念，刹那间，眉宇间一光闪出，已经化身为一比丘（和尚），名阿噶纳嘛底西纳，在大地上漫游，一日，印度和尼泊尔之间的一片大森林中发现了一棵放射着光芒的旃檀树，比丘就知道本尊“将由此出”。比丘用斧子砍开树，树芯忽然说话，“缓徐割之”。割开后从里面取出四尊天然佛像。其一圣嘉玛里供奉于尼婆罗（尼泊尔的加德满都），其二圣乌岗供奉于天竺与尼婆罗交界处，其三圣喔迪供奉于济冲（今西藏的吉隆县），其四阿雅洛格夏热（圣观音自在）说，“我将往西藏有雪域邦内，为藏王松藏干布本尊”，于是迎请到拉萨，供奉于布达拉宫的帕巴拉康。布达拉宫大部分建筑在战乱中被摧毁之后的漫长世纪里，阿雅洛格夏热也遭遇多次磨难。战乱期间，阿雅洛格夏热被转移到拉萨的帕邦喀寺安放多年，又被蔡巴·门郎多杰迎回布达拉宫。公元 17 世纪初，阿雅洛格夏热又流落到青海，当布达拉宫重建奠基之时，它被蒙古王妃贝姆达赖贡吉重金赎回，献给五世达赖。正好在举行净地仪轨之际送到，“正是不谋而合，天赐机缘，吉祥圆满”（《五世达赖喇嘛的自传》）。“藏历四月初一上午，举行净地仪轨，僧众列队迎接……拉萨四乡男女老少盛装，僧俗人等各持伞盖、法幢、旗幡、花束、神肴、熏香、各种乐器等供品，以我（达赖五世）和固始汗为首，带大队蒙藏骑兵随后护送将这尊殊胜无比的自在观音像重新送回布达拉宫”（《五世达赖喇嘛自传》）。1720 年，阿雅洛格夏热再次遭难，准噶尔军占据西藏，烧杀掠掳，康熙派军讨伐，准噶尔军闻风而逃，逃窜之际，他们窃掠了帕巴拉康的阿雅洛格夏热，这使阿雅洛格夏热再次离开布达拉。在逃往阿里的途中，窃贼被阿里的藏官康济鼎·索朗杰波设计骗进营帐，营帐倒塌，窃贼被抓获，阿雅洛格夏热重新找回。为此，大功臣康济鼐被康熙皇帝封给“贝子”的名号，委以噶伦（西藏地方政府的官员）之职。此后，阿雅洛格夏热终于结束了尤利西斯式的流浪，回到了布达拉宫。阿雅洛格夏热被视为法力无边，历史上经常在这里举行金瓶掣签。九世、十世、十一世达赖的转世灵童都是在这里举行金瓶掣签的。在布达拉宫的无数珍宝中，就像卢浮宫的蒙娜丽莎那样，阿雅洛格夏总是被前来朝拜的人群簇拥着，到了常年水泄不通的地步。

六世达赖仓央嘉措是布达拉宫的一个另类，从五世达赖开始建造灵塔起，以后圆寂的历代达赖在布达拉宫都有自己的灵塔，唯独六世达赖没有。他本应该转世为一个诗人，却转世为达赖。“在布达拉宫殿里，我是活佛仓央嘉措。在拉萨的街头巷尾，我是浪荡子宕桑切波”。他是这一类诗歌的作者：“我去高僧大德的面前 / 求他指引光明之路 / 但心就是收不住啊 / 一转身又回情人那里去了”。他的情歌隐含着道心，几百年来一直在藏区流传，还有许多伪托之作，人们相信，那些杰出的爱情诗篇，其作者一定是仓央嘉措，他是在佛殿之外得道的活佛。在一首诗里，他说他曾经从布达拉宫的后门溜出去与姑娘约会，回来的时候忘记掩盖留在白雪上的脚印，被发现了。意大利传教士伊波利托·德斯得利于1716年到达拉萨，据说他是第一个看见了冈底斯山，横越喜马拉雅地区的西方人。他在回忆中说起仓央嘉措，仓央嘉措给他完全另类的印象："酗酒、赌博、举止粗俗""少女或者已婚妇女都难于逃脱他肆无忌惮的淫荡"。传教士伊波利托·德斯得利是个道貌岸然的卫道士，但他不得不承认，仓央嘉措"深受西藏人民的爱戴"。仓央嘉措的一生只留下一些传说，那是关于一位多情的诗人的传说，而不是关于一位达赖的传说。布达拉宫没有他的灵塔，只有他的一具银子打造的少年身像和一个寝宫。那寝宫叫作"不灭具乐殿"，幽深阴郁，床榻旁边有许多佛像、经幡。一个大窗子向着拉萨，日光流年，大地闪着洁白活泼的光芒，但房间是昏明的，看守房间的喇嘛在默默地为银香炉中的酥油扒开一条小河，扶正灯芯。仓央嘉措后来被怀疑不是真正的灵童，逐出布达拉宫，不知所终，只有他的诗歌继续在大地上活着，那就是他的永恒不灭的灵塔。

布达拉宫乃是大地之物所造。从冈布隆、底夺、堆巴、拉隆、底热等地采来石头以及各种金、银、铁等矿石，从帕岗绷取粉刷红宫的红土，从查叶巴取平地的阿嘎土，从尺布取片石，从宗堡东面的农田取填压地基的土，从岗雍采集花岗石，从工布及交热的森林采集木材……然后，手工打造这宫殿。打造宫殿的基本手艺到现在也没有失传，维修布达拉宫人们依然采用最古老的方式，因此，我看见了1645年宫殿建造之际的某些场景，人们正在维修布达拉宫金顶的某个部分，用阿嘎土铺平屋顶，阿嘎土是一种风化石，西藏建筑的地坪、屋顶大多是用阿嘎土造成的，这种石头一夯就酥化，加入水不断地夯就逐渐变得比水泥还坚硬。大约100个姑娘和小伙子站布达拉宫屋顶的一角上，排成两组，每人拿着一个有长木把子的夯子，唱着夯歌，一边夯地一边前进，前进时地面震荡，旋即夯平，反复进行。一组夯地的时候，另一组休息。夯地时高唱夯歌，夯歌使大家动作协调，也减轻疲劳。依据劳动内容的变化，夯歌也不同，有轻轻自打夯歌、中间力大夯歌、边打歌、前进后退歌、起浆歌等，形式有对歌、清唱、庆歌、数歌等。如果不知道是在夯地，你肯定以为这是一个集体的歌舞。布达拉宫可以说是在歌谣中建造起来的，在西藏，歌谣依然像人类童年时代那样，是劳动的一部分，人们在劳动的时候总是有歌谣相伴。夯地的民工中有几个姑娘来自山南，当我们走下布达拉宫的时候，她们忽然飘出宫殿，从后面包围了我们，这些仓央嘉措的同乡，大胆热情，我们还没有反应过来，她们已经两人一个地用结实的手臂把我们搂住了。大笑，然后成为朋友，姑娘们在布达拉宫的顶上修补屋顶，工作一天可以挣30元，但工作并不是每天都有。春天的时候由村里的小伙子开着手扶拖拉机把她们从山南送到拉萨打工，冬天再把她们接回去。姑娘们在布宫附近租了一个小房子集体住在一起，已经来到拉萨打工两年，从来不生病。后来我们一起进入藏式的小餐馆吃饭，在漆黑的馆子里听她们唱各种各样的歌，然后告别，姑娘们在宫墙下转经的人流中消失了。就像一阵好风，一个白日的梦。我相信她们的祖先中也有人在布达拉宫干过活。

布达拉宫的外观看起来就像巨大的堡垒，它属于西藏传统的宫堡式建筑。在松赞干布以前的时代，诸王彼此割据混战，因此堡垒式的可以防御的建筑盛行。在西藏，垒石为室的技术已经有两千年的历史。布达拉宫是这种垒石宫堡式建筑风格的杰作，事实上布达拉宫四周就有四个可以御敌的大碉堡。宫墙的基础部分宽 12 米，越往上越来越窄，收分式，到最高处已经不到一米，像宝剑之锋，锥角非常锋利，据说，一头羊顺着这个墙角滑下去，就被划成两半。宫墙全部用花岗石砌筑，据说墙体里灌了生铁汁。布达拉宫外部固若金汤，内部是一个活体建筑，无数木料和石头，一座森林和一座大山撑起了它。没有一根钉子，全部是榫卯结构，所有木结构都可以拆换而不影响主体结构。例如拆换二层的梁，不会影响到三层。24 小时在不停地运动磨合，以柔克刚，在大自然的变化中，不断地调整着与各个季节的关系。尼玛次仁先生说，在秋天大风起兮的时候，如果抱着宫中的柱子，可以感觉到布达拉宫在轻轻飘摇，犹如大树。如此高大的建筑，粉刷相当困难，人们把配置好的颜料从高处往下流淌下来，低处则是泼洒。藏历的 9 月 22 日是降佛节，这一日到来之前必须把布达拉宫粉刷一次，因为这一天佛祖要率领众神降临人间，要把人间打扮得漂漂亮亮的，让诸神来了不想再回去。这一天，人们很早就要起床，睡懒觉的人在神看来就是尸体。说，哦，这里有一个尸体，那里有一个尸体。

布达拉宫体现了佛教思想中的曼荼罗形式。曼荼罗是梵语 Mandala 的音译，有“坛”“坛场”“坛城”“轮圆具足”“聚集”等含义，曼荼罗起源自古代印度，它是某种想象中的宇宙模型。这个模型的具体形式就是坛城，在密法、密乘的事相运用中，筑起一方或圆的土坛，将观修之诸天诸尊，如法安置其中，此为曼荼罗之基本相体。千年以来，许多研究宗教的学者，都企图解读曼荼罗的奥秘。因此，形成了许多说法。瑞士的研究者，心理学家卡批尔·古斯塔夫·荣格认为曼荼罗是一种象征，是走向中心的心理过程的自我复现现象，是朝向新的人格中心产生的过程。该概念可以由圆状、方状或四位状的东西象征性地复现出来。通过对四这个数和其倍数的对称拜访，象征性地复现。布达拉宫正是一个界于圆与方之间的建筑，模仿着佛教密宗的须弥山坛城，众殿堂、灵塔旋转上升。西大殿是布达拉宫的核心，中央的八根柱子代表须弥山四面较低的木梁。分别涂以绿松石、红珊瑚、黄金、白珍珠四色象征着四大部洲、东西南北的宇宙格局。乾隆皇帝为此殿题写了“涌莲初地”的巨匾，“最初涌出莲花的地方”，如此次第环绕，形成一个巨大的道场。布达拉宫无不暗示着“转”“轮回”的思想，轮回在佛教就是车轮回旋不停，众生在三界六道的生死世界循环不已。“转”“轮回”在布达拉宫不是抽象的概念，而是一个在过程中体验的行为。人在其内部获得的是一种进入复杂丰富的宇宙，呈现于过程中的，“转”“轮回”的心理体验。最感性的建筑，却高踞于最形而上的精神之域。也许你并不能因此转识成智，但你可以体验到转，而这种转不只是宗教的，也是历史的、艺术的。对于信徒，布达拉宫是一个可以转识成智的道场，对普通人，在这种迷宫般的转中会得到熏陶。布达拉宫是一个没有终结之点的建筑，当你穿越黑暗与光明交替的迷宫，来到金顶，那里是一个巨大的平台，金顶并没有高耸入云，而是敦实地安放在平台上，在布达拉宫的最高处，你感觉仿佛重新回到了大地之上。

无数的宫殿死去了，成为废墟，或者成为博物馆，丧失了生命力。而布达拉宫继续活着，作为某种精神生活的载体，屹立于世界最高原，活在过去与未来之中，一千年对于它来说微不足道，这伟大者其实已经超越了时间，它是没有时间的。

2006年5月30日星期二在昆明

理塘记

六世达赖在一首诗里面暗示他将会在理塘转世。“理塘”在藏语里，有金黄、平坦、镜子的含义。金黄是秋天的颜色，这是一面秋天的铜镜。知道达赖箴言的人就瞪大了眼睛，想看看是个什么样子。亚丁机场相当荒凉，只有两个登机口。行旅一出来，内地来的乘客纷纷开箱子，找出厚衣、帽子、围巾，就地更衣。回家的人微笑着，坦然而出，还没有冷到令人惊慌失措，内地人未免大惊小怪了。天空倒是灰沉沉的，正在玻璃窗外面酝酿着更严峻的局面。这趟航班来自成都，登机的时候天还没亮，热烘烘地，睡不着的四川人在路边小店门口光着上半身玩麻将。不过飞行了一个半小时，已到冬天。从机场出来，马上进入高原，草原已经秃顶，一只乌鸦剃须刀般地沿着山的边缘缓缓地飞。仿佛从形而下进入了形而上，从世俗的沼泽来到了孤寂的天国。

白色的仙鹤呵

借给我翅膀吧
我不会飞得太久
去理塘一转就回
（本文中仓央嘉措的诗系作者参考多种汉文译本转译，下同。）

公路边的山坡上堆着些石头搭成的小塔，藏语叫作玛尼堆。“那一日 \ 垒起玛尼堆 \ 不为修德 \ 只是要卸下心灵之湖上的石子”（仓央嘉措）。有些地方曾经塌方，收拾干净后，有人用石头堆砌一座座车轮子高的玛尼堆，祈祷不再塌方。塌方的地方有，没塌方的高岗上也有，这些地方为什么有个玛尼堆，就不知道了，只是令荒凉得到一个纪念、敬畏。与中原将土地庙置于田野边缘，祈求丰收不同，此地敬畏那些完全无用的地区，敬畏它传递出来的感受，原始、遥远、难以亲近、令人不敢轻举妄动……有的玛尼堆上插着彩色的风马旗，有的顶端放着一个羚羊角。到了山顶，必如有一个巨大的玛尼堆，覆盖着刻满经文的石片，风马旗围着它狂舞。各种各样的玛尼堆令大地成了一种作品，暗示着这些大块头并非物质，而是暗藏着巨大威力的神物，一旦它被惹怒，就会发生灾难。玛尼堆代表神灵已经接管了这个危险地区，护佑着这段公路了。公路确实惹怒了它们，它们经常塌方或者掀起洪流。都不知道它在何处，忽然就涌出来，冲毁了公路。与西藏人对大地的理解比起来，克里斯托弗的大地艺术就太做作了。玛尼堆意味着一种世界观，大地是梵的身体，“伽耶特利就是存在的所有这一切，伽耶特利是语言，语言歌唱和保护存在的这一切。确实，伽耶特利就是大地，因为存在的这一切立足于它，不超出它……梵是所有的这一切，出生，解体和呼吸都出自它。应该内心平静，崇拜它”（《奥义书》）。这种起源自印度的古老世界观在西藏早已不是观念，而是作业。在一段洪水冲毁的公路边建造一座玛尼堆就像在田地里施肥一样自然。除了海德格尔，谁会认为扔在土豆地里的一双疲惫的农妇鞋子是作品呢？西藏到处是作品，人们通过各种艺术暗示着大地的非物质性。

死神在背后跟着
步步紧逼无可奈何
但是眼前的糖和苹果
还是要动手撷取
(仓央嘉措)

到了一片平坦的高原上（海子山自然保护区），沼泽和硬地之间散落着无数石头，大大小小，无边无际，一直滚到天际线下，就像是月球的表面。还可以想象它们从一只大口袋里被倒出来的情景，似乎刚刚结束，上一秒还在滚动，现在已经一动不动了，被牢牢地钉在大地上（科学家说这是古地中海海底石砾堆积）。有些是巨大的土豆，那些小家伙似乎一直梦想着长这么大，它们终于实现了，但也永远离开了土豆。有的是大头大颅，藏着眼睛，面目深邃而诡秘，在近处看，有点恐怖，像是怪兽刚刚闭上的血盆大口。大地这个工厂真是神奇，造出来这样怪物，普遍的浑圆，普遍的丑陋、粗粝、愚昧，很少摞在一起。也有摞在一起的，有个巨岩猿猴般蹲在一个石头祭坛上，祭坛表面长满灰白色的苔藓，朝着苍天，孤独，高于普遍，就像贡果。曹雪芹想象过这样的场景：“却说那女娲氏炼石补天之时，于大荒山无稽崖炼成高十二丈、见方二十四丈大的顽石三万六千五百零一块。那娲皇只用了三万六千五百块，单单剩下一块未用，弃在青埂峰下。”他或许亲临，亦未可知。古代发生的事情，许多已经隐匿、沉默。诸神的棋盘，朝这边去，石头一个比一个大，朝那边去，一个比一个小，漫山遍野都是灰色的大石头，有点英格兰或者希腊的风格，在阴郁天空的映衬下，就像一幕哈姆雷特悲剧的舞台。恍惚间看见一个使徒或者《呼啸山庄》里的奴仆希刺克利夫在石头之间奔走。但是除了格萨尔王的队伍，恐怕谁也不敢在此地奔走，海拔接近五千，呼吸困难，头有些痛。这种风景很难被小资产阶级美学赏识，他们喜欢懒洋洋的阳光、睡眼惺忪的白云、甜蜜的花朵和忧郁的羊群，他们相信情种仓央嘉措必在那样的地方转世。这是森严、凌厉、荒芜、冷漠、考验、磨砺之地，星子似乎昨夜才从天空掉下来、干掉。失去了金色，还俗般地成为黄色、灰色、黑色、褐色……表面像砂纸一样粗粝。仿佛仓颉造字时发生的“天雨粟”那种场面，地老天荒，一颗颗藏着思想的头颅凝固在荒原上，造字的大神已经隐去，带走了它的文字，天地静穆，看不见一个字。乌云在天空中转移着战线，有些短剑在云端里亮出。

意大利考古学家 G．杜齐早就发现西藏地区有许多大石遗迹，在杜齐看来，这些巨大的石块、列石、独石、石柱是人为的，他怀疑与原始宗教的祭祀有关。这块高原确实有一种宗教感，或许信仰就是由此被启发而诞生的。石头的厚重、坚固、永恒、孤独遗世、深不可测、裹藏着黑暗之心，似乎唾手可得却被粗糙的表面迎头一击、挡住……或许启发了敬畏、祈求、深究、寻求庇护的愿望、凸这种原始形式被想象成具体的祭坛、灶、房子、井护、墙壁、城堡……一切都可以用石头搭起来，石头不再是石头。

一块大得就像小山的巨岩上刻着藏文的六字真言。“黑暗字迹如豆／遇水逝者如斯／内心的图像呵／永远不会消失”（仓央嘉措）被雨水洗得有点模糊，刻字者走回天空去了。偈语的含义已经遥远，说出它们的人已经不在此世。别管什么意思，唵嘛呢叭咪吽，只能信，跟着念，围着转就是了。有的刻在山壁上，有的涂成彩色。许多人不信，不屑一顾，开着车疾驰而去。公路上的汽车很少在这里停下来。

找了块石头坐着，望着这岩石荒野，其间浸着水，形成了沼泽，沼泽上开着花，小花。是羊羔花。卓玛告诉我这个名字，她仿佛随着这些石头星星下凡，美丽非凡，站在荒野上。她在理塘县的一家机关工作，被派来接我们。

在路上遇到一位女子
一阵芳香随风而逝
就像拾到了一块绿松石
唉　又丢失了
（仓央嘉措）

石头群中间藏着一条河，朝着高原下面流去，带着石头，滚下去几十公里。公路跟着河走，直到石流消失。在一个转弯处，煤炭般的石块堆积在天空中，就像一座刚刚爆破的矿山，魔鬼住在那些山头上，亮着各式各样的几何形脑门。大地混沌初开的样子，被一把锄头挖得横七竖八，令人胆寒，这种地方才是转世之地。其景象就像格萨尔王史诗《歇日珊瑚宗》一节里描写的：“鳄鱼发出弹颚声。上界的天神可知吾苦衷？岭国的大军往哪里前进？八大寒林墓地中，护法神摩诃噶拉请明鉴！东北天湖的主宰，茶曼那茂热瓦，是三界之主累子天王，黑色的大氅身上挂，血淋的脑盖骨手中拿，白额枣骝骡胯下骑，五条长蛇佩全身，上好人皮装鞍鞯。只请你，将白黄骰子与拘牌和疫病武器投敌方，站在血海旋涡中”，造物主创造的如此血腥又纯洁、暴戾又温柔、沉重又轻盈、险峻又平坦、热烈又酷寒的高原，如何会产生“千里莺啼绿映红，水村山郭酒旗风”那种风景中的书童才子、佳人韵士？“住在布达拉宫中，我是持明仓央嘉措，离开拉萨的宫殿，我是流浪者宕桑旺波。”（仓央嘉措）17 世纪末的藏语并不轻松，相当沉重。仓央嘉措的生活世界中充满着政治、权谋。“虽有达赖喇嘛之名，并无实权。第巴独掌大权已久，达赖喇嘛只能作为傀儡存在。生活上遭到禁锢，政治上受人摆布。”（《百度》）我们时代的想象力相当贫乏且轻浮、乖戾。将一位宗教领袖想象成写浪漫主义的浅薄情歌的浮浪之辈，仓央嘉措在汉语里面轻飘飘的。仓央嘉措的诗就像脱口而出，但它依然是箴言、密咒，而不是滥情的谣曲。这位伟大的诗人就像萨福、迪金森、威廉·布莱克或者《古诗十九首》、俳句的作者，阅读他，总是令人一次次在真理的层面觉悟到什么是诗。

这位伟大的高僧其实是一位尤利西斯式的人物，大地之子。“火猪年当法王（仓央嘉措）25 岁时，被请往内地。”“次第行至东如措纳时，皇帝诏谕严厉，众人闻旨，惶恐已极。担心性命难保，无有良策以对。于是异口同声对我（仓央嘉措）恳求道：‘您已获自主，能现仙逝状或将形体隐去。若不如此，则我等势必被斩首。’求告再三。仓央嘉措无限悲伤，话别之后，遽然上路，朝东南方向而去……”（《仓央嘉措秘史》）喇嘛阿旺多吉所著）

长青春科尔寺是1580年第三世达赖喇嘛索南嘉措创建的，是康区历史最悠久、规模最大的藏传佛教黄教寺庙。长青春科尔为藏语译音，“长青”意为弥勒佛（即未来佛）“春科尔”意为法轮，“长青春科尔”意为弥勒佛法轮（标志着法轮常转、妙谛永存）。寺院像黄金和红色岩石搭成的宫殿，高踞在县城北面的莫拉卡山的山坡上。山坡脚响着叮叮当当的声音，几个拉萨来的小铜匠在一个院子里敲着铜皮，其中一个已经完成了一尊佛像，佛首安静地躺在一截木墩上，红铜。长青春科尔寺里面住着许多匠人，他们少年时来到科尔寺，一直住在寺院里，“志于道，据于德，依于仁，游于艺”。诵经、雕刻、画画、缝纫。香根活佛说起他们。巴登多吉活佛身材高大，脸膛黑红，目光慈祥。他请我们吃土豆、麦饼、牦牛肉、番茄汁、牛奶、酸奶。那是我吃过的最淳朴的食物。一位嬷嬷和一位大叔弯着腰来倒酥油茶。活佛谈着他的寺院。长青春科尔寺曾遭火灾，但是出现了奇迹，次要的东西被毁灭，重要的东西火魔无法近身。

初恋的女子送我的经幡
飘扬在高高的树梢
大雄宝殿派来的护林僧呵
请不要朝它投石
(仓央嘉措)

降母带我们去科尔寺，她睡过了头。“我是从梦里面跑出来的”，她家离科尔寺不远，就在莫拉卡山脚下，到了科尔寺还要上一段石梯。她一路小跑着上，随便吃了个她母亲做的牦牛肉包子，到了我们面前，还在大口喘气。这个小姑娘长得像一头鹿，机灵聪明。不是一般的聪明，她对科尔寺的种种了如指掌，从童年就在琢磨这座寺院的含义，她喜欢在那些高墙和柱廊的阴影下面玩耍。弥勒殿门口木头柱子上刻着一组浮雕，刀法古朴简练。最重的大象在底层，上面是猴子，猴子上面是蛇，蛇上面是一只鸟。动物的体积越来越小，越来越轻，含义越来越重、越深。大象象征大地，蛇象征劳动的智慧，猴子象征着收获果实，但是，最高处的鸟带来了种子。降姆说。她才 21 岁，说话像一位教授，满腹经纶。但是身体像花朵一样开放着，美丽灵动，在大雄宝殿里飞翔着，这是她的喜悦之殿。弥勒殿里，喇嘛们已经坐定，开始念经。就像一群蜜蜂出勤，嗡嗡之声集聚在大殿中央，阳光从东边的窗子烟雾般地漫进来，许多隐秘的角落在雾里出现了，一幅唐卡上，蓝度母似乎磨了一下身子。

在彼东方山顶
新月转动光轮
圣玛吉阿米容
自我心中上升
(仓央嘉措)

达姆指着六界图说她不喜欢天界，太脱离人间了，她喜欢人界。大殿宽敞高迈，金光灿烂。弥勒佛下面的地面上有一块厚木板，木板中间有一个模糊的人形凹槽，是磕长头的人们的身体磨出来的。“你运气好。我带人来了50多次，这个门都没有开。你一来就开了。”供奉酥油花的殿也开了。降姆一边跨进一道门槛，一边说，“所有的门都开了”。

她说了一句诗。我接着她的写：

太阳的门打开了
过路者都看见了那个鸡蛋
黑夜的门打开了
过路者都看见了那只乌鸦
石头的门打开了
过路者都看见了那枚戒指
马儿的门打开了
过路者都看见了毛垭草原
苹果的门打开了
过路者都看见了洛桑卓嘎
白杨树的门打开了
过路者都看见了那个木匠
弥勒殿的门打开了
过路者都看见了那个大肚子
村庄的门打开了
过路者都看见了那群牛羊
看得见的门打开了

看不见的门打开了

所有的门都开了

过路者都看见了那一家子

在门洞里围着一张正在贡献的餐桌

无论满足还是忧戚　没有人会走开

长青春科尔寺对面有一群死火山。三世达赖索南嘉措的白马走到这里的时候，看见了这些山，他看见的不是山，是诸神在打坐。这时候白马不走了，倒下来死掉，转世了。科尔寺就建在白马倒下的地方。几百年，已经被历代高僧和匠人经营成一群伟大的建筑，坚定、饱满地暗示出崇高、庄严、神秘……唤起人们的敬畏之心和亲近的愿望。一个地方是否待得住，在于它是否有个可以转、可以消磨时间的地方。“到某处去转转”，这句家常话其实意蕴深远，一个地方，如果没有可以“转”的去处，那就待不下去。理塘待得住，人们日复一日地转着长青春科尔寺，许多人转了一辈子，这是一个巨大的法轮，这个法轮不像法这个词那么枯燥抽象。这个法轮上宫殿巍峨，百鸟集翔、林木葱茏，幽深的殿宇中藏着无数宝贝，住着慈眉善目的僧侣、陈列着精雕细刻的柱廊、壁画、雕塑、风铃叮当、香烟缭绕、诵经声此起彼伏……这是一件无与伦比的作品，没有博物馆戒备森严的界限，直接敞开在大地上，天空下。

轮回的思想来自古代印度的婆罗门教，婆罗门教中的轮回是说自我轮回于天、祖、兽三道中，就像从一间房子走进另一间房子。“舍此蕴已复趣他蕴”，释迦牟尼将轮回思想发展形成佛教的六道轮回。轮回的理论高深莫测，为此诞生了无数雄辩的高僧大德，但是对于那些不会辩经的众生来说，轮回就是转动，转动就是像轮子一样环绕着某个象征性的空间转，一个湖、一座山，一个寺院、一块石头、一块土地、一头牦牛、一种手艺……日复一日，不问为什么，转就是了。开始，结束，回到起点。再开始，元亨利贞，觉悟者自会觉悟，轮回者自会轮回。为什么转？如果去问那些环绕着长青春科尔寺步行的人，无人能够回答。有人回答过这个问题，那是一位乞丐模样的黑暗男子，他说，转就是了。

拉萨摩肩接踵
琼节遥远安静
我少年时代的恋人
住在琼节那个地方
（仓央嘉措）

七世达赖的故居完好无损，依然是1708年1月9日他出生时的样子，有点寂寞。朴素得令人肃然。这个时代流行的偏见是，伟大也必然是某种高大上者。这才是伟大，一道小门，陷在地上，得弓腰才能进去。这是理塘县车马村的仁康家，传说，当他诞生时，他母亲靠的柱子流出了狮子奶。水缸、瓦盆里的水都变成了奶，那是没有电的一天，星星很亮。我们去的时候附近正在施工，停电了。“这种事情是不多见的。”降母说。我们回到了1708年的黑暗里，在微弱的光尘中辨认。这老屋就像一个襁褓，进去的人似乎都成了婴儿，为世界古老的存在、时间而震惊，而心怀敬畏、而自省。格桑嘉措的母亲在楼底牛圈的一根柱子下生了他。降姆说，生的时候，她母亲没有奶水，柱子上就流下了狮子奶。木柱子上有些灰白色的痕迹。墙壁是沙石舂成的。木梯、灶台、泥巴舂成的地面、房子竣工后就一直进来的17世纪的光，刚够看见家具的轮廓，一切都要摸索。一块础石是长方形的石头，柱底的石面有一爿浅田，降母说那就是七世达赖的脚印。一面墙上画着仓央嘉措，达姆说，这是世上唯一的一幅。他出现在天空中，光圈环绕着他，面目清秀而坚毅。下面是布达拉宫。二楼是这家的起居室、厨房、卧室。达赖七世是一位艺术家，他画画，做泥塑、唱歌，房间里挂着中世纪的唐卡和七世的自画像。不知道起自何处的光在唐卡上移过，14世纪的金箔在佛的身上亮起来，佛是赤脚的。周围世界的一切都改变了，这房间还持存着古老，从前被日常世界遮蔽着的圣光敞开出来。强烈的神圣感，这么近。门后面的墙角藏着一只牛皮缝制的椭圆转经筒，漆黑，像是用黑暗的舌头做的。似乎达赖还坐在某个角落里，正在熬制酥油茶，他是不是仓央嘉措？

七世达赖故居的旁边，建着一座小护法殿。后院里长着白杨，这种白杨与一般的白杨不同，不是向高处长，而是朝着粗壮长，有点像菩提树。故居对面有一个转经房，度母的彩绘随着转经筒的吱吱声时隐时现。滴在地板上的香油。一位转经者幸福的脸忽然走出黑处。宗教和诗都为人生解释意义所在，宗教贬低在世的意义，诗肯定。藏传佛教有接近诗的东西，它没有那么严峻孤傲，它也肯定在世。

半夜溜出拉萨城堡
与密约之人幽会

离开时冬天更深
雪地上留下两行脚印
(仓央嘉措)

转世是一种回忆，写作就是一种转世。
东方印度孔雀
南方工布鹦鹉
各有各的故乡
最后都要飞到拉萨
(仓央嘉措)

在理塘转得久了，似曾相识燕归来，觉得自己似乎来过。有些康巴人在菜市场里面逛，穿过一排排剖开的、树墩般的、挂在铁钩子上的牛肉块。他们刚刚从草原出来，其中一位长得埃尔维斯·普雷斯利，另两位是堂吉诃德和桑多，还有小赖子。二十年前，我在滇藏线上的一个帐篷里见过他们，我们玩了一个下午，喝酸奶、唱歌、照相。还是这么英俊、年轻，披着波西米亚式的长发，目光明亮。他们骑着摩托到来，将一袋牦牛肉夹在后板上，扬长而去。草原随着冰川萎缩，他们放弃了牦牛，但是没有放弃那种豪放和天真，还可以喝一口。那位卖牛肉的四川人不知道我为什么要拍血淋淋的牦牛肉，厉声呵斥。一个老妈的摊子上摆着金黄的玉米籽、松明、人参果、糖和盐巴。另一个门挤满卖松茸的人，弥漫着巨大的香味。有一些人在卖牦牛肉干。

有一家藏餐馆，奶茶味道很好，正喝着，来了个猫王（埃尔维斯·普雷斯利）模样的年轻人，可以坐吗？当然，就坐在我对面，倒了一杯酥油茶给他。就聊起来，他说，他喜欢生小孩，生很多小孩，一家子热热闹闹。他刚刚跟老婆吵了一架，跑出来喝一杯。“回家的时候她就好了，她叫格桑曲珍，卖酥油的。”有一对老夫妇坐在隔壁的小桌子边，手搁在膝盖上，一个在一颗接一颗地捻珠子；一个在晃转经筒，眼睛闭一阵又睁开，无声地念着经。像是牦牛变的，他们养了一辈子的牦牛，动作表情都受到影响，总是低着头在吃草的样子。他们年纪一样大，50 岁的时候卖了牛和房子，上路了，转山转水转寺院，随便住在什么地方，已经在路上走了两年。我给老爷子看香根送我的手串，有一股轻微的香味，我问了一个愚蠢的问题，是什么木的？老爷子说，香根活佛送的吗，就是好的。这个小店卖包子，馅是土豆泥，味道好极。有人要去厕所，老板叫他的娃娃，你带他去。旁边一家挨着一家都是温暖的小店。炉子，挂着羊皮、毛线、棉衣、布。藏装不好统一规格分成 XLM，要量身定做。店子里有烙铁、剪刀、缝纫机、线团，女裁缝总是在踩她的机器。黄色的酥油铺、红色的铜器店、白色的乐器店。冬天穿的裙子。有些高大的人走来走去，氆氇里面藏着些东西。我看见一个青铜的马镫，他说是清代的，亮铮铮。开价 12 万呢。有一节骨头，混杂在玻璃柜里的一堆料器里，我有某种感应，买了。后来有好事者告诉我，是一节人骨。一个人教我手谈，把我的手拉到他的长袖子里去，掰着我的指头。一家古董店，老板是个小伙子，每一件都是从草原上收来的。各式各样的陶锅、水瓢、砚臼、酒壶、马镫、马灯、马嚼子……全都被烟子熏得漆黑。马匹也一样，人们煮奶茶的时候，它们在一旁站着。有一个石瓢，熬煮酥油的，似乎曾经被伦勃朗画在一张木质桌子上，那桌子上坐着 12 个人，还有面包。旁边一个来理塘县开会的法国人也喜欢，我们因为一起看中它而瞬间成了朋友，彼此心仪，相视而笑，虽然他几分钟后就离开了。马云买了一杆秤，秤砣是一坨石头，表面缝着皮子，秤过无数黑夜的样子，可惜那个数字没有记下来。800 元。街边上有个转经堂，外面街沿支着一排旧沙发，都塌陷了，但还可以坐，走得太累，就去坐着歇。经堂里面走出来一个妈妈，给我一个苹果。

沿着科尔寺的墙走，墙很厚，覆着瓦，哈达般围着寺院。转一圈要一个小时。一位老妈妈晃着转经筒，念念有词，日复一日，她就像一位女康德，至少像康德一样守旧，“从未离开过出生地柯尼斯堡。护城河边的家。在那里，没有人找到过‘贴着墙纸或者被粉刷得很美丽的房间、油画藏品、铜版画、丰富的家用器具、豪华的或者稍微有点价值的家具——甚至连一间对一些人而言只不过是一件家具而已的书架都没有……’当人们走进屋子时，‘一种安宁的寂静就这样笼罩着’……当人们走上楼梯……经过左侧一间十分简朴、毫无装饰、部分被烟熏黑了的前厅后进入一间大一点的房间，虽然它意味着最好的房间但没有展现任何豪华之处。一张沙发，几把套着平纹亚麻布的椅子，一口摆放着一些瓷器的玻璃柜，一张放着他的银币和攒起来的金币、包括一支温度计和一个蜗形腿台桌的办公桌……这就是所有的家具，它们挡住了部分的白色墙壁。就这样人们穿过一扇简陋的门进入到同样简陋的无忧宫……”（本雅明）她每天 11 点出来，绕着科尔寺走上一圈，12 点回到家里。她从来不会眺望星空，也不琢磨科尔寺的经卷，仿佛它们只是一座山、一棵树、一条小路。她绕着科尔寺转了一生。莫拉卡山的山顶飘着白云，几头牦牛卧在那里。看不见它们的眼睛。来到这里，寺院就在下面了。

一些秃鹫在西边的山峦上飞着，山冈苍绿，那边藏着一座天葬台。隐隐听得见斧凿声。

死亡临近
死神已出现在幽暗的镜中
有些事还没有做好
有些事还在做着
(仓央嘉措)

有一天我忽然接到理塘打来的电话，“仓央嘉措是我们这里的”。就像某种伯利恒式的召唤。我即刻想到海拔 4500 米，想到气候、想到草原、想到骏马、雪、花朵、藏獒、僧侣和大道上一步一磕头的香客。要不要去？这是一个来自身体的问题。神总是住在令人犹豫之地。这个电话来的时候还是八月，我颤抖了一下。仓央嘉措，这是一个会令身体产生反应的名字。从前我在西藏漫游的时候，无数的人都在说仓央嘉措，开咖啡馆的女老板，酒馆里醉醺醺的歌手、司机、诗歌爱好者，教授……只有匍匐在地面一截一截朝着拉萨磕头挪动的香客从未说起他。

降母家就在科尔寺旁边的山坡上的洞嘎村，一座灰白色的小堡。用了些现代材料，看上去还是城堡。一座水泥石梯通向门洞。外面是一个花园，有菜地，一只黄狗。二楼的窗口可以看到旧的理塘城，一个混杂着泥巴、石头、木料、牛粪、羊圈、经堂、轮辙、拖拉机、轿车、作坊、飘在院子中央的被单、插着经幡的屋头……一个手工打造的城，灰黄色。在暮色中，就像一座辉煌的废墟或者一幅塞尚的画，圣维克多山那样的颜色和立体感。仿佛打造它的那双手还没有撤去，还在捧着它。一只土碗。古老的事物都是废墟。有乌鸦在碗沿上飞过。泥泞的小路上，有人赶过一群羊。有个穿羊皮大褂的老爷子躺在一把藤椅上，让最后一点夕光照着他的腿。一只狗在墙边搭起一条腿撒尿。一位叫作旦珍的姑娘挺胸朝叫作次仁的小伙子家的大门走去。有人蹲在水槽边洗拖把，水从山上投诚般地奔下来，终年不绝。说不出这是村庄还是城市，住在其中的人都是城市户口。鳞次栉比。每家一个大院，安装着可以开进中型卡车的大门。草原溪流、白云青山、星子明月轮流环绕着这只碗，住在其中的人们就像米粒一样已经感觉不到了，那是必然的。

“你要注意来自云层上的鹤的叫声，它每年都在固定的时候鸣叫。它的叫声预示耕田季节和多雨冬季的到来，它使没有耕牛的农夫心意如焚。那时候，你要精心养壮牛棚里的头角弯曲的牛。须知说一声‘借给我两头耕牛、一辆大车’是一件易事，但对方以‘我的牛有活要干’为借口加以拒绝也同样易如反掌。富于幻想的人常口口声声说造一辆大车，但竟不知造一辆大车要有上百根木料，你得事先留意把这些木料聚藏在家里。”（赫西俄德《工作与时日：神谱》）

赫西俄德的这些话放在旧理塘城，听上去一点也不刺耳。这个小城邦有记载的历史可以追溯到 1272 年。这是一个信仰者、劳动者、亲人、熟人、朋友、邻居、兄弟、姐妹们的城邦。“老吾老以及人之老，幼吾幼以及人之幼。”以现代主义的标准来看，这个小城邦很落后，不便，充满肮脏的劳动，活计、各式各样的家庭作坊。身体在场，专注于各种无谓行动（比如，每个人都是慢吞吞地低着头、没有目标似的走路，仿佛背着一朵云。一下雨，道路就泥泞，遍布大大小小、深深浅浅、轻轻重重的脚印以及牛后跟、羊趾、马蹄、狗爪、鸡足、鸟蹼……旧理塘的地面可是细节丰富。晴天有晴天的地，雨天有雨天的地，阴天有阴天的地，阳光灿烂的早晨有光辉灿烂的地。一位长青春科尔寺下凡的喇嘛经过十三家人的院子，驻足了四次，第一次他听到羊叫；第二次他看到一只乌鸦；第三次他踢开一块石头；第四次他扶起一截倒在路边的木头，因此觉悟了金刚经里的一句“须菩提如来说有我者即非有我，而凡夫之人以为有我”。一个小孩放学回家，一路上聆听长者的三次教诲。“天冷不要玩水，关节炎的！”“靠边走！”“让牛先过！”学校可不教这些。）这个崇拜柯布西耶那种“光辉之城”的时代必然无视理塘，理塘已经先行被设定在拆迁名单上。只因为长青春科尔寺的屹立，理塘老城才得以继续，这是一种古老的依靠、庇护。与现代主义的方便快捷、宽阔宏伟、患着洁癖因此无所事事、想入非非的新城不同，理塘有一种老母鸡般的氛围，这是一个窝，而不是小区。

在这里，人生如戏，生命创造着自己的作品（每条路都是自己的脚一步步走出来，劳动的痕迹在理塘城到处都是，抹在墙上的牛粪是一种手工，每家的图案都不相同）。人生如戏是生命的超越性形式，其初衷是游戏，好玩。“生命必须充满可以消磨时间的戏剧性，人生因其戏剧性（诗性）而超越了生命的动物性无聊。人们慢慢地做着自己要做的事，少有行色匆匆者。随处可以遇到正在为自己劳动的人。劳动就是跳舞，工具就是道具。劳动没有被赶走，劳动是好事、喜事、美事，劳动就是行善。劳动不是挣钱的苦役，劳动者像玛尼堆一样被尊重，无论那是什么劳动。放羊的人、骑摩托的人，蹲在自家门口修车的人、晾衣服的人、喂马的人、抱娃娃的人、拉车的人、倒垃圾的人、提水的人、乞讨的人、木匠、铁匠、铁匠、守着小卖部的嬷嬷（她像猫那样劳动）……菜地、牛、羊、马匹、看门狗、乌鸦与人和睦相处”，“四海之内皆兄弟也”。现代主义的目标是将一切都改造得更为整洁、方便、快捷，但是，当一切都方便的时候，世界也丧失了意义（电梯通到山顶的时候，登山这件事就消失了，落日、朝阳，山阴、山阳、山麓、山路、山崖、惊险、艰难、恐惧、胜利、喜悦……都消失了）劳动消失了，工作取代了劳动。劳动是戏剧，工作则是“活着”。劳动并不像现代主义辞典暗示的那样是人类的枷锁、奴役。“劳动是商品的真实价格”（亚当·斯密）。放逐了劳动，世界也就失去了意义。现代化的城市里时间相当难消磨，无所事事并不意味着幸福。劳动为生命带来意义。劳动创造的意义比宗教更早。古汉字的劳，就是剧的意思。据，甚也。甚，甘也。甲骨文的劳，字形是用心高举火焰，这是一个照亮、一个仪式、一种升华。劳不是苦役，而是人的出场。庄子说：“夫大块载我以形，劳我以生，佚我以老，息我以死，故善吾生者，乃所以善吾死也。”劳就是善，就是对大块感恩戴德。德配天地，就是劳。“古者人臣功有五品：以德立宗庙定社稷曰勋，以言曰劳，用力曰功，明其等曰伐，积日曰阅。（《史记》）。劳动是一种超越性，超越动物性的赤裸生命对生命的黑暗控制。劳动是生命的诗性、戏剧化敞开，劳动是心甘情愿的，去在场，不是“活着”的枯燥复制，仅为“活着”成为“真实价格”的赤裸劳作

(可参阅阿甘本的“赤裸生命”)。“人充满劳绩，但还诗意地栖居在大地上。”（荷尔德林）“择可劳而劳之，又谁怨?”（孔子）

大胡子的藏獒呵
比世人更有神性
从深夜来到黎明
就像黑暗归来
(仓央嘉措)

老理塘城充满着意义，到处是时间的作品。某种长青春科尔寺似的布局，对万事万物的尊重、敬畏，哪怕它只是塑料、水泥、粪便。理塘匿名建筑师们奇妙地将古典材料（泥巴、木头、瓦、牛粪、水源……）与现代建筑材料（铁丝网、水泥、钢筋、玻璃、塑料）整合在一起，阐释了一种后现代的诗意。舒适、和谐、好在，充满人性而坚固，方便出自会方便，丰富出自有丰富。海德格尔会经常看见凡·高画的那双鞋、劳森伯格会发现他的灵感材料、黄宾虹会发现他的线条……风吹雨打，依据宗教、人性、所尊重的、所忌讳的、所必需的、所喜悦的……日复一日地调整，不像现代主义小区那样一劳永逸。生命就是劳动。那只汽油桶已经成为作品、那面墙已经成为一幅画，一堆柴禾、一个雨水踢出的小坑、半截混杂着碎石和泥巴的老墙、牛粪糊成的墙、一排编织得就像毛线团的电线，镜子，离开它本来安放的卧室，被谁搬到自家的院子里靠墙搁着，照出了一只正在沉思的乌鸦……

初恋的女子送我的经幡
飘扬在高高的树梢
大雄宝殿派来的护林僧呵
请不要朝它投石
（仓央嘉措）

“出产谷物的土地一年三次为幸福的英雄们长出新鲜、香甜的果实。”“要时刻记住我的忠告，无论如何你得努力工作。这样，饥饿或许会厌恶你，头冠漂亮、令人崇敬的地母神或许会喜爱你，用粮食填满你的谷仓。因为饥饿总是懒汉的亲密伙伴。神和人都会痛之恨之，因为其禀性有如无刺的雄蜂，只吃不做，白白浪费工蜂的劳动。愿你注意妥当地安排农事，让你的谷仓及时填满粮食。人类只有通过劳动才能增加羊群和财富，而且也只有从事劳动才能倍受永生神灵的眷爱。劳动不是耻辱，懒惰才是。”（《工作与时日神谱》赫西俄德）这些话在理塘草原上一点都不唐突。理塘一再令我想起这本书，在世界的大部分地区，这本书已经束之高阁，就是偶尔翻翻，读起来也像是梦呓。

“我仍然生活在我阿尔特阿登的牧师宅院里，我用我的农田简单而又满足地来养活我和我正直的家庭：农夫是天生的、对哲学规则一窍不通但朴实无华的哲人（Rusticus abnormis sapiens crassaque Minerva）。（古罗马诗人贺拉斯的拉丁文谚语。）我与我贤良可敬的妻子幸福热诚地相处，而且我很高兴，我的四个受到良好教育的、听话顺从的孩子满足了我那几乎可以确定的期望，即他们将来会成为勇敢正直的人。”——约翰·海因里希·康德。就是这样，康德的弟弟 1789 年 8 月 21 日在给他哥哥的一封信中说的这些话完全适用于理塘。

格萨尔广场上，人们每天傍晚都聚集起来跳舞。劳动者的舞会，舞姿也是对劳动的赞美、感激。互不相识的人或者有好感的人手拉着手，随时可以加入进去，无论你是谁，县长、僧人、未婚者、已婚者、老者、孕妇、英俊与美丽的一对、民工、骑手、来自草原的牧人、旅游者、司机、卖牛肉的人，卖松茸的人、拉姆的妈妈……音乐有一种微风般的旋律，大家像春天的树枝缓缓摆动着手臂，或者像是在收割青稞。到了 9 点以后，大家就回家睡觉，广场空无一人了，广场还在兴奋着，脸上闪着光。

就是父母也不告诉的秘密
说给了初恋的爱人
爱慕她的不是我一个呵
我俩的海誓山盟大家都知道了
(仓央嘉措)

央宗卓玛是理塘招待所的服务员，每个早晨都能听见她的笑声。她就像一个风铃。笑起来露出雪白的牙齿。她是招待所的领袖，赛马大会需要为那些跳舞的人和骑手们提供午餐，她请来左邻右舍，帮着做羊肉包子。嬷嬷们说说笑笑，她们包的形式就像是在做一朵朵花。一个上午，招待所餐厅的桌子上已经摆满了一笼笼白花花的包子，等着蒸呢。斯米开着一辆蓝色的皮卡车来了，他把包子运到了草原上。

降母的母亲是一位健壮的美妇人，母鸡般地在房间里缓缓地移动，做酸奶，烹制牦牛肉、蒸馒头、舔火、捣酥油茶。鼻梁很高，脸颊红得像苹果。她在理塘的街上开着一家藏餐馆，5点钟就要起床。她的一生无法写长篇小说，都是琐碎的细节，没有什么大波大浪。每天要去长青春科尔寺转一圈。降母坐在她旁边，她不停地摸着降母的手。降母的父亲比他妻子矮些，精瘦，是个汉族，在县里上班。降母说，她父亲生病住院的时候，她去照顾他，熟人老是要问，你父亲是不是很有钱呵。他们的意思是他不配她母亲。“美丽的伊卓拉姆 \ 是一位猎人的爱妻 \ 却被霸道的官员 \ 诺桑杰布抢去（仓央嘉措）”降母的爹爹可不是这种官员，这个老实人正在炉子边加柴呢。降姆捶了他一拳说，她父亲年轻时相当英俊，在众多的骑手中取胜，后来就长成另外一个人了。他父亲叫我们多吃肉。降母说，同样的牦牛肉，每家煮出来味道都不一样。她母亲煮的牦牛肉，有一种轻微的甜味。我们吃了牦牛肉馅的包子，油浸人参果、馒头。外面暮色渐渐发黄，灰掉，黑暗来了，穿过那些古老的道路，跟着晚归的牛和羊走进城邦深处。

白塔环绕着一个转经廊。廊口坐着一排老人，那是一个乐器。整日演奏着，每个人的手力不同，经筒发出的声音也就不同，有的像是流水穿过石头，有的像是在磨刀，有的像是老门的枢纽，有的像是春天穿过青稞地的风，有的像是一只鸟钻进树林，有的是乌鸦的手风琴，喑哑地叫唤，有的像是在咳嗽……人一拨拨地来，三个、五个、一个、孙子跟着祖母、相爱的一对、老友、同僚、姐妹们、异乡客……一拨自成一曲。听上十曲，一个下午就过去了，最后，自己走过去再转一圈，独奏了一曲，回家，天黑了。

拉姆家住在白塔旁边。她养着一条漂亮的黄狗。她丈夫在丽江做生意，她自己在县文化局上班。客厅很大，摆着一排铜锅。架子上有一张拉姆年轻时在草原上拍的照片，曾经登在杂志的封面。典型的康巴女子，

这个月我要远走他方
下个月便回来
现在的月亮是圆圆的
等它只有一半的时候再见
(仓央嘉措)

拉姆带我们去了毛垭草原。毛垭草原美得无聊，令一切相形见绌、无所事事。星空将它一向高不可攀的毯子掷到了大地上，满地的星星。我们躺在上面，很不自在。拉姆站了一会儿，忽然打开，跳起舞来，司机柯桑在一旁唱歌，他自己唱起来了。在毛垭草原，跳舞、唱歌情不自禁，人们时刻准备着跳舞、唱歌。一触即发，一片云、一块草地、一条溪流。不会唱歌跳舞的人在草原上很孤独，会唱歌跳舞的人也不会自鸣得意，没什么，毛垭草原的每一根草都会唱歌跳舞。

牧民赶着牦牛像国王般走在大马路中间。后来的汽车不敢催他让路。劳动者毫无自卑感。大地上看不见塑料袋，只有草、溪流、山冈或者翻开的泥巴。孤零零的东西是电线杆。

乌鸦早早地就来了，它把喜讯传遍草原，要赛马了。

此刻，草原上的天空像是一个大雄宝殿，里面站着各种姿态的

天神，许多神托着塔。有的变成了狮子、大象，有的变成藏獒，有的变成了鳄鱼、有的变成了绵羊、有的变成了度母、金刚……都低头看这个棋盘般的草原。“现在，我要给心里明白的老爷们讲一个故事。一只鹞鹰用利爪生擒了一只脖颈密布斑点的夜莺，高高飞翔到云层之中，夜莺因爪的刺戮而痛苦地呻吟着。这时，鹞鹰轻蔑地对她说道：不幸的人啊！你干吗呻吟呢？喏，现在你落入了比你强得多的人之手，你得去我带你去的任何地方，尽管你是一个歌手。我只要高兴，可以你为餐，也可放你远走高飞。与强者抗争是傻瓜，因为他不能获胜，凌辱之外还要遭受痛苦。”（《工作与时日神谱》赫西俄德）

草原上十年没有赛马了。旺堆和灰一直都等着这一天，他已经三十五岁了。上次赛马的时候他还是个看客。把自己的马放得远远地，不敢牵过来。现在他身手不凡，日日夜夜跃跃欲试，草原将每个男人都提拔成骑手。灰是他那匹灰马的名字。它不是买来的，也不是在马厩里出生的。有一天他在草原中的一个水塘边遇到它，它正在喝水，等它喝完水，它就跟着他回家了。它美得就像一个女人，它可不是女人，“竹披双耳峻，风如四蹄轻”。它跑起来就是一团灰，不跑也是一团灰。草原倒像是爱得发狂的女子，毛发鬈曲，身体平坦，渴望着它来践踏。草原在它的蹄子下面就是一面鼓。无人知道这些，旺堆只是在深夜里骑着它在草原上走，拨打出一串忧郁的鼓点，就像伟大的蓝调乐手，忽然向北，忽然向南。白天，这匹灰马几乎看不出来，一位农夫，低着头，站在草原上。

旺堆家乡的人都来了，他们带来两乘牦牛绒织的帐篷，是拉姆大娘带着一帮姑娘织的。用一辆蓝色的农用卡车拉来。他们搭帐篷可是好手，他们经常得在一场冰雹打下来之前就得搭好，冰雹这匹劣马总是脾气暴躁，瞅着它还远远地在冰山下面溜达，几秒钟就冲过来砸得你满头满脸，掉鼻子掉耳朵。经常与天气较劲习得的智慧和速度使他们从来不会失手。失手一次可就惨了，次仁家的有一年在暴风雪到来之前，少系了一个扣子，十二头牦牛就无影无踪了。他们在两个帐篷里铺开毯子，支好锅子、架起羊腿，拧开煤气灶，将羊杂扔到锅里去煮着，羊腿则要烤着吃。老老少少围成一圈，喝着、谈着、玩着、睡着，偶尔走出去玩玩马，等着赛马节结束，要十天半个月呢。小汽车像海浪一样涌进草原，银光闪闪的浪头凝固在赛马场边上，这种景象是过去的赛马会从来没有过的。但是其他还是老样子，草、天空、风、阳光、一张张晒得焦黑的脸，甩着长袖子，登着亮闪闪的牛皮长筒鞋。有些人戴起口罩来了，受到电视机的影响，要护肤。但是旺堆和灰坚决不戴，太阳已经对他们无可奈何了，再暴烈的日头下，他们也高视阔步。大家从车子里走出来，一堆堆滚到草原上，打开了豪迈的笑声。也有不开车的，从草原深处走出来，从雪山那边翻过来，从沼泽地穿过来，从灰尘滚滚的公路上逃下来……这些好人总是笑吟吟的，黑脸膛子和茅草般翘着的头发之间嵌着一排白牙齿，牵着一匹脏马，不停地说着扎西德勒。许多人走来走去，发出在天堂里走动的那种声音，这种声音平时可听不到。主席台附近的人最多，密集得就像小山，赛马的起点和终点都在这里。几个警察和认识的姑娘们开着玩笑，许多人是邻居。有人扔个矿泉水给他，他是楞人，没注意，矿泉水就打到他的屁股上。外地来的摄影家抱着长焦镜头，在人群里蹿来蹿去，目光凶狠。一旦被他盯上了，抬起镜头就扫射，射得那个可怜见的连连躲闪。斯旺大爹伸手挡住了他。斯旺大爹是个头人，有三座帐篷的都听他发话，他是队长，他们住在毛垭草原后面的草原的后面的草原上，挨着格聂神山。释迦牟尼说这是殊胜的清净修禅圣地。“倘若我有万米白绸缎，我将把岗波贡嘎包裹起来。”五世嘉木样—丹贝坚赞在格聂建造达青寺时，说了这番话。“没有任何词语可以形容这座高大的山峰，在这里任何旅行者都可以体会到藏人的心情，不由自主地称之为圣山……”1877年，旅行者 William Gill 说。到了斯旺这一代，格聂神山还是那个样子。斯旺相当自豪，他在草原上走，像一座塔在移动。他骑马，马必须借他的力，才能走。拉姆和几个中年妇女围成一圈跳着舞，就像草原从未出现过的植物，草原上的植物就是草，很少有拉姆这么高的。她摆着手，模仿着天上的一位神。降姆忙着用手机拍照片，她的微信群里传来一阵阵惊叹。旺堆牵着它的灰马走到马群的最后面去等着，有几批马正掀着屁股拉屎呢，冒出小股的仙气。一些姑娘和小伙子也在学习跳锅庄舞，他们期末考试考得有点呆，挥舞着僵硬的手。他们一直盼望着找个空子跳上一转，赛马大会最后要在手拉手的大跳舞中结束，任谁的手都可以去拉，他们都看好了自己心仪的手呢。拉姆一巴掌打在小罗布的手臂上，再抬高些！别像电影里的猴子似的缩着！长青春科尔寺的僧人也来了，他们搂肩搭脖，到处走走，看看，然后找片茂密的草坐下来。这时候，才看出人们为什么要顽固地住在理塘这个地方，一代又一代。在俗人看来，这地方可是没法住，海拔那么高，寒冷、荒凉，肉少。天堂也是各式各样的，不是一个。理塘人可不以为苏州那些软绵绵、肉多的地方才是天堂。孩子们趁机四处流窜，看能不能找到点什么新鲜玩意，每家都把自家最好的东西带来了，酥油、荞面、羊腿、毯子、绿松石、金项链、天珠、唐卡、拖拉机、日本丰田、德国进口的摩托车、手机、尼泊尔进口的氆氇、印度进口的丝绸、毡帽、在布达拉宫开过光的念珠、糌粑、小苹果、番茄、闺女、小子们、婴儿……正在唱歌呢。小娃们从这个帐篷走去那个帐篷，撕块羊肉啃着，或者喝两口可乐。有时候看见一个关着门帘子的帐篷下面的缝里有些脚滚来滚去，就像打滚的母羊蹄子，就蹲下来弯着脑袋看一阵子。拉姆的母亲像座塔似的坐在草原中间，草原陷下去一块，她什么也不做，看着大家走来走去。四川人趁机卖水，他拉来了十几箱矿泉水，像个守财奴似的守着，大家都忘了带水，要走到草原深处的池塘里去打水，得走上十分钟呢。他赚了一笔小钱，数了两遍。其中一张在数的时候飞走了，害得他追了半天。铁匠茨多走到哪里都背着他那个大袋子，里面装着铁锤、牛皮做的风箱、火钳、铁砧子、蘸火的木盆、酥油、荞麦饼子、一壶酒……他在任何地方都能点着火，他才不用打火机呢，他掏出一撮火绒，用两块木头擦一擦，烟子就在草原上升起来，骑手们就围过来了，他们的马掌得换一副了。旺堆戴着一副绑着胶带的墨镜，他一过来，姑娘们就低下头去揪草根，有人自己瞅着自己的脚，她们都穿着高跟鞋。五颜六色。内地人运来了许多高跟鞋。他穿过她们，就像穿过一丛丛春天的格桑花。他对她们毫无兴趣，他只想着骑马。他并不在赛马会的名单上，他只是来骑马的，在这里骑马和在草原上骑马是不一样的。在那边，有时候骑上一个星期，只遇到一辆鬼影般的摩托。他还没有跑上公路，已经一溜烟不见了。有许多人走三天三夜来这里骑马，他们要把自己的马好好地骑一骑，好像之前他们骑的不是马。他们很少这样骑马，比如脚不离开马镫，身体却钻到马肚子下面，这是爷爷们的骑法，那时候草原上还有狼，骑手得躲在马肚子下面，开上一枪。但他们做梦都想这样骑，这是一显身手的好机会。他们已经骑着马在这里走来走去，走了很久，赛马大会要明天才开始呢。他们已经举行了许多场比赛，三匹马的比赛，八匹马的比赛，两匹马的比赛，旺堆参加了其中的大部分，他总是跑在第一。他的马得了一个绰号，就叫作灰。呵呵，他本来就叫灰嘛，他没有对谁说过，他才不会傻到去告诉别人一匹马的名字。它一甩开蹄子，灰尘马上腾起来，似乎是一团灰在跑，其他的马害怕地捂着鼻子，纷纷落在了后面。也可以说是火焰在跑，草原被烫得尖叫，纷纷躲开。但他们没有叫它火焰，而叫它灰。它是一匹灰马。旺堆披着长发，他从来没有剪过头发，他用一根带子扎着它。

到赛马大会正式开始的时候，旺堆的灰已经跑不动了，他和它一道躺在草原上听着，在草原和赛马大会之间，有些草从来没有踩过，无论多大的蹄子，也无法踩遍草原。它竖着灰耳朵，蹄子摆在地上，尾巴像月亮那样弯曲着。他们安静地听着远处那些鼓槌般的疯狂蹄子激烈地敲打着草原，观众激动地站起来鼓掌。那些参加比赛的马头上戴着花朵，一匹接着一匹跑过，有些骑手在马背上表演了各种杂技，倒躺在马背上，或者垂到一侧的马镫上，那里的草被警察们保护得很好，跑起来没有一点灰尘。

旺堆和灰睡着了，醒来的时候，满天都是星子，草原上的花又回到了天空中，在黑暗里开着。灰站起来抖抖毛，扬首看看天空，甩了一下尾巴。它只看了一眼，就低下头去吃草。

白色的仙鹤呵
借给我翅膀吧
我不会飞得太久
去理塘一转就回
(仓央嘉措)

2018年8月至12月10日

在源头

1

当年我去青海的时候，公路还不发达。路上驶过的车子多数是大卡车。滚滚狂灰里面出现了一辆，救星一样停下，等在路边的人们笑逐颜开，一哄而上。踩着轮子，扒着车厢板就往上爬，手脚快的，就找到好位置。司机很得意，坐在驾驶室里，抽根烟什么的，他才不担心汽油箱，那时候的交通规则，可有可无，人和汽车的关系不像现在这样紧张，如临大敌、一边开车一边看红灯。大地上没有红灯。没有矿泉水，大地上到处是水，随便喝。开车和骑马差不多，司机不觉得车子是机器，对待它就像对待一匹马。拍拍它，擦擦它，加水的样子就像在喂水。大卡车有很多故事，多到可以创造一种公路文学。凯鲁雅克写过，他的《在路上》就是公路文学。我读了几段，很亲切。我年轻时经常过这种生活。最惊险的是偷乘，藏在公路上坡或者转弯的地方，大卡车在这里总是开得慢，车子一出现，跟着车跑几步，抓着后车厢板就翻进车兜里去。司机一般看不见，他就是发现我们，也不会赶我们下车，还会发只烟。这是默许的，那时候交通不发达，空车多可惜呀，简直就是犯罪。汽车少，司机也体谅偷乘的人，装着看不见，只要你爬得上去。我偷爬过多次，一次也没有赶我下车，但是我从来没有像铁道游击队那样掌握了扒车技术，很狼狈地翻上去，有时候跌得个鼻青脸肿。司机会开得慢点，但不会停车让我们上去，那就是违反纪律了。卡车司机与一路上的各种妇女，发生了无数的风流故事，她们崇拜司机。有时候会看见一辆大卡车停在路边，一男一女从路边的深山老林里走出来，女的一身红。我年轻时坐大卡车，是在云南的公路上。有一次在驾驶室坐了三天两夜，与司机成了好朋友，他是个彝族，黑粗粗的，边打方向盘边唱歌。那时候没有电话，下车就永远失去联系。联系是靠写信，本来想写一封给他，想了想，无话可说，这种朋友要在一起玩，不是靠说话的。就没写。另一位司机是东北来的，他喜欢大声地说，上哪去！一条路上，开出去几十公里，口音就不同了，彝族听不懂白族的话，但是大家都在广播里听会了普通话。这位司机的普通话比电台里面的好听，而且为自己的口音自豪，车一停，就大声说，上哪去？上来的人小声地回答：马街。他把驾驶座这一块搞得像个单身宿舍，挂着毛巾贴着毛主席语录，军用水壶、一小盆花。大卡车在哪里都是一样的，车一开，车厢里的人就成了一家人，大家彼此照顾着不要有谁摔下车去。卡车开起来声音巨响，司机根本听不见后面的动静。早期的中国司机往往开得很野，解放了似的，路上有坑也不绕，直接滚过去。如果不站稳拉好的话，很容易摔倒。有时候坐在车头上，货物漫过了车头，像是坐在悬崖上，这个悬崖在下面公路的悬崖边歪过来斜过去，随时要翻车似的，吓得尖叫连连。路平坦的时候，风梳过车厢，很是舒服，大家就唱歌，那时候的歌不多，人人都会唱，一场大卡车合唱就开始了，路边的人羡慕地望着，直到歌声远去。在云南地我一直以为澜沧江是棕黄色的，后来到它的源头去看，才发现澜沧江原来是清的。那次坐着一辆吉普车走了差不多一个月，到了地老天荒的源头地区，我趴在一汪从主流陷到河边凹地的小水塘捧水来喝，饮毕才看出它清如明镜，就照了照自己的脸，发现已经被高原上的太阳晒得黑粗粗，“我已历经沧桑”。希腊神话里有个故事，说是美少年那喀索斯每天在水中看见自己的脸，郁郁自恋。这是人类源头时代的故事，必须有这样清的水，才会有这样的故事。

2

在 2013 年，滇藏公路的许多路线还非常危险，到处是滚石，坑凹，汽车一过，公路张嘴就喷狂灰。对面来车，裹在一团灰雾里，都看不出是什么车。澜沧江就在公路下面，仿佛刚刚切开，大地才被收拾过。河流有河流道，石头有石头的位置，老鹰在天空翱翔，鸟在树林里做事。人类开辟的道路和大地开辟河流很相似，人类顺着河道。泥石流乃是天地无德，人的道路却是理性的结果。这条路的北面是澜沧江的源头，还要走半个月，越走越险，直到道路消失，地老天荒。南面是澜沧江的出海口，也差不多要走半个月，那边的路线更麻烦，路倒是好很多，但是要办护照，经过许多海关。最后一样，消失在大海中，地老天荒。

我们停车的时候，这两个人从荒野中骑着摩托驶出来。就像天神。我们立即成了兄弟，递烟，喝水，说话，坐在草地上，仿佛已经坐了很久。从哪里来？昆明。去哪里，扎多。哦呀，没去过。从哪里来？嘎巴。去哪里，昌都。没去过。在荒野上坐了一阵，彼此笑笑，太阳偏西时我们上路。不知道他们是谁。我们是谁，他们也没问。

3

此地离源头不远了，步行的话，再走几小时就到。然后道路就结束了，天地无道，继续走的人是非常之人。在这一带，非常之人越来越多，他们在高原上，在海拔 5000 米以上的地区发明各种小路，他们并非探险者，他们只是在这地区活着。放牧牦牛的道路，挤牛奶的道路，挖虫草的道路，去溪中提水的道路，搭建帐篷的道路，相亲的道路，买卖的道路，取盐巴、茶叶和荞麦的道路，前往寺院的道路、唱歌的道路……语言也不同了，我曾经和这些高原人交谈过几次，我们坐在石头或者草地上，有时候是在他们的帐篷里，喝了酸奶和酥油茶。我们盘腿坐在那儿，羊毛毯子上，他们的摩托车停在外面。偶尔说几句，汉语在这里变得期期艾艾，结结巴巴，几乎找不到词。我们从未提到高原下面那些聊天中常可以听到的词汇，高血压、血糖、抑郁症、尿酸、蛋白质，旅游团，股票……之类。我不知道他们沉默中有没有这些词。

4

高原上的谈话

不速之客在高原上相遇
左边是唐古拉山右边是加油站
一次谈了水另一次谈到一位喇嘛
还有一次谈到羚羊“它们几个
就站在那边”指了指苍茫

5

这个小姑娘今天已经长大了。当年我遇到她的时候，她正蹲在玉树县的新寨的加纳玛尼石堆旁边做擦擦，她妈妈、几个妇女一起做。她们将暗红色的泥粉和水搅拌成面团般的东西，按在模子里，模子里有个婴儿般的佛像。就像是秋大在打青稞的场子上劳动，一边玩着泥巴一边哼着歌。旁边有一个巨大的石头堆，各种各样的石头被人们从大地上带到这里放下，据说，是嘉那活佛多德松却帕在300年前创建的，他在这里放置了第一块石头，然后石头就滚滚而来，现在已经有25亿多块。第一块石头已经不知所终。那是一块什么样的石头，我忍不住遐想，来自一座山岗，一条河流，一堆泥石流，一条道路的路边石，或者就是活佛自家院子里剩下的奠基石……12 年后我再去玉树，石头堆还在那里，它经历了大地震，一块也没失去。我再次端详了这个石头堆，才看出来每一块都很平常，取石头来的人并没有刻意去找奇石、怪石。就是随便拾起一块带来，这块石头距离这个玛尼堆也许有一年的路程，也许只是几步。这个小姑娘不在那里，或许嫁人了吧，已经过去了 11 年。依然有人在做擦擦，是另外几个妇女。这个小姑娘叫多吉本玛，意思是金刚莲花。或者卓玛，我忘了。藏族人的名字都是活佛取的。那一天我们相处了几分钟，我说想为她照张相，她很乐意，站起来，举着她的擦擦，她是想我照她的擦擦，不是照她。

6

在长江源头的那些土路上，经常可遇到骑摩托的人。许多人从前是骑马的，现在他们骑摩托，工具换了，但是人与工具的关系没变，还是那种古老的关系，工具对劳动须臾不可或缺，它是人的伙伴，要像对待人那样对待它。人们下意识地用打扮马匹的方式打扮他们的摩托车。摩托车被装扮得就像五花马，彩色的飘带，裹着花毯子的坐垫。远远地看，还以为真的是李白写过的五花马。五花马，千金裘，呼儿将出换美酒，与尔同销万古愁！高原上没有丑陋的摩托，这不是用来象征经济地位的物，就是生活的一部分。这是总是在复古的高原，古老的东西是美，是宗教，是祖母们纺织羊毛地毯的手艺，是酥油茶的配方，是马术，是生娃娃的疼痛。我在青海高原上见到最美的摩托，不是出厂时的那种模式化的闪闪发光，而是各美其美，哪一辆摩托是谁的，一望而知。而且他们集体创造了一种可以称为西部摩托的美，粗犷、彪悍、野性。这些现代马匹在高原上扬起生命的强烈灰尘，许多摩托上坐着生死相依的男女，仿佛他们正在做爱。

7

这是我见过笑容最多的地方，人们住在天空和大地之间。跟着牦牛，哪里有草去哪里，哪里有水去哪里。古老的游牧者。这个时代遇到这些人已经不容易了，是一种福。

8

一片火红。那些石头被涂成红色，上面刻着经文。我调成了黑白，我以为事物的本色其实是黑白，彩色只是表象。梦经常披露这一真相，我的梦是黑白的，甚至无色的。那一日我老远就听见高原上传来叮叮当当的击石之声，大地上没有这种声音，水说着，鸟鸣着，雷吼两声，树吟、牦牛跑起来，锤击着黑土……这声音是高原上唯一的人为之声。循声而至，在一个山包后面，几个人蹲在地上，正在石头上刻字，他们蓬头垢面，衣服褴褛。已经刻出了一大片，摆在地面上，形成了一个祭坛，他们的神是佛陀。我在那里坐了这一阵，地老天荒，刻着文字的石头。

9

扎多只有一条街，就像一块凭空而至的长条毯子。周围是荒野，水从那里流下来，穿过扎多。天边外的地方，住着些不怕寒冷的人。永恒的积雪。

10

滇藏公路的一个拐弯处，一位拖拉机手、狗和远处的雪山。

我们那时停下车来，与他们共度了几分钟。他们一直在笑，那孩子躲在他爷爷的背后笑。几分钟。陌路相逢，笑了一阵就永别。

11

诵经告一段落，这位年轻的僧侣刚刚走出大殿，有点不适应阳光。正午，光是好的，我想留住这光明和这青年僧人的英俊，或许这是他一生中最英俊的一刻。多年后，我再去玉树，我没去结古寺，它在大地震中倒塌了。

12

河流源头不只是一股，无数细小的水从岩石、泥巴、雪地、缝隙、洞穴里涌出来，就像滚落满地的念珠。海拔五千米以上，呼吸相当困难，但是大地天然的自由令我激动，那一天我在这众水汇集的高原上奔跑起来。

13

星期天的西宁城有个年轻屠夫
遵循祖先的办法放血拔毛开膛破肚
宰好的鸡一只只陈列在案板上
光明磊落的刽子手无罪日日造福人类
此刻他搭手在门框上张望集市
买鸡的人就要来了就像这个正午
古老结实饱满自信

14

在遥远的西宁城哪

故事与我故乡一样
从前有个女裁缝站在店门口
等着她的下一匹布
忘记了拔下电熨斗的插头
她一生总是在吃这种
漫不经心的小亏

15

这种小街越来越少了，世界力量觉得这种老街有碍它的日新月异的形象，一直在通缉它，摧毁它。它们不堪一击，自惭形秽，越来越少。你得像寻找逃跑的猫一样去找，贴寻猫启事。我问道，老街在哪里？人们总是失忆。宗教庇护着传统，宗教是守旧的。这条小街在一座清真寺附近。孩子们跑起来，刚才她们还在乖乖地遵守交通规则，进入这条小街，忽然放肆。本能被古老的氛围激发，信任回来了。她们知道在这里不必担心红灯或者仪表。在这种奔跑中，青梅竹马在望。但是这条街太短，只能走几分钟，然后就是千篇一律的大街。故乡已经成为一些四散的碎片，在这里遇到一小块，在那里遇到一小块。这一块弥漫着羊膻味、烤馍味、胡椒味……街的尽头有一家蔬菜店，番茄、青菜、大蒜、灯笼辣、萝卜什么的，被卖菜的姑娘陈列得像是马蒂斯的画。有时候在异国他乡漫游，看见别人的巨大的无边无际的、理所当然的苍老故乡，顿感悲伤。

16

馓。在南方没有这种食物。令人激动，当然要尝尝。这不是小事，生命之意义所在，世界运动的方向是全世界都吃麦当劳，直到世界毫无意义，彻底乏味。这是西宁的意义所在，意义就是细节。这是一种古老食物，馓这个字，《说文解字》上就有。

17

西宁一条街上的理发店

你不想蓬头垢面你不想披头散发
野火烧不尽春风吹又生理发店永远人满为患
谁也无法阻止头发生长谁也无法为头发定型
总得把你的头交给那位沉默的理发师
他的声音来自推剪他只能剃三种光头
平头要么烫烫？他理发的样子就像从前
的一位专制的大帝我总是害怕他
掰着我的脑袋去照镜子

18

青海湖被拍得太多，大巴车上的每部相机都塞满了青海湖。偶然拍到这一张，我刚刚取出相机，只是想擦擦镜头，忽然看见了这个“美景”，这个美景被利用得太久，有点慵懒、疲倦、茫然，而这正是永恒的真相。就是这样。永恒是疲倦的。

19

小旅馆后面挨着村庄、田野和树林。我在黎明前去村子里走走。早起的人在曙光里露出笑容。不是对我这个陌生人笑，是对曙光笑。这个村子昨天灰蒙蒙的，看不清楚。现在，被照亮了，美总是在葆光，只是偶尔呈堂证供，它一直在这里，只是光没到。

要起得早些，否则将失去许多光。开始的光，这不仅是关于眼睛，也关于生命的质量。

几只羊出来了，那时我觉得它们就像使者。使者不见得只是佛陀旁边的那些人。

20

山总是蕴藏着某种即将涌出的力量，但是它永不涌出。有些人挖开山去追求这种涌出，涌出消失了。我曾经冒冒失失地深入一座山的腹部，穿过岩层下到黑暗最深处。那时我还在昆明一家生产煤矿机械的工厂当学徒工，有时候要去矿山干活。我跟着师傅去下矿井，井口支着一座钢架结构的电梯。架子上挂着一个铁笼子，用几根角钢围住，四根钢索吊着。我走进去，一根角钢掉下来，咔嚓一声关住了笼子，电梯开始在山的内脏里下降，发出难听刺耳的金属摩擦声，时而尖叫两声，周围被切开的山体，挂着破碎的石块和泥巴，确实像某种动物内脏。在地面戳了一下，停了。来到了地面，并没有踩在大地上的那种安全感，这是做作的地面，不自然的感觉很强烈。我们沿着洞底用来运矿石的铁轨往里走，铁轨两边是一个个洞穴，里面有矿工在挥动大锤，光着身子，汗流浃背。浑身漆黑，鼻孔里塞满煤灰，只有眼睛亮着。他们不想说话，从地面下来的人就是一种上级，自动具有神的地位。他们位于世界的底层，一幅置身地狱的表情。我是这样想，或许并非如此，只是我在臆测。工作着是快乐的。但我确实觉得这种工作毫无快乐可言，毫不掩饰地谋生，卖力，身体的受难。两个工人在岩壁上钻了一个洞，放置了黄色的炸药包，让我们退出去。我们走了很久，一股灰缓缓地漫出来，不知道他们躲在哪里。他们每天下来，把自己搞得漆黑一团，然后再上去，洗澡，换上干净的衣服，领工资，薪水丰厚。矿工一词在文学里不会涉及地狱，通常是被歌颂的，工业先驱，劳动模范之类。这种地方的情景令我想起但丁的诗篇，《地狱》里没有提到矿工，但丁想象了母狼、豹子。但丁没有下过矿井。如果不是为了生计，谁会愿意待在这里？大地上本没有这种地方，人为之物。这种职业养活了人。但是，我确定这种地方也对人的心灵打击巨大，在这种地方待过，心灵必遭重创。这一点文明不会提及，人们也麻木不仁。文明只书写必需的一面，正确的一面，有用的一面，没有煤，怎么发电呢，灯会亮吗，世界永远在黑暗里啦。但是正确也意味着错误，只是正确的时间先到，错误的时间后来，那位黑暗中的矿工在晚年会后悔自己的一生吗，他别无选择。时间总是悲剧性的。我从前去过的那个矿井已经悄悄地关闭了。山肚子里面藏着几个巨大的冷冰冰的洞。道法自然，这种事是不自然的。我的小舅，就在这种地方待了一辈子，他还不是在井下上班，他是一位技术员。五十岁上就得肺癌死了。他更像我的哥哥，童年他一来我家，就背着我去街上逛。凡·高也下过矿井，一名在煤矿工作了33年的男子领他下去，地下700米处，“在每个小房间中都有一名穿着粗糙亚麻衣服的工人，黑乎乎、脏兮兮像是烟囱一样，他们在一盏小灯昏暗的灯光下将煤铲碎”。就是这样。这就是从大地下面涌出来的，文明只在乎财富的涌出，只有凡·高这样的心灵才会在乎另一种涌出。青海的山很深沉，像是在沉思。

21

有一年，我去青海参加青海湖国际诗歌节。邀请了世界各地的上百位诗人。大家分坐几辆大巴车，相当魔幻，普通的大巴里载的是各种各样的人，这些大巴车拉着一车车诗人。我们坐在青海湖边的一间大房子里午餐，杯盘狼藉。在一个房子里朗诵，那个巨大的房子里铺着红地毯，还有交响乐队，诗人的声音小得几乎听不见，麦克风有问题或者他们本来就轻声细语。一位诗人是雷蒙·欧迪斯，我写了一首：

雷蒙·欧迪斯

一位粉红色的演员
装腔作势地朗诵着诗
竭力要表现出某个自以为是的主题
拖长了“啊”的尾音故作停顿
但她突然被驯服了仿佛遇到阵雨
声音变得轻而湿润就像过早生育而依然
年青的祖母当她念到“一年春天我们
在阿克马种下玉米我们播种了几次”
雷蒙·欧迪斯的诗章
本次朗诵会的最后一首

一个早晨，宾馆里遇到叙利亚诗人阿多尼斯。他听了我昨天的发言，完全赞同。他很老了，正在一点点失去水分，骨瘦如柴，依然在燃烧。我写了一首：

阿多尼斯

从前一个早晨我们相遇在青海宾馆
那时候曙光还在发亮我们为失去了语言而释然
你起得早我也起得早口干舌燥
现在是喝上一杯清水的时刻我们在走廊上
光水面上的晨光碰掌而笑
一块被光辉擦亮因而失去了隔绝功能的玻璃照亮我们
或者是我们照亮了它诚实的一面那长廊直达餐厅
看不见青海湖但光肯定是它的后来你走进向下的电梯
翻译说你是叙利亚人我看不像倒像云南山区的某位
已经逊位的土著酋长我的另一位父亲哦你的白发
下面藏着精选过的火焰幽暗的小偷早已摆脱红色
电梯门关闭后还在燃烧

22

顾彬，一个德国人。我们第二次见面，上一次是 1996 年，在荷兰的莱顿大学，写诗张枣还在世界的时候。张枣吊着两条腿坐在一张桌子前发言，轮到他发言，开口就说，我没有什么准备，随便说几句。我大为惊骇，这是莱顿大学的中国当代诗歌国际讨论会。他已经来到欧洲很多年，住在德国。我从昆明来，飞了十多个小时，揣着一份五千字的发言稿。这是我第一次来到欧洲。顾彬坐在一边，这是我第一次见到他。然后我们通信，吵架。他对我批评汉学家的言论不满，批评我。我也毫不客气。2013年8月10日，我们又在青海湖边遇到，坐在宾馆的餐厅里喝啤酒，他说起青岛啤酒和日耳曼啤酒公司的渊源，指出啤酒筒上的老商标给我看，“这是德语”。他的普通话听上去就像一位北京侃爷。他说他已经为青岛啤酒写诗一首，该你了，他晃着那罐喝了一半的啤酒筒说。后来我写了一首：

致顾彬

多年前我们在莱顿开会沿着运河走去东亚系
河岸的老宅里开着白菊花你瘦而寡语似乎因
身材太高只好独自做梦当时张枣还在刚刚发胖
我记得他坐在你旁边你们很亲密他交叉着腿并摇晃着
这细节是一条没有路牌的小径尽头独栖着另一位张枣
他不是诗人而是思念家乡的征夫我们忽略他的籍贯
湖南长沙之人“夜里老哭老喝酒”我们依然在世
时间呵告诉我这是否多余？你的身材矮多了
正在向将来妥协因此接近于我的高原令我们更容易
沟通哎老顾我可不是你在别处听说的“那个
家伙”云南土著呵呵他们喜欢乘我不在乘我
在高原上种土豆时我真地种过在花箐农场这不是

隐喻德国的土豆也是椭圆的也用牛肉炖我读歌德
是在 1976 年地下我知道莱茵河是通过海涅的诗
1956 年出版冯至译当时我两岁那天下午散会后
我第一次见到大海与会者荷兰人柯雷带我去面对浩瀚
失去了国家我们从来没谈过张枣他在时没谈过现在
不谈将来也不会这一默契早在交情的开端达成哦
我们谈别的那些变成了狗的辣椒那些尸体伪装成的
红人老顾我们曾吵得面红耳赤杜甫不是歌德
法兰克福就是昆明谈这罐子青岛啤酒用大麦大米
和崂山的水酿就澄澈透明泡沫清白呈淡黄色
你指出那个商标上面有龙与鹰长得完全不同总是
彼此依恋纠缠都在天空要不要再喝上一罐看呵
它已被黄昏照亮就像当年关于诗的讨论散会时
运河上有落叶漂下来金黄色的叶子色泽比黄金略朴
我们在河岸上大笑着张枣先走了穿着皮夹克
回图宾根火车穿过风车和苍茫暮色他还有课

23

这盆甘薯很美。大地藏在黑暗里的东西敞开了，令人激动，黑暗，播种，收获，抖去泥巴，洗，炖，甜像火焰一样升起来。生活的美好。食物不仅仅是充饥，也是美好。多年前我住在一个地方，每天的早餐都是三明治。吐司两片，青菜一片，番茄一片，鸡蛋一片，沙拉酱适量。最科学的配方，长方形的，像一块切小的沙漠。相当不美，乏味。

24

塔尔寺的走廊成了香客们磕长头的地方。磕长头是一门技术，得有工具，每个香客的工具都不一样，这些工具是他们身体的一部分。他们磨损这些工具，也磨损着寺院。这些工具只有一个目的，就是要帮助他们磕得长久。许多香客经年累月地磕，磕头已经不是技术，而是舞蹈了。这种运动永远不会成为体育，它是全神贯注的。人们在身体中进入寺院，用身体去朝拜。有些人抚摸它，有些人磕长头，有些人磕九个，有些人磕三个，有些人上香，许多地方被擦得铮亮，摸到塌陷，磨得露骨。就像古董店为新品做包浆。宗教是一种裹满包浆的东西。宗教不仅是抽象难懂的经文，是可以上手的，虔诚必须有动作。要迈步进去，要跪下，要合掌，要抚摸，要展开你的身体。身体被打开了。宗教保持着与身体的关系，这种关系弱化的时候，宗教也被束之高阁。

25

我们在黄昏路过青海湖，美如天堂。游客早已撤退，大地空下来，最后一匹马在回家。湖光幽蓝。这不就是我们一直唠唠叨叨这一辈子要去的地方吗？为何不去？抛弃了行程，掉头驶向青海湖，天要黑了。并不想永远住在这里，待几分钟就够了。我已经获得一个永远。大地上没有宾馆。离开的时候，我们忘记了本来要去何处。

在旅途中不要错过机会

在旅途中不要错过机会
假如路过一片树林
要到林子里望望天空
假如碰到一个生人
找个借口问问路聊聊
走着走着忽然就离开了道路
停下来背包一甩
不再计算路程不再眺望远处
这是你真正的心愿或许你从未察觉
听见一只鸟蹲在树上唱歌
忽然明白了歌子的含义和陌生人谈谈
知道了另一条河上的事情
或许一直躺在林子里直到太阳落山
黑夜来临或许从此就折进某一条岔路
只因为感觉对头心里快乐
就是停下来躺一阵靠着树根
只是不要忙着低头赶路
错过了这片林子人生可就不同
错过了这个风景命运可就不同

26

黑暗山冈上，月亮像是一枚白昼掉下的指甲壳。林迪说，我们走得太远了，今晚去哪里住呢。马云说，前面是哪里？赵凡没吭声，他负责用手机导航。我回头看一眼，他已经靠着车窗睡着了。嘎玛唱着歌，他白天唱，晚上唱，只要手一碰到方向盘就开始唱，他是我们雇来的司机。他的歌声现在仿佛是月亮唱的，越来越轻。几乎听不见。其实已经听不见了，但是知道他还在心里唱着。白天他唱得很大声，像是车载CD里放出来的，他弄了个配乐带，合着它播出的拍子唱。车窗外看不见大地，只看得见那半个小月亮。我喝了一口水，看看老婆，她也睡着了。来了一辆车，车灯刺得我们睁不开眼，狂笑般地驶过。又来了一辆拖拉机，亮着一盏害羞的灯。司机裸露在天空下，拉着一车羊。前面最后一个可以睡觉的地方是共和县。

27

白天，我们再次待在车厢里。源头还远。云一直跟着，一会儿是这些云，一会儿是那些云。小的云才显出天空的辽阔。一点云也没有的天空倒显得很小。无边无际其实是有涯的结果。一望无际的天空要知道它究竟是怎样的无际，只有测量，而人类从来没有造出这样的尺子。小的云不必测量，这一块和那一块之间，也就是一个足球场的距离，不必测量。就是这个感觉，这个距离也只是一瞬，很快就不是了，更近了，两个情人的距离，然后合为一体，不见了。

28

西宁至玉树公路旁天空上的一块云，它只存在了几分钟就不见了。在它生命最高峰的一瞬，我拍下了它。照相机用来做什么，就是留下这些，延续它的存在。我看见了，再让别人也看见。所以，你要给别人看见什么，非常重大。我不想说什么都可以拍这种便宜话，手机晒图就是一股什么都拍的狂潮，它最终消灭了摄影这回事。是的，世间一切皆诗，这意味着要把诗拍到就是，那可不是一切，这意味着怎么拍，怎么取景。怎么说，这是决定性的。云满天都是，拍到这一块可不容易，光、距离、空间、形状……我等了很多年。

29

多年前的一天，中国西部。我和几个朋友坐在一家小馆子里，西宁至玉树公路上一个小镇上唯一的馆子。充斥着羊膻和汗味，可以想象里面经常挤满着食客，现在是晌午，没人。五张桌子，十几把椅子，桌子上摆着玻璃烟灰缸。搅拌得已经发黑的筷子。老板戴着一顶白帽。他说的话我听不懂，他对伙计说一种话，对我们说很难听明白的普通话。我们对他说昆明式普通话，我们自己说昆明话，他也听不懂。正吃着，忽然闯进来四条汉子，三块黑炭，有一块稍微白些。坐下就扑在桌子上，一言不发。空气变得剑拔弩张，如果是拍西部电影的话，可能意味着下面要出事了。大家各吃各的，咀嚼之声沉闷。他们说的是某种我不知道的语言，老板听得懂，我听不懂。他们要了和我们一样的东西，馍，羊肉、白酒。一面墙上挂着一组图片，是十多个菜式的彩色照片，其实馆子里只有这三样。羊肉很难咬，馍硬得接近石头，这是为那种风暴般的胃口准备的。吞下去，然后喝几口酒。老板的小儿子坐在一个角落里看着电视屏幕，西游记。外面驰来一阵摩托车的声音，在酒馆外面熄火。等着某个骑摩托车的人掀开门帘进来，但没有人进来。我们终于吃完，走到外面，阳光雪白，几乎把眼睛刺瞎。附近没有厕所，贴着后面的墙尿了一阵，那儿有一些废弃的建筑材料，一个污水坑。我们发动了车子，在柏油公路上扬起一股细烟。

30

车子爬到高原上，伟大的高原，地老天荒，悲剧般的乌云。大道，亮晃晃地像是一把钢板尺，水泥电杆像刻度一样伸向远处，有些刻度已经歪了。其中一根电线上坐着一只老乌鸦。有人从那边走来，坦坦荡荡地走着，就像一位高僧，仿佛他已经走了一生，背着乌云。路边出现了一排平房，里面是一个杂货店，也可以吃饭，喝茶。老爷子和老太太以及他们的儿子守着，卖东西。过路的人到这里都要停下来，进屋暖一暖，买点什么，喝口酥油茶。就像一个中世纪的童话，背麻袋的堂吉诃德和桑丘刚刚走掉。堂屋里面黑乎乎的，像是矿井，借着门那边透过来的光，先看见一张脸，是那儿子青春焕发的脸，腮帮上长着些粉刺。几根木柱子，上面挂着围巾、糖、玩具什么的。下面堆着几个纸箱、鼓囊囊的编织袋、油桶。玻璃柜子里也有许多东西，一排解放牌胶鞋。多年前我穿过，那时我只能穿这种鞋，只有这种鞋。里屋要亮些，有一个窗子，墙边靠着一排旧沙发。对面的柜子里陈列着几个锅子，数了一下，九个。地上支着一只炉子，煨着开水。老太太二话不说，给每人端来一杯酥油茶，坐下去加火。大家坐了一阵，暖和起来。我想给老头和老太太拍张合影。老太太就脱掉外套，她里面早已穿着一件碎花布缝的新棉袄。老两个走到外面，坐在支在墙边的一截旧沙发和一块石头上让我拍。老爷子个子矮，坐在高些的石头上。老太太个子高，坐沙发，就像是照相馆的师傅安排的，我忽然想到，他们不是第一次这样做，有人设计了这个镜头，他想让他们在画面中庄严而美丽。在这里，每个摄影者都有为他们拍张照片的冲动，就像他们第一眼看到这片大地，着魔似的，心中感动，快门响个不停。一句话也没有，谢谢也没说，走了。那屋子海拔接近 5000 米。

31

山暗藏着一种抽象事物的力量，尤其在夜晚。渐渐地，光走了，带走了种种细节。那些石头，那些树木，那些草，那些叶子，那些獭，那些虫子，那些褶皱，白昼里清清楚楚的一切，此刻成了混沌一块。只剩下山这种东西，我们依然知道那是山，但是没有细节。在细节里看不见山。一坨石头只是一坨石头，不是山。一棵树只是一棵树，不是山。一片叶子只是一片叶子，不是山。一条溪流只是一条溪流，不是山。山在黑夜里成为抽象之物，这种变化令人着迷，一方面你知道的关于这座山的知识告诉你，万物原地未动，可是你看不见它们，无法证实。山成了一种感觉，一个巨大的并不存在的块面，三角形的，你无法触摸到它。你碰到的总是细节，而不是山。或许仓颉就是在黑暗里创造了山这个字。山的黑暗并不与天空的黑暗交融，也不与荒野的黑暗交融，它们各有各的黑暗。

我听见有些东西在黑暗的山冈中说话，不知道是谁。

32

青海，治多，黎明中的公路。

在青海那些次要的公路上，经常有牧人赶着牦牛群穿过公路。牦牛很调皮，它们有时候站在公路中央，故意挡着，狡黠地歪头瞅着司机，看他们急不急。司机不急，他们慢下来或者停车，等着它们穿过，不会按喇叭。这是一种地方风俗，一种古老的文明。那些牧羊人穿过公路很从容，一幅先来后到，唯我独尊，这是我的土地的样子。世界之恶，往往是对先来后到这一古老秩序的破坏。尊重，尊重就是时间，尊重那些先来的。黎明，草原。牦牛、牧羊人，我们是最后到来的，不是吗？

33

年轻的“格萨尔王”。

他是一位格萨尔史诗的演唱者。我在治多县的一座舞台后面见到他，如遇天神。我还以为他是歌舞团的演员，不同凡响。后来在治多草原上，在白螺湖畔一场为格萨尔王的王妃森姜珠姆举行的祭祀中，我又遇到他。据说，森姜珠姆在一千年前出生在长江源头治多县境内的嘉洛草原。“珠姆”是藏族美女子的称号，她的出生震惊万物，颠倒四季，冬天盛开鲜花，雪狮子出现在山巅，雷声响彻云端。据说，白螺湖是珠姆沐浴的地方。一个泉眼从大地涌出水来，形成了一个池塘。

我不知道他已经来了，站在人群里。仪式开始，几位格萨尔史诗说唱歌手出场，他出现了，最年轻的一位，一摆长袖，开口就唱，我才知道是他。

二十年前，我在草原上听说了格萨尔王歌手的传奇故事。藏学家降边嘉措说，“一字不识的放牧者，只因荒山野外、河边湖畔一场奇异的梦，醒来时，成串的格萨尔王的故事就会从他的嘴里脱颖而出，滔滔不绝。藏族人称为‘神授’。许多格萨尔王史诗的说唱艺人生长在偏僻山村或者牧区，目不识丁，能够演唱、讲述十几部乃至几十部史诗故事，吟诵几十万、上百万诗行，是一个斯芬克司之谜”。我多次前往青海，想找到一位歌手，他们就像荷马，二十年，我从来没有见到。忽然出现了，有五位歌手。

天象变了，来的时候还有蓝天，现在乌云翻卷。天空中来了十万金刚，三千狮子、百头大象。歌声在阴沉的天空下自草原向上盘旋，如雄鹰。

他是不是神授，我没有问。他们只唱了几段，然后回到人群中不见了。在他们之后，长青春科尔寺的喇嘛诵经，喇嘛们将法号支在白螺湖边上，响起来了，低沉。无人动弹，都在草原上默默听着，下着小雨。闪电在云层中冲刺，就像兵器。

34

荒原上煨桑炉

格萨尔史诗唱道：

无人神灵保佑谁，无神万事皆逆云。
若是两者共在时，心想事成大吉利。
五月十五时辰吉，岭国臣民请细听，
上玛迦山峰之巅，煨名贵柏桑之叶，
祭四方神灵护法。

百度上“煨桑”一条说：传说古时藏族男子在出征或狩猎归来时，部族首领、老年人以及妇女儿童聚在寨外郊野，燃上一堆柏枝和香草，并不断向出征者身上洒水，意为用烟和水驱除各种污秽之气。这一做法至今仍遗留于藏族社会。当家中生育婴儿，远道而来的亲友前来贺喜时，家人要点燃柏树枝，来者必须从火上跨过，目的是让幼儿健康长寿，不受邪气危害。

以“桑”祭祀神灵，祈祷平安胜利，是高原先民同神灵沟通的主要方式。人们认为，桑烟可以直达天神住的地方。

35

寺院都是古老的，哪怕新建的。寺院的世界观，传统决定它总是选择某些材料，依据某种制式，这是一个永远在重复自己的地方，法轮的转动就是一种重复。每个寺院无论结构、材料、新旧如何不同，总是会有一种旧世纪的氛围，这是我喜欢寺庙的原因。这里就像外祖母的房间一样，总是那一套，那种味道，那种阴沉感，那种速度，那种事物，那种声音。在都市，你可以接受地铁、摩天大楼等等匪夷所思的东西，但是寺院就是寺院。就像莫奈画巴黎圣母院，无论色彩如何变化，巴黎圣母院就是那个样子，否则就不是了。

我很喜欢高原上那些古老的寺院，那种古老的，日复一日的生活。有一天我在贡萨寺里走，转过某堵土墙的时候，忽然看见一位喇嘛站在他的窗子前漱口，捏着一根白色的牙刷。瞬间我就来到了中世纪，中世纪就是这样，在森严大殿的周边密布僧舍，黎明的光辉中，那些旧僧袍在地上扫来扫去。

36

强巴舅舅的肖像

那时他刚刚征服了草原生命最强大的一瞬
血液中的马群发着红涌向面部
一束光将他打造成青铜强巴
那么自信三百头牦牛的舅舅
他不知自己已被时间加冕成为秘密的草原之王
天空威武仿佛他是站在罗马的大理石圆柱下
世界只知道恺撒不认识这个牧马人
裤脚上沾着些牛粪他脏还有点臭
当他回首青海湖时我按下了快门

37

草原上有些铁匠是跟着马匹走的，他们用马托着铁砧子。炉子、锤子、钳子、砧子、磨石、马掌、铁皮桶、毯子……相当重。还有风箱袋，用羊皮做的，叫作比巴。铁匠强巴知道我没见过，他弯下身子，怀抱比巴，似乎在抚摸它，那袋子就活过来，开始呼吸，越来越剧烈，风就出来了，朝石头搭的火塘喷去，火焰开始舞蹈。他走遍加洛草原，干得最多的活计是钉马掌。这次他们一家子都来了，参加草原上的赛马大会。搭了一个帐篷住在里面，一个家族，奶奶、爷爷、舅舅、嫂嫂、叔叔、婶婶、哥哥、妹妹、儿子、姑娘、女婿、娃娃一群……架子上摆着大块的奶酪。帐篷中间架着一头剥了皮的羊。他们没有骑马，开来了一辆卡车。

38

青海月明玉生烟。

越野车上坡，青海湖像一枚灰色的指甲嵌在黑暗大地的中央，其他的指头看不见了，一只缩回去的手。司机嘎玛说，那是一只海螺，在天还亮的时候看，真是像一个浅蓝色的海螺。每个时间看到的并不一样，你的世界观也决定你的看法。海螺是一种佛教的看法。

转个弯，月亮忽然跳出来，就像一个剪径的强盗，戴着抢来的皇冠。迎头一喝，公路即刻明晃晃的。车厢黑洞洞，只有嘎玛的脸闪着光，他是一个壮实的藏族人。车厢里有六个乘客。还有第七个乘客，它代表黑夜来搭车，挨着每一个人。我要求停车小解。嘎玛就将车子靠边，停在荒原的边上。我们下了车，各自朝着一个方向去方便，打了一个寒战。那一位不下来，它在车厢里守着。嘎玛朝车头那边走去，背影高大。大家都朝着月亮，让它照自己的脸。这个月亮还不够大，看不见月球上的情况。很冷，已经午夜。世界上的大多数都睡去了，还有一些在荒野和天空上醒着，虫子、旱獭、鸟、星子、外星人、一辆货车。青海湖也没睡。

站了几分钟，有人抽了一根烟。带来的那些水已经渗入荒野。

返回车厢，那位黑暗的乘客挪开身子，让我们各自坐回。嘎玛也回来，开灯，发动了车子，轮子冲上公路。

我们不会再回到这个地方。

39

2006 年 9 月 12 日我抵达了澜沧江——湄公河的一个源头。海拔 4600 米。我青年时代的梦想是，不仅要在语言中抵达汉语的源头，也要在事实上抵达大地的一个源头。我在岗底斯山脉附近的荒原（中国最伟大的河流都在这个地区起源）上遇到了这位喇嘛，当时附近还站着几只藏羚羊。他就像骑着飞行器从天而降的古代英雄，在暴烈的日头下燃烧着。

伟大的河流有无数的源头，我把这位喇嘛视为源头之一。遭遇他的感觉就像我数小时前在格萨尔王的守护神——班达日根山——的山腰一片很小的沼泽地看见清水溢出流下去成为澜沧江的时候。

两年前的一个黄昏，我乘着快艇越过湄公河三角洲，向着大海驶去。我在天黑时回首后面，那巨大的天空就像一片高原，源头是一道白光。开船的越南小伙子长得就像那张著名的照片中的那个男子，1965 年在西贡街头，他被一只手枪指着，就要被枪毙了。他在快艇转弯的瞬间像芦苇那样优美地倒下去。

进入一条河流有无数的开始，并非只有班达日根山山腰那一片小小的沼泽地。

另一个夜晚，我们在莫云附近的荒野上迷路，可可西里的大黑暗就要吞没我们。天空有那么多星子，没有一颗为我们指引方向。我看见一只旱獭扒着高地的土坯张望星空，它那多毛的边缘闪着毫光。

嘉峪关记

旅行团进入嘉峪关的路线是古代中国从内地进入嘉峪关的路线，从东闸门外进来，经过左公柳（一棵要两三人才能合抱的高大柳树，据传是左宗棠在清朝同治年间种的）、唱戏的台子、文昌阁，穿过光化楼、将军府第、关帝庙、官井、露天集市，绕出柔远楼，登上罗城关楼，这才可以眺望关外。某支小分队的女导游在前面一边晃着小旗一边讲解，她讲得很卖力，扩音器都用得有些嘶哑了，听上去像是生病的马在喘息，男女老少在后面跟着，人人戴着一顶白色遮阳帽。我也在后面跟着，忧心忡忡。青年时期，我读了许多边塞诗，比如岑参的“君不见走马川行雪海边，平沙莽莽黄入天。轮台九月风夜吼，一川碎石大如斗，随风满地石乱走”，李颀的“野营万里无城郭，雨雪纷纷连大漠”，王昌龄的“青海长云暗雪山，孤城遥望玉门关”，李白的“明月出天山，苍茫云海间。长风几万里，吹度玉门关”。大块假我以文章，这些文字显然不是虚构的，接着地气，若非亲身体会过，来自中原小桥流水、鱼米之乡的文人绝对想象不出这等景致。这些伟大的诗篇令我灵魂出窍，一直盼着有朝一日亲临其境。在火车从兰州向嘉峪关驶去的途中，我终于看见“大漠孤烟直，长河落日圆”。天地有大美而不言，诗在“大漠孤烟直长河落圆”面前战战兢兢，唯有赞美，赞美也只是陈述事实，绝不敢评头论足，妄加揣摩，仅仅说出事实，文字就永垂不朽。真是不可思议，沧海桑田、改朝换代，这两句升华于荒漠的诗流传了无数岁月，在文字堆里早已得道成仙，成为圣经了，而“大漠孤烟直，长河落日圆”这个事实、现象、场合依然在大地上一动不动。作为后人，我再次像先人那样被感动，只是我的感动是双重的，我先被诗感动，然后被诗的起源感动，这令我一句话也说不出来。忽然明白了李白的那两句“眼前有景道不得，崔颢题诗在上头”。在我从古代诗歌中得到的想象中，嘉峪关只是孤城一座，比它更大的东西是苍天大漠落日长风。但那位女导游的说辞里面一句都不提这些，只是在说嘉峪关建于哪年哪月，守关的游击将军是几品官衔、关门内藏着多少箭楼、垛口、马道、角楼……我因此暗暗担心嘉峪关已经成为被摩天大楼包围的古董城。这种担心并非杞人忧天，这时代的豪情是要在天安门城楼前面看见一片烟囱。自从岑参们的诗篇问世 1000 年后，人类的审美观念已经发生了巨大转变，“大漠孤烟直，长河落日圆”早已声名狼藉，“长风几万里”“满川碎石大如斗”有什么用呢？从前，李白岑参们赞美无用，现在，无用正是当代美学批判的对象。荒凉无用的戈壁滩已经成为进步的敌人，各种发展、开发、改造、物尽其用的计划正在构想、设计、实施；报纸上天天在讨论如何将戈壁滩改造成“塞外江南”“日内瓦小区”；当我乘坐的列车向着西部大漠飞驶的时候，旁边的铁轨、高速公路上货运繁忙，一车皮一车皮的水泥、钢筋、玻璃……正洪流般向着“大漠孤烟直，长河落日圆”挺进。

心怀忐忑，磨磨蹭蹭，终于登上了嘉峪关的罗城（罗城是嘉峪关主城外面的护城，直接与戈壁滩连接），站在城堞后面，像古代的关守那样双手一杵砖垛，极目四眺，松了一口气，确实是“望之四达，足状伟观，百里之外，了然在目”（《肃州志》）。关外，河山依旧，茫茫戈壁直开向天边，天苍苍，野茫茫，只是比古代多了几根孤零零的电线杆子，更显寂寥。土垒的城墙一左一右向着大地延伸，已经看不出建筑物的唐突，好像是大地深处生长出来的、本来如此的土墩子。天空的底线上，祁连山和黑山像两群奔马，黑群向右，灰群向左，刚刚分道扬镳，中间让出一条碎石和沙子的阳关大道，谁要来了？日头中天，没有一个人从关外过来，一个也没有。过来的是刚刚起于青萍之末的秋天之风，有些枯草在荒野上轻摇，一辆大客车自南向北横越大漠，卷起一溜黄灰。

我们决定背叛旅行团，我们乘车深入戈壁，在最开阔处下车，转身就朝嘉峪关走。戈壁滩早已不是混沌一片了，修了各种等级的公路，四通八达。但无论如何，戈壁滩还是太大，荒还是太大，就是高速公路在这庞然大物身上，也只是羊肠小道，不注意的话，几乎看不见。荒是不可征服的。别说高速公路，就是一个城市，在戈壁滩上望去，似乎也只是铺在广场上的一堆围棋子，围着巴掌大的地盘，一旦某场大风暴到来，即刻就无影无踪，只是那场风暴还没到而已。

地老天荒，我深深吸口气，像岑参或者李白那样在地面上走，跟着他们留下的风。他们都是步行者，从他们的作品可以看出来，走着走着，忽然看见“明月出天山”，顿悟。但他们从来不说悟出什么，只是描述而已，大地就是先验的诗篇，悟性无处不在，只需在适当的时候脱口而出。戈壁滩上满地都是石头，大大小小、密密麻麻，走在它们之间，仿佛自己的身体自动在向它们看齐，开始缩小，只是靠了意志力强撑着，才没有变成石子。走了一阵，一干人忽然若有所思地都低下头去，仔细地看起戈壁滩来。在火车上，戈壁滩真担得起荒凉二字，有人甚至形容它寸草不生，但扎扎实实地站在戈壁滩上，荒凉就未必了，想当然耳。亚热带丛林藏着亚热带丛林的东西，戈壁滩也藏着戈壁滩的东西，“荒凉”并非一无所有，荒凉与丰富同样丰富无比，荒凉是另一种丰富，这仅仅决定于观点。人类有多少偏执的观点，以可怕的、视而不见的“荒凉”遮蔽着大地啊！大家低下头去，是因为发现这戈壁滩不仅遍布石头，而且是非凡的石头，在火车上看是灰茫茫混沌一片，站到戈壁滩上，才看出这些石头其实各色各样，只是都有一层被自然做旧的包浆，令它们很不起眼，很容易被忽视。一干人都看傻眼了，像是散落在大地上的老古玩店，这些石头有黑如石油的、玉相初萌的，黄如蜡的、红似鸡血的、某植物的化石、某动物的水晶棺材……赤橙黄绿青蓝紫，谁持彩练沙中舞，戈壁！璞依然在大地上摆着，每一块在史前或许都是大山一座，现在全都被大地磨得只剩下核心，正处于玉与不玉之间。隐约的玉，还不是玉，隐约的钻石，还不是钻石，隐约的翡翠，还不是翡翠。黑暗将尽，日将出，玉在觉醒，金在葆光。已经有端倪、迹象了，但没有光彩夺目，依然是石头，大巧若拙，美已诞生，随便一块都可以登堂入室。这时代目光短浅，只看得见手镯、项链、戒指、胸坠们的珠光宝气……看不见璞，因此戈壁滩上留下了大漏。一干人都看得发呆，忽然起了童心，就回到童年时代，雀跃欢呼，投向大地，拣起花石头来了。目光一旦深入戈壁，就发现这蛮荒里不仅石头仪态万方，还有各种各样的植物，骆驼刺啦、梭梭啦、沙拐枣啦、白刺啦、罗布麻啦、白麻啦、甘草啦、沙棘啦……这些名字我都叫不出来，是当地人告诉我的。石头之间，经常有荒漠沙蜥翘着长须走过，就像国王在巡视自己的领土。生物学家说：荒漠沙蜥是生活于荒漠或半荒漠地区的蜥蜴类，外部形态有许多适应荒漠生活的特征，一般筑洞于较板结的沙砾地斜面、沙丘和土埂上，亦有在砾石下者。沙蜥的食物主要是各类小昆虫，例如蚂蚁、鼠妇、瓢虫、椿象等等，卵胎生，拉丁文名：Phrynocephalusprzewalskii。其实这个学名非常荒凉，“荒漠沙蜥”一词下面，爬行着无数肤色、步态、体形都不同的昆虫，在戈壁滩上才走了半小时，已经看见了十多种，其实如果细看的话，没有两只沙蜥是一样的，造物主如果这么创造世界，它就一点也不神秘，完全可以取而代之了。

在戈壁滩上走，事先没有任何迹象，忽然间就会走到悬崖边上。大戈壁突然垂直而下消失在深渊里，鬼哭狼嚎，不见天日。深渊对面，仿佛什么事也没有发生过似的，戈壁滩继续它的坦荡大业。讨赖河大峡谷就是这样的巨缝，先是隐隐听见地里面有声音，忽然间一马平川闪电般裂开一道深近二十米，宽约十多米的巨缝。惊得人仰马嘶，悬崖勒马，说时迟，那时快，马立处已经成了摩天大楼的顶层，多迈一步就掉下绝壁。胆战心惊地伸头望望，底下，一条泥巴河狮子般地咆哮着从大地里面跑出来，满地打滚，一头撞在沙石壁上，头破血流，晕头转向，这才找到出路，沿着峡谷奔腾而去。泥流滚滚，水气飞腾，令人魂飞魄散，半天回不过神来，幸好我们不是纵马狂奔，否则或许就奔下去了，这也是步行的好处。

又是忽然间，荒原上嬉戏的风摇身一变，成为一披头散发的壮汉，叉着腰，朝天空喷吐黄沙，卷起一股龙卷风，扭腰摆尾在大漠上打转，施虐处天昏地暗，西天黑掉一半，风魔鬼般怪叫着，以为就要朝我们这边袭来，戈壁滩上没有任何掩体，正愁逃不出去，却抽丝般忽然散了，湖蓝的天色洇开在宣纸上似的，一片片漫出。虚惊。继续拣石头，在我们拣石头的当儿，本地人已经摘了一大把绿油油的沙葱，说是，这个炒羊肉最好吃的。乌云散去，日头更毒，热气从沙眼里喷出，全身蒸桑拿似的难受，但没人在意，大家为石头着魔。总想着拣到更美的，更美的，其实什么是更美的，早已糊涂了，到最后，到手的已经把握不住，还觉得满地石头，个个好看，又觉得手里的一打，个个平庸，不知如何是好，陷入对美的贪心中，无法自拔。干脆全部扔掉，重新开始。再次握住一把，却又后悔适才把那些百里挑一的扔掉，它们才是最美，待后悔时，回首戈壁，早已泥牛入海，又是满川碎石大如斗。但如果就以为戈壁滩上也就是些史前遗物，与人烟无关，那就错了。此前，我们曾被带去参观魏晋墓群中的绘砖壁画，据说已经出土了 760 多幅，没有发掘的墓穴还有上千座。坐在车里。看着外面的满目灰黄，灰黄的天空，灰黄的戈壁。五色令人目盲，热昏昏的单调的灰黄也令人目盲，心里半信半疑，这种地方能有什么壁画。就睡过去，车停时，外面还是满目灰黄，只是在茫茫戈壁上多出来一排房子，房子下面有一个洞，梦游似的跟着导游往下走，忽然冷起来，下去十多米，进了墓室。壁画出现了，一幅幅画在墓砖上，画的是宴饮、庖厨、梳妆、奏乐、舞蹈、博弈、出行、狩猎、农耕、采桑、畜牧、屯田、林园、酿造、营垒、打场、鸡、牛、马匹、丝束、考肉串、榻、帐等等。线条流畅简洁，色彩简单但传达出丰富的色相，大巧若拙，大色若素，表现主义风格，非常美，充满灵气和力量的线条把现实升华为天堂般的图像，马蒂斯们看见会绝望的。墓室的主人指望的是画什么就有什么，生前实实在在地有什么，死后象征性地有什么，死亡令现实升华为艺术，出发点很世俗，但被匿名的民间画师升华为不朽的线条和色彩，实物现场早已灰飞烟灭，形而上的表现却穿越了时间。大家看得目瞪口呆，说不出话。回到地面，阳光如高炉中沸腾的铁水般往头上倾倒，戈壁滩嘶嘶冒烟，它的下面竟然梦魇般藏着这等描绘物华天宝、人杰地灵的美术，真是超现实。登车离去，回头再看，戈壁昏黄，刚才那一幕，是南柯一梦，还是手机显示的 2011 年 8 月 27 日的下午三点一刻，已经搞不清了。

走了大约两小时后，古代那种旅人的感受早已体会，这路途真的是“行路难”，没法阔步大迈，没路的地方，坑坑洼洼，还得避开高高低低的石头和铁丝网般的荆棘，下脚如插针，就是上了便道，路面全是砾石，踩不稳还要滑倒。很少树木，白杨偶尔出现，但枝叶都朝天扬着，很难遮荫。有时候经过废墟，像是 20 世纪 50 年代那些垦荒者留下的小屋。

隐约间，似乎听见有人在唱：

茫茫戈壁滩
有棵老白杨
高高嘉峪关

连着古城墙

大风追着云彩跑

那是我的小白姑娘

其实早就人去楼空，弦断音灭。残壁之间也有烟熏火燎、锅香碗叫、人丁兴旺的迹象，最终都放弃了，戈壁滩上没有故乡，那些埋在地下墓穴里的良辰美景，大约也只是昙花一现。最难耐的是，你得时时刻刻背着水，什么都可以扔掉，水不能扔掉。我们一人带了一瓶矿泉水，早就喝光了，古代旅人随身携带的水，那可不是一瓶两瓶。嗓子冒烟的时候，远远地看见了嘉峪关。在古代的地平线上，像一位披甲戴盔的武士正在戈壁上策马疾驰而来，两边的城墙犹如马蹄卷起的一排黄雾。有人得救似的大喊起来，看啦，嘉峪关！一阵风吹过去，卷起一幕黄灰，嘉峪关隐去。1934 年 12 月 26 日，圣诞节的中午，瑞典探险家斯文·赫定来到嘉峪关前面的戈壁上，为嘉峪关的奇妙震撼不已。他后来写道："这个伟大的建筑，像一座复杂古老的工艺品一样，屹立在西部的大地上。"（《亚洲腹地探险八年 1927—1935》斯文·赫定）越走越近，从穿越戈壁而来的位置，只看见关楼而看不见城门。这武士并不威风凛凛，他的双脚仿佛插入了大地。并没有雄关的感觉，城墙上的楼阁像个彩色的戏楼，正在你方唱罢我登场（嘉峪关城里真有个戏台，在东瓮门外，是 1792 年修建的，戏台顶棚上绘着阴阳八卦图，背景屏风上绘着八仙图，东西两侧的壁上绘着"老僧窥女图"，还有对联云：离合悲欢演往事，愚贤忠佞认当场）。走到离关门还有几十米的地方，戈壁中出现一个灰色的小亭子，旅人走到这里，就像长篇小说的最后一个逗号，在这亭子里整整仪容，然后从容入关。这个逗号真是别出心裁，雄关只有几步之遥，从中亚出发的游牧民族，灰头灰脸，盼星星，盼月亮，已经走到绝望虚无，自己是谁都忘记了，进到这个小亭，慢下来，拍拍灰，喝口水，吸支烟，自我又回来了。小亭子就像客厅外的玄关，风尘仆仆的客人在这里缓口气，稍事休整，登坛入室才不至于仓促狼狈。这种格局只有中国才有。亭子里面立着一个石碑，上书“雄关”二字，是个将军写的，写得甚是雄浑，雄浑不只是字面的意思，字也雄浑。将军不仅横刀跃马，握只羊毫也雄浑如此，这就是文化。这两个字提醒我，此雄恐怕不是彼雄，入关不可掉以轻心。这个亭子是近年修的，但恐怕在从前，关前也是有亭子的，清人沈青崖在《柔远亭》一诗里说：“古塞通西域，岩城接大荒。一亭聊驻马，万里此离觞。”看起来这个亭子应该是修在关外。想起古人说的长亭更短亭，原来就是这个。“劝君更进一杯酒，西出阳关无故人”“莫愁前路无知己，天下谁人不识君”之类的名句，恐怕也是在这样的亭子里写下的吧。揩揩汗水，把先前捡的石头又翻出来看看，越来越好看了，其实在戈壁滩上，个个庸常，一旦脱离了庸众，就是非同凡响了。回去再为它们一个个设个木座供起来，那就得道成仙了，这几个石头叫我内心欢喜，把玩间，身上的汗已经干透，抹掉脸上的热灰，就进关去。

斯文·赫定说得不错，嘉峪关确实是工艺品，画栋雕梁、飞檐斗拱、明柱回廊，三滴水歇山顶就不说了，其间还有兽形瓦、琉璃瓦、蟠龙、狮子、门神、对联、诗词、风铃……明代一位诗人赞美嘉峪关的诗这么说“承委边关创立修，庙宇官厅可完周。磨砖砌就鱼鳞瓦，五彩装成碧玉楼。东通山海名威显，西阻羌戎第一州。感蒙圣朝从此建，永镇诸夷几万秋。”（明·王镇《修建玄帝庙碣记》）我去过一些世界上的要塞、城堡，比如莱茵河畔那些中世纪的城堡、巴黎的凯旋门、比如现代那些国境上的巨型海关，设计思路都是要给来朝者一个下马威，无不高大雄伟、壁垒森严、傲慢骄横、龇牙咧嘴、固若金汤、严阵以待。来朝者一眼瞥见，就知道它如临大敌，草木皆兵，每根汗毛都铁刺般地竖着，胆战心惊，到得面前，腿已经软了，只好俯首称臣。当我走近嘉峪关的时候，也像怀着走向罗马或者梵蒂冈的期待，但我有些失落，阳光大道尽头的那座楼阁，看起来很谦卑，文质彬彬，没有高耸入云，也不威风凛凛，恪守着天尊地卑的陈旧等级似的，俯伏在大地上，仿佛只是要烘托出苍天厚土。

但它确实是一座工事，一个关隘、要塞。“飞阁遥连秦树直，缭垣斜压陇云低。”（林则徐《出嘉峪关感赋》）如果以为它只是文质彬彬的工艺品，那你就要上当了。为什么称为“天下第一雄关”，这可不是一览无遗的。

只有几步了，还是看不见城门，只是在地表上拱出一个半圆。直到迈上城门前面的沙石起的小阜，才看见嘉峪关陷在这阜丘的后面，中间是拱门，黄土版筑的城墙向两边延伸，犹如一支埋伏着的军队。戈壁滩恰好在这个凸出的阜丘后面陷下去一台，嘉峪关就建在下面，其实如果要强调其势汹汹的话，嘉峪关只要跨前几步，就可以俯视一马平川，却屈尊在凹处，这就是玄机。不进到阜丘上是看不见嘉峪关的城门的，阜丘环护着嘉峪关，呈半月形，叫作月城，月城两侧，还挖了绊马坑，它是嘉峪关的第一道屏障。走下阜丘，这才到得关门前。敌人来到这里，忽然发现壁垒森严，掉转马头退回去已经很难了，后面挡着陡坡，只有举盾躲避城墙上的万箭齐发。到了这里，还不是嘉峪关的主城，这是罗城。罗城，就是环绕在主城外围的防御性城楼，与主城并不连接。敌人就是攻上罗城，也无法攻入主城。罗城城门上大书“嘉峪关”三字，高十余米的椭圆城门高高拱出，厚5米多的城墙两旁阵列，旌旗猎猎飘向苍天，这才看出，嘉峪关确实是一伟丈夫。叉着巨腿，似乎我们是从他的胯下穿过。城洞里的地基是长条青石，人走马踏，已经非常光滑，闪着青色的光。这是一个巨大的砖砌的洞穴，走出洞穴，主城依然不能一览无遗，迎面一堵巨墙遮住了一切，看不出任何玄机，里面“别有洞天”。嘉峪关可不是戏楼，外面看着很文气，内部却杀机四伏。进了罗城，到得主城墙下，却看不见城门，罗城与主城之间，又是一个陷阱。如果敌人突破了罗城，那么只要将罗城大门一关，罗城与主城之间，就形成一条死巷，敌人即刻被罗城和主城城堞上射下的乱箭歼灭。主城的东门柔远门还深藏在瓮城里，城门并不与罗城的门洞对应，要绕到右侧，先进入瓮城的“会极”门。进了会极门，还不是主城，这是瓮城，敌人来到这里，又可以瓮中捉鳖、关门打狗。进到瓮城里面，这才可达主城的正门柔远门。穿过柔远门，就是嘉峪关的主城，柔远门在西，光大门在东。就算突破了柔远门，西门和东门之间，又是一个2.5万平方米的杀场。“其形如龟，六面回护，辎重及重心，皆在正方形中。”（马宁邦《嘉峪关调查记》）明正德十二年（1517年）“番酋速檀满速儿犯嘉峪关”“肃州（嘉峪关明属肃州）久攻不下。”“游击芮宁败死。”嘉靖三年（1524年），满速儿又以2万骑围肃州，“焚卢舍，剽人畜”，被都御史、甘肃巡抚陈九畴挫败。嘉峪关的设计是采取守势，以阴待阳、以柔克刚。人不犯我，那么重门深宅暗藏的是礼数，从月城穿过罗城、绕进瓮城，进到柔远门，已经过了三重门，一路丝绸飘扬，笙歌锣鼓不绝，登堂入室之际，来宾们的敬畏之心、归家之心已经油然而生。人若犯我，经过这三重陷阱，铁骑也溃不成军。孙子曰：“凡先处战地而待敌者佚，后处战地而趋战者劳。故善战者，致人而不致于人。能使敌人自至者，利之也；能使敌人不得至者，害之也。故敌佚能劳之，饱能饥之，安能动之。”就是这个道理。

在嘉峪关主城的西门和东门上，分别刻着大字“柔远”“光化”。这是嘉峪关这个关隘的主题，这个关隘是为着柔远、光化而建造的。军事只是一个次要的主题。“夫文，止戈为武”。（《左传·宣公十二年》）清人赵藩有句云：“能攻心则反侧自消，自古知兵非好战。”嘉峪关不是为战而造，是为“柔远”“光华”而造，不是不战，而是不好战，先礼后兵。这种“要塞”，在别的文明也许匪夷所思，在中国文明中，却是正常。柔远、光大，对外族夷人，不是非我族类，必欲灭之，而是和其光，同其尘，以德化之，这就是中国。

中国这种思想由来已久。《左传·战国策》里面有个著名的故事，赵武灵王在赵国试图改穿胡服，遭到公子的反对。大臣说“中国者，聪明知之所居也，万物财用之所聚也，贤圣之所教也。仁之所施也，《诗》、《书》、《礼》、《乐》之所用也，异敏技艺之所试也，远方之所观赴也，蛮夷之所义行也。王释此，而袭远方之服，变古之教，易古之道，逆人之心，畔学者，离中国，臣愿大王图之。”赵武灵王是这么回答的：“夫服者，所以便用也；礼者，所以便事也。是以圣人观其乡而顺宜，因其事而制礼，所以利其民而厚其国也。被发文身，错臂左衽，瓯越之民也。黑齿雕题，系冠秫缝，大吴之国也。礼服不同，其便一也。是以乡异而用变，事异而礼易。是故圣人苟可以利其民，不一其用；果可以便其事，不同其礼。”公子从善如流，“再拜，乃赐胡服”。

就实用性来说，嘉峪关真是一个杰出的军事设施。但它更是一个生活的场所。古代匠人建造嘉峪关，不仅要考虑它的战略地位，还要考虑它的德行、它与天地神人的关系、存在的根本意义。嘉峪关不仅仅是一个耀武扬威的工事，嘉峪关不是现代的海关，而是德关，嘉峪关的德就是信任来者、虚怀若谷，“人之初，性本善”。对来宾一视同仁，以礼相待。怀柔、光大，德化、化干戈为玉帛……所以嘉峪关里面有戏台、集市、客栈、牙行、酒肆、茶寮、城边还有马王庙、老君庙、鲁班庙、相子庙、财神庙、土地祠、三官庙、龙王庙……“以礼乐合天地之化”（《周礼·春官宗伯·大宗伯》）。

嘉峪关始建于明洪武五年（1372 年）。明成祖朱棣的外交政策是“怀柔远人，厚往薄来”，“以不治治夷狄”“但有来者，推诚待之”。这种胸怀可谓博大，世所罕见。柔者，弱也。柔远、光大，必有所可以柔者，能够发光的东西。穷山恶水，穷兵黩武、侵城略地、杀人越货是当然，必生不出此等胸怀。怀柔远人，以什么怀之、柔之？

丝　绸

条条大道通罗马，直到有一天人们发现，罗马不是世界的终点，还有一条大道，越过东面的沙漠，通向沙漠后面的另一个天堂，这个天堂飘扬着丝绸。在1998年河南荥阳青台遗址的一次考古中，考古学家发现了距今约5500年的丝绸碎片。蚕在中国早已绫罗绸缎了2000多年，西方对此一无所知。直到罗马帝国兴起，丝绸才作为一种世俗的神话传说开始在西方流传。英国人彼得·霍普科克在他的《丝绸路上的外国魔鬼》一书中讲了一个故事：罗马人第一次遇见丝绸是罗马将军马卡斯·李西尼·克拉苏率领的七个军团。公元前53年，他们越过幼发拉底河，向西追击帕提亚人，在卡海地方，绝望的帕提亚人忽然亮出一面巨大的丝绸旗，灿烂夺目的光华使罗马大军眼花缭乱，搞不清那是朝霞还是黄昏，即刻瓦解，战场上留下两万具尸体。坊间流传的另一个神话是，公元前1世纪，罗马执政官恺撒穿着一件太阳般灿烂的中国丝袍去看戏，轰动，全场为之起立，围观，赞叹不已。彼得·霍普科克说，罗马的贵族男女穿丝绸成为一种风气，在公元14年的时候，已经非常盛行，罗马皇帝第伯留斯深恐这种东西会使人们堕落，于是下令禁止穿丝绸服装。在丝绸的先导下，“四夷宾服，世所贵也，其使者不远万里来者，皆有慕于中国”。一条贸易之路从中国穿越沙漠抵达西方，载着丝绸、瓷器、铁器、茶叶、中草药、香料、美玉、宝石、琉璃、貂皮、马匹……的商旅在大漠狂沙中汹涌起来。这就是公元前114年开始的“以丝绸贸易为媒介的西域交通路线”。1877年德国地理学家李希霍芬（F.von Richthofen）将这条通道称为“丝绸之路”。

隐约间，似乎又听见戈壁某处传来歌声：

祁连山高呵嘉峪关长
戈壁滩大呵地老天荒
长风万里野茫茫
雄关自古出好汉
不是骏马你莫来
不是英雄不出关

是另一支歌，不是中午在垦荒者小屋的废墟间听过的那支。

2012年4月26日星期四

阳关二记·圣敦煌记

并非所有的沙都被风吹散

莫高窟后面是巨大的沙堆，凸出沙漠和戈壁滩十多米，像几匹皮毛光滑的骆驼伏卧在苍天下。莫高窟是沙堆前面的一排丘陵般的砂岩，挡住了滚滚流沙。砂岩上开凿了一排排洞窟，里面供奉着赞美佛陀以及无数神祇的塑像、彩绘、经书。砂岩前面是一条河，水已经干了，只是河岸上白杨林立，摇曳多姿，活泼泼地，仿佛河水顺着黑暗之根流到树身里去了。狂沙过后，莫高窟继续。

沙漠环绕着敦煌，就像一种迷恋

自开凿以来，这些窟已经存在了1000年以上，灰黄色的沙粒依然堆积在那儿，风将它们吹走，风又把它们吹回原地，似乎一粒未多，也一粒不少，无法计数。一粒都不是水，但也很难说这些沙依然是那些沙，只是沙堆依旧。在敦煌天空的热光下乍见这些洞窟，人不由得会双膝发软，如果有人毫无来由地朝着它们跪下来，也很自然，这并不一定是宗教狂热引起的生理反应，这地方太神奇了，滚滚流沙忽然在大漠上停下来，凝固成坚岩，裹挟出幽秘的洞穴，盲者眼眶般深邃的黑暗里，五色从枯沙中溢出，立地成佛。

这是八月，河床干着，乱石被烤得烙铁般冒烟。本地人说，水会回来的，但不知道是什么时候，也许在秋天将尽，也许更晚。水消失了，莫高窟没干，那些不朽的线条、塑像、色彩、洞穴……继续持续着我们称为敦煌的那种东西，它超越了干旱、沙化、时间，似乎一切都对它无可奈何了。许多杰作已经散佚到沙漠以外，渡过大海，进入广阔的绿洲，深入世界各大陆的博物馆和私人房间，它们的消失恐怕只有文明本身终结。

朝拜者像狂沙般滚滚而来，又像沙一样消失。莫高窟的沙堆上经常呈现这种景象，一队轻沙如骑兵奔袭突击，忽然勒马升腾起来，在空中轻烟般散去，无影无踪，天空继续湛蓝，沙岗再次安静，等着下一回来袭。旅游团的小白旗在沙风中耀眼地晃着，我提着一瓶矿泉水，跟着那些来袭的干沙走向莫高窟。袭来和消失态势不同，袭来是新鲜地聚集，很给力，很兴奋，很张狂，很好奇，渴望着席卷裹挟一切。消失则不规则，千姿百态，各色各样，或渗入黑暗，或漏进缝隙，或飞扬万里，落到大海那边的浅滩上。但作为整体的沙漠一直都在，每一粒沙都在它里面消失了。我抓起一把，如果我的未来就是其中某一粒，我现在就是我自己的神，我也辨认不出我将是谁。沙的特征就是对具体、细节的遗忘，我们记得沙漠一词，但永远回忆不出任何一粒沙子，虽然它们绝非模子里倒出来那般一模一样。莫高窟神奇，它在沙之内创造了那种不是沙的东西。

我在2011年的秋天来到敦煌，那是8月24日。为这次旅行我准备了三十年，我一直想去敦煌，这种愿望并非我独有，我周围许多人都想去敦煌，那是一种召唤，似乎你在世，此生没有去敦煌走过一遭，就白来一趟似的。敦煌在召唤什么？我不知道，三十年间，敦煌不断地在我生命中掠过，有时候是回来的人的口头赞美，有时候是一段文字，有时候是某本书中的一幅插图，有时候是一场舞蹈……敦煌。

就宗教来说，莫高窟并非圣地，这个位于塔克拉玛干大沙漠边缘的沙丘并不是佛教的圣地，释迦牟尼没有在此诞生、成道、法轮初转、涅槃；也没有释氏丝毫的遗迹、行踪，没藏着他的舍利子。这种由于信徒们的幻觉而兴起的供奉佛教偶像的洞窟，满世界都是。敦煌不过是塔克拉玛干大沙漠中的一处航标，供奉着保佑旅人平安的神龛。“朝拜圣地的人、商人和士兵们在离开中国前往塔克拉玛干沙漠时，无不在敦煌的寺院里祈求圣灵保佑，一路平安，免遭鬼怪伤害。同样，旅行从西方回到敦煌，由于安全地越过了那块令人望而生畏的沙漠，也要在此地焚香还愿，表示感谢”。（彼得·霍普科克《丝绸路上的外国魔鬼》）宗教狂热曾经一次次拍打过这片热沙，（历史上最热闹的时候，有过两千人参加的开光大法会）但都一波波退去了，到现代，连卷土重来都不再发生。最近时代从乱世趋向唯物主义、科学主义的盛世，敦煌几成废墟。随时有天不怕地不怕者进去糟蹋。在1873年的时候，白彦虎的部队在里面乱砸塑像、用刀子在壁画上划刻、甚至纵火。1921年，四百多白俄士兵蜂拥而入，他们刮掉佛像表面的金饰，烧火做饭，壁画被熏得漆黑，“在这些可爱的脸上，有几个被涂写着俄国军队的编号，从一个宣讲莲花经的坐佛的口中喷出了一些斯拉夫人的下流话……看来，它们的末日即将到来”（彼得·霍普科克）。

敦煌，干得只剩下天空和粉末。沙是干的，宗教也是干的。只有洞窟中的那些塑像壁画经书不干，只有朝圣者的队伍不干。本来，世界传统的朝圣并不包括敦煌，朝圣者的队伍是在最近一个世纪中悄悄地壮大起来。20世纪还只有由少数先知组成零星小队（成员包括常书鸿、于右任、张大千、姜亮夫、向达、饶宗颐、段文杰……）到如今，朝圣者已经洪流般滚滚不绝了，据敦煌旅游部门统计，在2011的前七个月，前往敦煌旅游的人就超过百万。他们大多数并非佛教徒，很多人是唯物主义者、泛神论者、拜金人士、小资、驴友、工薪阶层、退休人员、恋爱中的情侣、企业家、工人阶级、民工、诗人、艺术家、银行雇员、钳工、老外、摩挲人、纳西族、僧侣、基督教徒、学生、教授、汽车司机、马夫、乞丐、小偷……总之来客不一定都与宗教信仰有关。此地也并非塞外江南、避暑胜地。也不是风水宝地，就风水来说，这地方可说是风水不转，既不依山也不靠水，凝固成丘陵的沙、块状的沙，漠漠散沙，飞沙……沙，只有沙。虽说勉勉强强有一条小河，大部分时间还是干的。风一猛就走石飞沙，天空黑成一团。这旅途很受罪，人们高一脚低一脚走过戈壁滩、穿越炉灰般的沙海，渴得要命，背着越来越沉的水壶，鞋腔里灌满炎沙，步履在沙窝里陷下去又拔出来，脚底板快烤熟了，鼻腔里塞着沙子、灰头土脸，筋疲力尽，被暴君般的毒日头烤得焦黄或者黝黑，男人挥汗如雨，女人用绽了一打遮阳伞……哦，每个人得自己带着水！

他们来敦煌干什么，烧香吗？敦煌研究院是禁止烧香的。敦煌的佛爷如今也没有香火旺盛、有求必应的名声，在20世纪的中国，宗教声名狼藉，大多数人将它视为迷信。但一听到这个名词：敦煌！就蒙召似的来了。这个圣地是圣在哪里？

此时代的人们不像过去时代那么封闭，闭关锁国的门已经一道道打开。人们见识过各种圣地——金字塔、科隆大教堂、希腊的神庙、玛雅人的祭坛、凯旋门、吴哥窟、泰姬陵、英国人的巨石阵、哭墙……或者现代主义的圣地——埃菲尔铁塔、纽约帝国大厦、蓬皮杜中心……莫高窟极不显眼，没高出世界一寸，深陷于大地的黑暗中。要不是人流滚滚，粗心些的旅行者大部分都会漠视它，就像漠视沙漠本身。几排参差不齐的洞穴，害怕似的，藏在土黄色的砂岩上，犹如原始人的寓所。砂岩前面立着一个简朴的木质牌坊，穿过这个牌坊，就进入了莫高窟。它不知道自己已经成为被瞻仰的圣地，它其实从来也没有被作为一个纪念碑或者祭坛来建造。人们创造它，只是出于朴素虔诚的信仰甚至迷信，他们得找个地方来表达自己的诚意、迷狂。莫高窟起源于一个传说，说是有位僧人曾在此地见到金光在砂岩上一闪，这就是佛陀的指示。佛陀的指示来自佛经，也来自大地，而且通常来自大地，一棵树，一处水源，一块石头。为什么指示在此地出现而不是别处呢，原因或许都差不多吧，不仅仅是神的理由，也是人的理由。流沙滚滚，营造着团聚的假象，其实永远在稀释，溃败、散离、流失，忽然间，千沙万粒凝固起来，金刚般坚固地团结了，成了沙海中一处可以停靠的岸，出现了可以避暑的阴影。是什么力量，什么胶水将它们粘合起来？只有佛陀知道。更现实的理由恐怕还是那条神秘河，它带来了水，生命得以存在。即使超越如佛陀者，也是从水开始，他觉悟于菩提树下。如果没有水，这地球至今也就像月球一样，寸草不生，更不会有什么宗教了。

砂岩被混凝土加固了，每个洞窟前面都安装了铝合金门。这些门太简陋，与近代发迹的、将敦煌视为巨大的金库、随时在觊觎的那种势力比起来，简直微不足道。幸好到处站着荷枪实弹的士兵，目不转睛地盯着参观者的一举一动。有人刚刚拿出相机来，立刻被喝止。从任人践踏掳掠的废墟到这种如临大敌的阵势，看起来就像历史的一种粗糙忏悔。我们跟着讲解员，一位戴眼镜的姑娘，她似乎与过去在洞窟里面忙活的匠人有某种亲缘关系，女儿？似乎我们是乘着那些隋末或者晚唐的大匠们休息的当儿，溜进他们的工作室。她拿着一大串钥匙，她只要把其中一把插进锁孔向右一拧，我们即刻就跨进唐去。这个唐与书本上的唐不同，与博物馆里的唐不同，这个唐是唐的作坊、工作室，不朽之作得以诞生的原址、摇篮、产床。匠人们就在这里面调色、捏泥巴、舔笔、调颜料，累了喝口水，抽支烟，有时候靠着墙打个盹。现在，他们也许只是用午膳去了，随时会转回，赶紧吧。姑娘把敦煌当局准许进门的条子递给守卫的士兵，他点点头，姑娘这才找出一支钥匙，哗啦一声，锁开了。光先进去，洞窟隐晦地明起来，闪出一股老茶才有的苦涩味。光跪到地上，又朦朦胧胧地反射到壁间，隐约看见一神端坐正中，微笑着欠身道：来了？

这是唐开凿的第N窟。姑娘打开电筒，唐呈现在洞壁上。哗然而入的观众被踩了一脚急刹车似的安静下来。这是另一个世界，刚刚完工似的，凝固于一个瞬间。

辉煌的安静

佛陀居中，垂目微笑，周围是喜上眉梢的诸神。就像一个家。没有大雄宝殿那种妙相庄严的威仪、总是令人战战兢兢、自惭形秽。佛陀慈眉善目，就像家长，不是威严的父亲，而是慈祥的母亲。菩萨是美人，美人中的美人，但不是冰雪美人，而是刚刚从梳妆台前转过身来的美人。诸神就像老师、亲人、朋友，爱人等待着你回家似的。并非静止，这厢，佛陀祥光漫溢，又灿烂又温润。那厢，菩萨亭亭玉立，春服既成，咏而归；那厢，春树茂林之间，鼓乐齐鸣，十二音雷公鼓、琵琶、胡琴、箜篌、竖琴、阮、葫芦琴、莲花琴、弯把儿琴、直颈琵琶、曲颈琵琶、陶埙……此起彼伏。这厢，马鹿在山坡溪流间散步，开着一身的梅花；那厢，飞天婆娑起舞，婆娑一词，也许就是为飞天的舞姿而命名的吧；这厢，几位仙女刚刚下凡，正在商量是去逛丝绸铺还是去逛玉石店；这厢，大腹便便、虎背熊腰，笑逐颜开；那厢，沉鱼落雁，兰质蕙心，心旷神怡；那厢，闭月羞花，环肥燕瘦，喜上眉梢；这厢，塔刹之间，旗幡飞扬；那厢亭台楼阁、茶香果鲜、“鲦鱼出游从容，是鱼之乐也。”……

表现性的。线条，有些地方粉色褪去，线条露出来。那么生动地表现了凝神这种状态，只是一笔而下，神态跃然纸上。

神就是诗意，就是无。说文解字说，神。“引出万物者也”。也就是老子说的“有物混成，先天地生”。神秘连用，说文解字说：“秘，不可宣泄”。《易经击辞上》：‘阴阳不测之谓神’注：神也者，变化之极，妙万物而为言，不可形诘者也。”不可道，不可言说，通过语言、艺术来言说。语言艺术为神创造在场。诗是通过语言来呈现神之无的最高形式。杜甫说，下笔如有神。艺术也是，无论人物，山水、草木都必须要描绘出“神态”。神态是艺术活动至高无上的追求。莫高窟里，每面一墙都是通过线条、颜料呈现的“神态”，中国神灵与其他民族的神灵升华于世俗人生之上不同。中国的神是供养在日常生活世界中，所谓天人合一。通过诗歌、文章、艺术……“生活就是艺术”的意思，也就是神在世上，因为诗歌、文章、艺术的根本就是“传神”。

古代中国是一个养神、传神的长时段。传神的时代是缓慢的慢工出细活而不是多快好省。汉以前是安神的时代，神到场。唐朝是提神的伟大时代，神被养得活泼泼的。宋是凝神的时代，神端坐不动，养得雍容华贵。清是守神的时代，神的地位逐渐式微，雅驯猖獗，神被养得呆若木鸡。五四以降是亵渎神灵和失神的时代。神被意识形态、主义取代。今天是神缺席的时代。中国神灵已经被彼岸化了。彼岸，就是被历史化了，不在场了。

敦煌保管着诸神。在那些幽暗的洞窟里无时不感觉到神的在场。

敦煌是历史，但是为什么当代人潮水般地涌去？这种历史不是书本上少数人的历史，而是活着的大众的历史。这是神性使然。大多数历史缺乏神性，仅仅是解释。但敦煌不仅仅是历史，它是神性的载体，神性是无法被历史化的，它会隐匿，某些时代它不在场，但无法被历史化。敦煌曾经被流沙吞没，但只要一旦重见天日，就依然神性熠熠，因为它已经神灵附体。

赤脚的神，与我站在同一块地上

喜悦，匠人当年的入神的喜悦依然可以感受到，他创造了他心目中的女神。也许依着他的母亲、姐妹，或者情人的样子。赋予她们吴带曹衣，他曾经在长安的春日宴见过这场景。他将云彩的感受转移到裙裾上。

壁画见的字并不多，但经常出现“诗”这个字。

暗藏着秩序。并非民主社会追求的那种平台。“唯上智与下愚不移”。佛陀就是佛陀，飞天就是飞天，金刚就是金刚，供养人就是供养人，贵族就是贵族，平民就是平民，鬼魅就是鬼魅，魍魉就是魍魉……各得其所，其乐融融但不越位，暗藏着“彼可取而代也”的念头进来，此时该会反省。平顶的金字塔结构。佛陀当然是顶，但不那么尖锐独立，鹤立鸡群。与金字塔下端各阶级保持着呼应、沟通、共享。匠人借着宗教的构图，暗示了他们的时代，赞美了他们的时代。

“见舞《大武》，曰：‘美哉！周之盛也，其若此乎！’”（《史记·吴太伯世家》）那个时代五色达到极致，既灿烂缤纷又贵乎返本；线条达到极致，既大巧若拙又匠心独运，既生动灵秀又粗犷飞扬；手艺达到极致，有鬼斧神工也有精雕细琢；丝绸达到极致、衣冠达到极致、饰品达到极致、虔诚达到极致、高贵达到极致、谦卑达到极致……亲和、美好、乐融融、喜洋洋、乐而不淫、活泼泼、尊卑有序。一个场，中正、雍容、浪漫、庄重、肃穆、飘扬、凝重、亲和、喜悦、敬畏、清秀、肥荡、素面朝天、浓妆艳抹、华丽雍容，飞动、肥荡、厚实、正襟危坐、鹤立鸡群、飞扬灵动、细节、工笔、写意、丹红紫黑，绘事后素、知白守黑、阴阳交错……彼此呼应、无数的极致、无数的消极气象万千地交织在一起，饱满、适度于恰好，止于至善。正是所谓“人与天调，然后天地之美生”。（《管子·五行》）

这就是传说中所谓的“化境”，唤起的不仅仅是宗教的执迷不悟，更是芸芸众生的共享。信者可以共享，不信者也可以共享。一种妙不可言的对话氛围，令人心灵苏醒，欲言又止或者滔滔不绝，赞不绝口或者得意妄言……自从汗牛充栋的阐释开始之后，探微索幽的文字浩如烟海，但说来说去，听起来似乎只是两个字：美妙。

连美妙都不能说，美妙是什么，无法释义，废话。如果敦煌可以像经书那样宣讲、释义、定义，何必来敦煌？

敦煌必须亲临，你得睁开眼睛、抛弃观念，身临其境，回到看，然后才能观。一天下来，看了七八个窟，累极。每个窟都令人感动以致麻木不仁。其实看一个窟就够了，足够看一辈子。敦煌的觉悟是一个漫长的过程，每个窟都局限于一个洞穴，不过四十平方米左右。但每个场都是无限的，气韵流动，暗藏着领悟、感悟、醒悟、独悟、渐悟、参悟、顿悟、觉悟、大彻大悟……你得有时间。

觉悟。说文：觉，悟也。悟，觉也。觉就是感觉、知觉、触觉、嗅觉、听觉、视觉、觉察。觉就是回到身体，通过感觉而不是观念觉悟。在莫高窟，匠人们创造了一种貌似自然的场、客体，在这些“世界三”的神龛中，人们可以获得一种现场式的喜悦、爱慕、感动、震撼、觉悟。你怀着观念而来，最后理屈词穷，迷失在美妙的感觉中。这不是一种观念，而是一种感觉，一种喜悦和快乐，从这个被唤醒的感觉开始，你可以走向觉悟。犹如春天的喜悦之树，在风中。

这些洞窟是一个个场，不是经文、不是观念。也许它们冲动于观念，但一切执迷都在场里面活泼泼的了，这个场你可以做宗教解，也可以不做宗教解。这个场创造了一种魅力，魅力是比观念更古老的东西。这个充满魅力的场域引领我们越过一切观念，看见超越了观念无法释义的美妙。敦煌已经不是某种宗教、某种观念、某种意识形态、某种教条，它们理屈词穷，敦煌升华到更高的层次，美轮美奂，使它得以诞生的初衷——宗教，也显得世俗了。敦煌比佛教更美妙。

敦煌是表现性的。这种表现与佛教艺术的源头犍陀罗或者希腊的逼真、写实、通过艺术表现观念不同。敦煌的表现是线条、色彩、笔触、造型、布局……画什么是规定性的，因此画什么已经不重要了，重要的是如何画。主要的表现工具之一毛笔本身就是表现性的工具。这种表现呈现为一种更高的精神力量，它不会因为描绘对象的负面意义而画出负面形象，就像书法，不会因为丑这字的意义而将它写得难看。人们在敦煌看到的是圆润刚劲的丑，中正端庄的丑。飞天，当然是美妙的，这是一大群可以命名为飞天的线条，灵动飞扬的线条。道法自然，它不再是自然世界的线条，而是精神性的线条，是这种线条导致的迷狂令人回味世界之存在，世界之美如斯。

宗教，要从宗教的立场才可理解。敦煌，不信仰佛教的人们也会着迷，不是着迷于敦煌的宗教意义，而是着迷于它的美。世界美如斯。

“遂古之初，谁传道之？上下未形，何由考之？冥昭瞢暗，谁能极之？冯翼惟像，何以识之？明明暗暗，惟时何为？阴阳三合，何本何化？圜则九重，孰营度之？惟兹何功，孰初作之？”（屈原）在宗教那里，创世纪是先验的。在敦煌，每一个人凡人都有可能超凡入圣。诸神是人在人间的当下创造出来的。宗教只是一种自由创造的启动器。

我站在这里，呆若木鸡、睁大了眼睛，陷入迷狂，不是宗教的迷狂，是艺术的魅力导致的迷狂，世上竟有这样的迷药，比宗教还迷人。我想看个究竟，却感觉到虚无。

此行，同行的有几位素昧平生，也不是佛教徒。敦煌使我们成为同道、至交。

莫高窟与世界圣地普遍的阳性，凸立出来不同，它是一个阴性的整体，等待着深入。人们像来自黑暗宇宙的精子，朝着这些幽邃的洞穴走去，在那里深藏着灿烂而宁静的五色，你也许因好色而再次诞生。

敦煌不是灵光一现的结果，为创造它，无数匿名的大师、工匠、艺人前仆后继，不是飓风般的激情，而是持久如沙漠、平庸如沙漠的激情以及一代接一代的越来越炉火纯青的手艺，直到时间认输，直到后继者体会到那种再也无法超越，到此为止的绝望，时代丧失了再次开凿创造新作品的勇气、激情、氛围、能力、灵感、虔诚、专注和手艺，只有顶礼膜拜、守护、保管、阐释、考证或者嫉妒、盗窃、剽窃、模仿、毁灭的份了。第一个窟、第一根线条、第一块泥巴、第一抹钴蓝、第一尊塑像……出现于北周。唐文《李克让重修莫高窟佛龛碑》记载，前秦建元二年（366 年），僧人乐尊路经此地，忽见金光闪耀，如现万佛，于是便在岩壁上开凿了第一个洞窟。开凿并塑造的活动经历了隋、盛唐、中唐、晚唐、宋、隋、元、明、清……持续了 18 个世纪之久。直到 20 世纪，人类的意识形态全面改变了，唯物主义席卷沙漠，这一辉煌的艺术创造才告终结。

敦煌是匿名的，在 4 世纪到 9 世纪的壁画中，找不到关于作者的任何资料。（之后偶尔出现作者的记载，只有 40 多条，有名有姓的壁画作者仅平咄子等 12 人。）作者已死，作者已经匿名。佛陀一再告诫不要立偶像，神自己是自己的偶像，佛涅槃之后是不可见的在者。匠人们创造的是神，揣摩、创造偶像意味着作者比神更高，这是一种得罪，他们怎么能落下自己的名字？落名等于招供神是他创造的。匿名者因为匿名而自由，他们可以天马行空地想象并创造心中的诸神。无拘无束到这种地步，比如菩萨（菩萨是梵文菩提萨埵（Bodhi－sattva）简称，本是释迦牟尼修行而未成佛时的称号，后泛用为对大乘思想实行者的称呼）造像，“今之画者，但贵其丽之容，是取悦于众目，不达画之理趣也”（宋·郭若虚）“妍柔姣好，奇衣宝眼，一如妇人”（唐·赵公佑）“慈眼视物，无可畏之色”（元·释圆至《牧潜集》卷 4《赠塑者张生序》）“造相梵像，宋齐间皆唇厚鼻隆目长颐丰，挺然丈夫之像。自唐以来，笔工皆端严柔弱似妓女之貌，故今人夸宫娃如菩萨也。”（宋·释道成《释氏要览》卷中）

千年过去，我依然感觉他们如何道成肉身，线条和色彩与他们的心灵，眼睛、手、动作合为一体。

佛教最初是不立偶像的。公元 1—3 世纪前后，最早的偶像出现在印度的犍陀罗，受到希腊艺术的影响。“直鼻深目、脸型椭圆、波状的头发、衣服褶襞的表现形式都属于希腊风格”（宫昭治《犍陀罗的希腊式佛教美术》）希腊人热衷美感之一的是崇高，康德说，“真正的崇高只能在判断者的内心中，而不是在自然客体中去寻求。”“崇高的性质激发人们的尊敬，而优美的性质则激发人们的爱慕。”敦煌以西的佛像都有一种崇高感。“按照超人的人、人的神格化来造型。”佛陀被塑造成神圣世界的王者、英雄、伟丈夫、领袖的形象。“强调精神力量的伟大……与世界的支配者、解放者罗马皇帝相媲美”（宫昭治《犍陀罗美术寻踪》……佛像出现后，开始流传。”“诸方国王遣工画师摹写”（法显《佛国记》不仅传来了像，也传来了“褶襞”、音乐，传来了“色”：胡粉、藤黄、牦牛黄、姜黄、竹黄、胭脂、靛青、铜青、石青、空青……“秦汉以前，分颜色为两大类，即正色与间色。各有五种。正色为人们所推崇，间色为人们所厌恶。“魏晋以后，西方各种色料输入，极大地改变了中国本土旧有色彩观念的约束，在保持崇尚‘正色’的基础上，‘间色’逐渐开始流行，如汉代以后才有的青黛蓝色（即蓝靛，俗称靛青）就是从印度传来，又如铜青（即扁青）、石青（即空青）等，也均‘出波斯园’。”（陈竺国《汉魏以来异域色料输入考》）“五色令人目盲；五音令人耳聋”，“是以圣人为腹不为目，故去彼取此。”（老子）莫高窟与这种传统背道而驰。

在早期的作品中，顶礼膜拜、亦步亦趋，线条僵硬。（比如

275 窟北凉时期的塑像。）但按照中国人、中国经验、中国式的世界观，比如“道法自然”“不偏之谓中，不易之谓庸。”来修改、补充、再造的活动也开始了。逐渐地，佛陀的形象走下了印度传来的那个神龛，它不再是伟丈夫、王者、人生方向的制定者、男性，而是人间的赞美者、庇护者、家长、母性的。诸神的形象也更为优美，更为亲和，既不与世俗世界同流合污，也没有鹤立鸡群，高高在上。可以共享的美妙。唐本身是一个自由解放的时代。汤用彤说，“隋唐佛学有四种特性，一是统一性、二是国际性、三是独立性自主性；四是系统性”。佛教已经中国化，“中国性质多的佛教逐渐兴盛。到了宋朝，便完全变做中国本位理学”。敦煌在唐达到高峰。这个高峰已经超越了它的初衷——宗教激情。

从塑神到塑仙。匠人把神变成了仙。仙是在人间的。麻姑是一仙女，颜真卿在《南城县麻姑山仙坛记》中写到麻姑：“是好女子，年十八九许，顶中作髻，余发垂之至腰。其衣有文章，而非锦绮，光彩耀日，不可名字……”

“妇女的面部化装，从敦煌各画看来，与唐人诗文中所说，也无甚变化。脸上无不施脂粉的，有的是艳如芙蓉，正是白居易的‘脸如芙蓉胸如玉’。口唇则有胭脂，岑参所谓‘朱唇一点桃花殷’。也有作泥黑色的，大概是所谓胡俗（白居易《时世妆》所谓‘乌膏’）。两颊或口的左右，或施红色的画点，也有用黄色的，这即唐人诗中所谓的‘妆靥’。妆靥除红、黄两色外，有用纯圆点的，有作一弯新月形的。在于阗公主曹延禄妻李氏供养像群的妇女面上，红、黄色圆点满面，多至八九处，有的点在眉上，下唇下，两腮诸处。额上施黄粉，名曰‘鸦黄’或‘额黄’，温庭筠词所谓‘蕊黄无限当山额’者是也。额上又有所谓‘花钿’，这是唐人常制，在敦煌也有额间用红，花钿不用贴而以红、绿色画者。此等头面饰，以唐以后诸窟为最甚。魏、隋各窟为简单，此情少见。”（姜亮夫《箚记之廿四：敦煌——伟大的文化宝藏》）

我曾经拜访姜亮夫先生的云南故居，在昭通故城的一条小街上，土红色的临街木楼，两层。里面藏着小院子，一个小天井。亮夫先生的房间仅够放下一床一桌。泥巴糊就的老灶还在，支锅的口子旁边还有另一个被泥巴糊住的细长瓦缸，人家告诉我，这个瓦缸利用主灶的余温，可以保证这家人总是有热水。实惠干净、知书识礼的旧式家庭，完全看不出出生于此的人物将于那个敦煌发生什么关系。仅仅由于那个灶也是用泥巴糊的？或许，敦煌有另一种寻找它的灵童的仪轨，通过知识以及对知识的超越？当我读到亮夫先生释读敦煌的这一段，内心一亮。敦煌的超越性正在这里，它是通过艺术的在场，在笔墨中，在时代之象中（“朱唇一点桃花殷”），恍兮惚兮，又超越于时代，而时代是什么？宗教的迷狂。因此它可以在宗教式微的时代，依然光辉灿烂。

158 窟。微明。大佛睡在沙漠上，安然垂目。匠人匿名于佛中。而佛匿名于敦煌。敦煌匿名于沙漠，沙漠匿名于宇宙。微之伟大。微妙之伟大。不是奇妙。是微妙。神妙乃是微妙。不是奇妙、绝妙、巧妙、精妙、高妙、奥妙，是“妙不可言”而不是所谓“妙语惊人”。“常无欲以观其妙——《老子》。”王弼注：“妙者，微之极也。”

神仙世界里藏着许多诚惶诚恐，渴望加入仙人队伍的供养人。供养人乃一切造像中最人间化的，完全是画师们现实世界中的人物，地主富豪凡夫俗子以跟着敦煌超凡脱俗为荣。在敦煌的时代，人们衡量生命的价值，乃是依据他们与神的距离而不是与财富的距离。一掷千金的供养人大有人在。

425窟，坐佛如祖母。375窟，得道成仙的马匹。57窟，胁侍菩萨以及后面的五位美人太美，太美！画得出这等美丽只有仙人。220窟，一支世界最美丽的乐队，长裾飘飘的乐队。这种乐队从未在西方音乐史上出现过。静止的洞窟中仿佛可以听见仙乐在响。328窟有一组伟大的塑像。中正、庄严。伟大的文明最后创造的不仅仅是观念或者知识。还有一种存在于空间、似乎可以抚摸到的质地：肥荡、飘逸、深厚、圆润……

当宗教式微，这个千年前就完成的伟大高峰才水落石出。

“历时千年，包含魏、隋、唐、五代、宋、元凡六个大的时期，内容除大乘佛教的传说外，山水台阁、人物车马、花鸟图案、塑像之类。无一不备。真是天造地设唯一无二的艺术博物馆。”（向达）“现存有壁画的洞窟四百余（洞窟735个，彩塑2000多身，壁画45000平方米。）就是世界上仅存的最伟大的中国古画博物馆了……南北朝到元代上下一千年各时代的艺术有系统地保留着陈列着……可以看到盛唐的艺术形式，渐渐地把狂放改为整饬，走上了雍容华贵的境界充分……说明了一个伟大民族的深厚文化基础和雄强的创造力”（吴作人）“我除了惊讶得目瞪口呆外，再无别的可说……现在我才第一次明白了，为什么我要远涉重洋，跨过两个大洲……”（兰登·华尔纳）“沙漠中一个伟大的美术馆。”（米尔德里德·凯布尔）

但是，这个伟大的博物馆并非起于一个深谋远虑的宏伟计划，道法自然，这场在沙漠深处如喜马拉雅般崛起的中国艺术活动一直任其自生自灭。谁有能力供养匠人，谁就可以前来开凿洞窟。这一代人的窟倒塌了，另一代人的窟再次开始。最后，只有那些最坚固、最美丽的窟能够穿越时间。穿越时间就是在时间中匿名，匿名于万物之中。道法自然，就要顺应时间。在唐的辉煌之后，敦煌一日日走向匿名。匠人们创造的敦煌道法自然又超越自然，超越自然又“复得返自然”。敦煌不是虚名，而是存在。存在就是能够成为自己，秋天成为秋天，河流成为河流，敦煌成为敦煌，然后又回到万物，周而复始。自前秦建元二年（366 年）敦煌兴起到 19 世纪末期，敦煌已经被世人遗忘，仿佛回到沙漠，不再有作者，也没有信徒，似乎这一切本来就“在那儿”。

只要文明崛起，存在就会被命名，再次命名。

1907 年 3 月 12 日，当用几匹骆驼驮着盛着饮用水的马口铁水箱、测量仪器、照相机等辎重在沙漠中疲于奔命的英国人马克·奥利尔·斯坦因来到敦煌的时候，“看守”它的是一个名叫王圆箓的道士。在斯坦因看来，这位“胆小怕事、还不时流露出一种令人讨厌的狡猾的表情”的“阿 Q 式保管员”与伟大的敦煌博物馆极不相称，一只蚂蚁看守着一头大象。但是，王圆箓确实在保管着敦煌，他被当地人叫作“王阿菩”。王圆箓式的保管在中国已经持续了数千年，他不过是依据传统，模仿前辈，也在敦煌主持了一个窟的塑造。正是一个又一个的王圆箓，前仆后继，使敦煌香火不断。正是王圆箓式的献身，保管着古敦煌。敦煌从来不是博物馆，它是不朽的神龛啊！斯坦因很看不上王圆箓修建的窟，就艺术价值来说，它完全不能与过去时代的窟相提并论。王道士那个窟里的塑像我也看了，呆板僵硬因为过于诚惶诚恐。如果王圆箓是美术系大学生，他绝不敢在敦煌面前轻举妄动。但是，王圆箓是一个信徒。对于信徒来说，为神造像只在于虔诚的程度。不存在好坏，“不好”的神像谁敢造？谁又造过啊！只有现代人能分辨神像的好坏，在古典时代，艺术的是非不在美学上，只在于内心看不见的灵犀是否天真、诚实。敦煌的诞生和持续首先是虔诚，狂热的宗教热情导致了伟大的艺术，敦煌并不是伦勃朗先生的客户订单，匠人们绝不会左眼瞟着颜料，右眼瞟着卡塞尔双年展策划人，渎神的时代还很遥远。落日下，敦煌像沙漠一样灿烂，似乎正坦然迎接沙漠的吞噬。匠人们在匿名中创造着伟大的作品，这些作品从来没有观众，没有媒体，只有信徒。

直到西方人到来，敦煌与世界的关系才改变了。敦煌不再是神龛、神器、神的匿名寓所，而是博物馆的价值连城之物。斯坦因绝不会对敦煌诚惶诚恐、顶礼膜拜，但他也欣喜若狂，对于他来说，敦煌是一只不幸地就要被流沙吞噬的大金柜。

如果不是斯坦因，世界永远不会知道中国道士王圆箓。

斯坦因名垂青史，被西方视为伟大人物“同时代人当中一位集学者、探险家、考古学家和地理学家于一身的最伟大的人物”（欧文·拉铁摩尔），他看见的敦煌是大英博物馆未来的一部分。博物馆是西方文明的产物，基于西方思想的根基。存在首先是一种原罪，然后是对象，资源。神是不在场的，神是一个虚构的彼岸。词典解释说，“博物馆是征集、典藏、陈列和研究代表自然和人类文化遗产实物的场所，那些有科学性、历史性或者艺术价值的物品进行分类，为公众提供知识、教育和欣赏的文化教育的机构、建筑物、地点或者社会公共机构”。公元前3世纪，埃及亚历山大港成立了一所庞大的博物院，以研究学术为重心，设立图书馆，并收藏珍贵文物。

史家对王圆箓颇有微词，他被暗示是一个贪图小便宜而使伟大文物流失的罪人。敦煌道士王圆箓完全没有博物馆的概念。他是一个好人，也是一个虔诚的信徒，“他除了为他的两个侍僧和自己在生活上所必需化的钱以外，他节省下来的每一文钱，都是作为修建这所庙宇之用的”。王圆箓不知道博物馆，迎神容易送神难，敦煌属于神，谁会动它？谁又敢动它？往昔时代的灭佛，灭的只是神的在场，谁能灭神？神灵像万物一样自生自灭。自生自灭，也是神在世或者隐匿的方式。王圆箓其实是一个匿名者，像千千万万的善男信女一样，他仅仅是在为自己的一生追求一个善果，为此他清贫而虔诚。斯坦因发现，用金钱或者考古学、博物馆来说服王圆箓是无效的。史家将这一点说成是王圆箓的无知愚昧，而在我看来，这是世界观的不同。伟人斯坦因无法改变小人物王圆箓的世界观，于是他玩小聪明，在敦煌导演了一出骗局，“这是我们时代，最富戏剧性的考古发现之一”。（兰登·华尔纳）他说服王圆箓将敦煌手卷卖给他的理由不是一个博物馆理由，而是一个良心、道德感和宗教虔诚上的理由。“以考古学为理由，来说服这个半文盲的和尚，是徒劳的”。“单单以金钱诱惑作为一种手段来战胜他显然是无用的”，“为了让这座庙宇以及在宗教上的修功积德而毅然担负起对它的修复工作所表现出的献身精神，是出于至诚的”。斯坦因知道，王圆箓坚持的愚昧世界观（不仅仅是宗教，也是信奉名教的中国普通人千年来做人的基本道理）固若金汤，无法摧毁，只能利用。“他想，如果他对王圆箓提到大多数中国人热爱的护法圣徒玄奘的名字，也许会触动王的感情”“果然，经他一提，道士的眼睛就立即放光了。”其实斯坦因完全无视王圆箓的世界观，视这种世界观为愚昧、落后，他效忠于博物馆的伟大事业属于西方在世界范围内兴起的以工业化为武器的现代“祛魅”运动的一部分。这种祛魅运动像中世纪的猎巫运动一样，绣着十字架的大旗迎风招展，只是绞刑架已经不文明了，征服世界，还有更文明的方式了。文明的使者斯坦因先生不会有丝毫的负罪感，他诱使王圆箓相信他自己就是一个当代的西方玄奘，负有让敦煌手卷重归印度的使命。斯坦因用半通不通的中国话告诉王圆箓他是如何的热爱玄奘“追随他的足迹，跋涉万里，越过杳无人迹的高山和荒漠……经过千辛万苦才到达玄奘去过的寺院”。是的，探险家斯坦因吃了不少苦头，但他没有告诉王道士的是，他的“取经”将让这些通灵的经文在博物馆中从神器变成博物文件，作为文明标本死去。事实上，斯坦因骗取的敦煌经卷后来在大英博物馆里的命运正是尘封。而玄奘取经却是要使这些经卷在大地上传播，在人间活起来。1907 年春天在敦煌黑暗窑洞中的烛光下的那些貌似诚恳的谈话事实上是一场场阴谋，“王道士热情而兴奋地指点和解释着每一幅壁画，有的是玄奘降服了吞食他的白马的龙并迫使它吐出来……有一幅画的是玄奘正站在一条激流上，那匹满载佛教经卷的马就站在他身旁……斯坦因写道：这幅画显然是关于这个历史上的旅行家，如何安全地从印度用二十匹矮种马驮回经卷的故事，但这个虔诚的守护者（王圆箓）是否能够从这个故事中得到启发，愿意积下阴功，让我把那些古代佛教手写经卷带回佛教的老家去呢?”王道士当然不会把这个“鬼子”与玄奘联系起来。但王圆箓必定中招，因为这是一个基于不同世界观的骗局，骗子心安理得，被骗者同样心安理得。斯坦因通过蒋孝琬将斯坦因不便说的话（有关玄奘翻译经文的事）告诉了王道士，并使道士相信，玄奘显灵了，他选择了这个时刻让斯坦因知道经卷的存在，是希望斯坦因把这些经卷带回印度去。“这一预兆在这个虔诚的王道士身上，很快就起了作用，几小时之内，石窟中储藏着手卷的墙就被拆除了，斯坦因借着原始油灯的一丝光亮，注视着藏书的密室。这一情景使人回忆起另外一次，大约十五年后，霍华德·卡特借着摇曳不定的烛光，注视着杜唐卡门（杜唐卡门：公元前十四世纪的埃及国王，其陵墓在1922年被发现）陵墓的情景”。王道士一直担心的是这样做是不是一种“虔诚的行为”，担心他的“宗教影响”是否会因此减弱。斯坦因也心神不安，“约在十六个月后，当所有二十四只装满手稿的箱子和五只装有经过仔细包扎的绘画、绣品和类似的古代艺术古物的包裹，已经平安地堆积在伦敦的英国博物馆里，这时我才真正宽慰地舒了一口气。后来在给一个朋友的信里，斯坦因又提到：对所有这些东西他仅仅缴纳了130英镑的税。”（以上引自彼得·霍普科克《丝绸路上的外国魔鬼》）

斯坦因和王圆箓的故事令我想到福克纳的一篇小说，叫作《菊花》，说的是一个卖桶的人来到乡村，看见一个村妇正在整理自家种的菊花，卖桶人想把自己的桶卖给她，但妇人并不需要桶。这家伙就赞美妇人的菊花怎么好看，说得妇人心里高兴，就买了一个桶，临走，还送他一盆菊花。故事的结尾是，卖桶人走后，妇人恰好有事也出门，走不远，就看见她的菊花被倒在大路中间，车轮子压过去，菊花被倒掉，盆带走了。

断碣残碑，都赋予苍烟落照。无数自以为是的疯狂造像以及对它们的物化都已经被时间之沙吞没，万有归一，都是恒河沙数。印度犍陀罗的佛龛，如今只有些残片，佛教后来在印度不传，宗教式微了，附着于它的一切也烟消云散。尽管从前的激情也许超过敦煌，但在印度，没有留下“敦煌”这种东西。“敦煌自汉至唐，为中西交通孔道。人文极盛。外来宗教如佛。如祆。如景。如摩尼。皆先后集其间。”（陈寅恪）最后只剩下敦煌，莫高窟独立瀚海。

有一位僧人在微博上说“有一天，佛法将不会再存在……有一天呢，我们将不再听到慈悲、智慧、修行这些话，看不见那些黄衣飘飘的僧人，也不再听见悦耳悠扬的诵经声了……有一天呢，我们会与所有的善知识告别，直到他们消失在记忆的深处……有一天呢，我们不会再为佛法争论，不再批评别人的修行，因为这些概念已经都不再存在了……”

其实，早在元朝，敦煌的宗教激情就已经消退了，日本学者大岛笠子在《元代的敦煌》一文中认为：“佛教虽然没有被废除，也不过是继续存在而已，敦煌在元代确实不是一个引人注目的地方。”

1930 年，陈寅恪在其所撰的《陈垣敦煌劫余录序》提出“敦煌学”的概念，“敦煌学者，今日世界学术之新潮流也”。

“清光绪二十六年四月，洞中佛龛坍塌，故书遗画暴露，稍稍流布。时人不甚措意。三十三年，匈人斯坦因、法人伯希和，相继至敦煌，载遗书遗器而西，国人始大骇悟。”

骇悟的是什么?

与世界诸多文明基于某种准宗教不同，中国文明可以说是基于文教的文明。

最初，人在黑暗中，“天下荡荡，无纲纪文章。”《诗·大雅·荡序》文明使人祛除黑暗的遮蔽，成为仁者，仁者就是第二个人。子曰“仁者，人也”。与世界其他民族不同，中国文明是以文照亮生命。文明一词乃中国独有。《易·乾》：“见龙在田，天下文明。”孔颖达疏：“天下文明者，阳气在田，始生万物，故天下有文章而光明也。”“文，错画也。象交文。今字作纹。”《说文解字》“古者伏栖氏之王天下也，始画八卦，造书契，以代结绳之政，由是文籍生焉。”《尚书序》“织文鸟章，白旆央央。”《诗·小雅·六月》“青黄杂糅，文章烂兮”《楚辞·九章·橘颂》“经纬天地曰文”《左传·昭公二十八年》“五色成文而不乱”《礼记·乐记》“昭文章，明贵贱”（《左传》）“刚柔交错，天文也；文明以止，人文也。观乎天文以察时变，观乎人文以化成天下。”《易经》

文明在中国就像宗教一样。文的诞生也是神性的。创造文字的仓颉是一位神。“仓颉四目。”《论衡》《淮南子》：“昔者仓颉作书，而天雨粟、鬼夜哭。”

但文明不是异域所谓宗教，而是文教。“仓颉作书，以教后嗣”《仓颉篇》这个教，就是文教。“子曰：‘周监于二代，郁郁乎文哉！吾从周’。”“子以四教：文、行、忠、信。”（《论语》）

“言文者，宣教明”“盖文字者，经艺之本，王政之始。前人所以垂后，后人所以识古。故曰：‘本立而道生。’知天下之至赜而不可乱也。”（说文序）“文，犹美也，善也。（郑玄）“三百里揆文教。”《书·禹贡》“武志既扬，文教亦熙。”（韩愈《河南府同官记》）“圣云继之神，神乃用文治”杜牧《感怀诗一首》“文化不改，然后加诛”（刘向《说苑》）“自昔五代之余，文教衰落，风俗靡靡，日以涂地。”（《谢欧阳内翰启》苏轼）

文化，以文化之。文，将形而下的肉身引向形而上的精神领域。生命乃一黑暗之身，文化就是文身，去除无意义之黑暗对生命的遮蔽，立心，赋予存在意义。文化世界，谓之文明。“以字符照亮文化言语；以味道照亮文化饮食；以瓷照亮文化泥巴；以水墨照亮文化山水；以园林照亮文化石头、花鸟虫鱼；以纹饰照亮文化器物；以丝绸、绣片照亮衣物；以书法文化照亮线条；以兰花文竹照亮文化一草一木……”文的最高表现就是雅致。雅又是至德、至善的体现，文的过度就是雅驯、文过饰非。在中国，最高之人，乃是文人。“厘尔圭瓒，秬鬯一卣，告于文人”《诗经·大雅江汉》“大哉尧为君也！巍巍乎！唯天为大，唯尧则之。荡荡乎民无能名焉，巍巍乎其有成功也，焕乎其有文章！”（《论语泰伯》）“立文之道，其理有三：一曰形文，五色是也；二曰声文，五音是也；三曰情文，五性是也。五色杂而成黼黻，五音比而成韶夏，五性发而为辞章，神理之数也。”（刘勰《文心雕龙·情采》）敦煌，就是这种神理之数的结果。

更伟大者，这种文化还要文化照亮文化，敦煌起源于宗教的激情，如果只是教条主义，那么早期匠人的顶礼膜拜已经完美。但是，敦煌的创造并没有到亦步亦趋为止。与其说敦煌那些匿名的作者是一批艺术家、工匠，不如说他们是文人。这些伟大的文人创造了“敦煌”这种东西，曹衣出水，敦煌超越了它的宗教起源，超越了它的实用性。通过艺术之纹，文化了宗教。

宗教兴起于对大地世间的绝望和对彼岸的向往。文教则赞美大地人间，道法自然。“大块假我以文章。”

宗教基于升华出世界的激情。激情会消退，一旦宗教式微，文就是精神世界最后的、终极的守护者。这一点在现代西方发生了：“文化本身是为人类生命过程提供解释系统，帮助他们对付生存困境的一种努力。”“某种总体的意识形态是关于丰富的现实的一个包罗万象的体系，它是充满激情的一系列观念，它试图全面改造生活方式。通过强调必然性，通过调动追随者的激情，19 世纪的各种意识形态已经完全可以同宗教分庭抗礼。”“对于激进的知识分子来说，旧的意识形态已经丧失了它们的真理性，丧失了它们的说服力。”“近五十年来，由于宗教伦理严重侵蚀……致使文化掌握了倡导变革的主动权……”“社会行为的核准权已经从宗教那里移交到现代文化手中……取得了君临万物的地位”。（丹尼尔·贝尔《资本主义的文化矛盾》）象征派诗歌、表现主义、印象派的绘画、波普艺术、杜尚、安迪沃·霍尔这些人的出现，可以视为西方工业化社会试图通过文化为社会重建价值系统的一种努力。

敦煌乃是最后的、终极的。敦煌，文教之圣地也。

起源于宗教狂热，但最终超越了它而不朽者。那些佛教徒，那些匿名于狂沙的伟大艺人创造了超越宗教的东西——圣敦煌。

人们穿越沙漠来到敦煌，顶礼膜拜的是圣泥塑、圣壁画、圣铁线描、圣兰叶描、圣中锋、圣钴蓝、圣土红、圣朱砂、圣赭石、圣铁红、圣雄黄、圣湖绿、圣石青、圣石绿、圣铁黑、圣泥金、圣砖、圣竹简、圣书、圣吴带当风、圣曹衣出水、圣第45窟、圣第154窟、圣第99窟……

圣敦煌

无数匿名于沙漠的工匠艺人创造了敦煌。他们像恒河沙数一样，环绕着自己的作品，风将他们吹去，他们又从别处回来。

入夜，敦煌的天空满天星子，一颗颗旋转着，就像被解放的沙子。下面，黑暗里，莫高窟在黑暗里，就像一个沙漏。

2012年4月27日星期五写

2012年9月24日星期一再改

陇上行

大年初二，由陇西布衣邵氏带路，我们一干人再去陇上，以敦煌为轴，四下漫游。

说是去取经也可以。经，常也。经，可以是经典、“经者，纲纪之言也”，也可以是知识、常识、经验、生活方式……大到玄奘取穿越沙漠取来的《大般若经》，小到向隔壁邻居求教一碗牛肉拉面的制法。取经之事每个时代都有，玄奘去印度，甘地去英国，鲁迅叫作拿来主义，经的含义和存放地各时代也因人而异，你认为那是经，那就是。此时代以为是经的东西，彼时代或以为是邪说，放之四海而皆准的东西只是在历史的短时段中，而在历史的长时段，什么是经？恐怕还是那种能够“生生”的东西，生生之谓易，易经之所以不朽，是因为它说的道理经得住长时段的考验。怎么都行，但是要生生，如果一本正经只令文明断子绝孙，那就是邪说。取，索取、择取、取舍。取必有舍，取也是一种遮蔽，取这个舍那个，文明就不一样了，如果玄奘当年西域取经，取来的是希腊罗马的羊皮书而不是身毒的贝叶经，中国的历史恐怕又是一番面目。所以王安石告诫："深思而慎取"。

我以为在此时代，取经已不必漂洋过海，许多过去时代的常（"常，质也"。）（《广雅》）"未变曰常。"（《易象下传》）常，也可以说是经验，（注意经验这个词，它有经历的含义，也有经久、经典、经常的含义。）由于维新、反常的流行而被大规模地毁灭、遗忘、遮蔽，往昔时代里的庸常者被升华到经的地位，常识成了真理。在玄奘时代，"南朝四百八十寺，多少楼台烟雨中"，敦煌那点香火简直不值一提。又比如往昔时代很普遍的绣工、手工、刻工、书法、唱腔、厨艺、园艺……失传令它们像传奇、秘方、古董那样稀奇起来，本来是庸常的存在，被时代升华了，从前暗藏在本相中的经典品质水落石出。往日陇上，唱梆子的、剪窗花的，演皮影戏的、拉面大王、塑佛像的、画栋雕梁的……今日令我们大惊小怪、目瞪口呆、叹为观止的鬼斧神工到处都是，也就是个糊口的手艺而已。这个时代的庸常事物的水落石出不是时间打磨的结果，而是时代的大革命、大拆迁所致，许多庸常事物仅仅由于守常，就成为特立独行。当宗教运动的洪流只剩下敦煌一处，敦煌就是诺亚方舟。伟大唐朝的庸常世界，只能靠这凤毛麟角的沙漠之舟去回忆、猜想了。对于有心人，在这个时代去敦煌与玄奘当年去印度是同等重要的事，曾经被印度遮蔽着的敦煌已经被时间去蔽。佛教在印度都成了少数，敦煌还在着，因此它今天比北周或者晚唐更接近它的本相。这种本相的显现需要在宗教狂热消退之后，我不是唯物主义者，但也不是佛教徒，敦煌的魅力吸引我，那是另一种比导致了它的诞生的宗教更广泛的神性。其实敦煌在创造出来的时候就已经超越了它的宗教性的实用功能，有着比宗教更持久的美学力量，等待着更广阔的共享，只是时间未到而已。滔滔者天下皆是，经典遮蔽在庸常中。匮乏，又令经典于庸常中水落石出。这就是文明的阴阳两仪，有无相生。敦煌很幸运，它居然躲过了 20 世纪的反传统洪流，躲过了“文革”，沙漠庇护了它的材料，它的高超手艺又保护了它自己，美的庄严妙相令任何时代的标新立异都不敢在这得道者面前轻举妄动。敦煌的庸常手艺已经创造了这种伟大力量，那就是：“天行有常，不为尧存，不为桀亡。”（荀子《天论》）但是，庸常的世界不仅仅敦煌，那个为敦煌提供后勤的生活世界也不能反常、标新立异，它也必须一碗一碗地煮着拉面，敦煌才能殚精竭虑，达于极致。而在此巨变的时代，往昔许多被庸常遮蔽着的事物，都在面临着永远失传的威胁。

其实失传早就开始了，这是一个失传的时代。

“汉马嘶风，边鸿叫月，陇上铁衣寒。”比如陇上，如今还有几个人知道这不是一道田埂，而是泛指陕北、甘肃及其以西一带地方。比如敦煌，以为它只是某处沙漠之别称的人们不在少数，说起敦煌，游客想到的是鸣沙山。

1986 年，我第一次来到陇上。不是因为“云横秦岭家何在，雪拥蓝关马不前”。我坐火车去西安城里找朋友丁当。当时他还在黄河机器厂当技术员，我就住在他家里。那时候远道来的朋友，一般都是请到家里去住，这个风俗就要失传了，现在，请亲戚朋友住五星级宾馆才是对得起他们。丁当家很小，杯盘狼藉，东西没地方摆，衣服堆在地上，厕所在外面走廊里，有两个蹲坑。那是 1986 年，许多事情才刚刚开始，正要发生，谁有心思像离休老干部那样把家收拾得妥妥帖帖的。我是在路上的人，没有家。丁当结了婚，但是总是挂念着上路。丁当虽然也带我去吃饺子，逛碑林、乾陵骑马什么的，但西安给我留下的印象就是一个萧条冷清、贴着标语的大工厂。我记得在华清池附近，我们吃西瓜，五分钱一公斤，便宜得吓人，我咬了一口，一点都不甜，比云南的差多了，想来这里的土地已经种了几千年，长什么都是这味了吧。

丁当是一个有灵性的人，他的目光里面有一种迷惘的东西，好像总是盯着世界以外的某个地方，飘然出世的神情，但不是装神弄鬼，天生如此。在武则天陵墓，我们租了两匹高头大马，骑着在黄土高原的山道上走，某次转弯的一瞬间，我找到了毛主席当年那种“转战陕北”的感觉。丁当一扬马鞭脱离了牵马的汉子，飞奔而去，但马并不照他希望的路线走，而是憋过头朝着一片矮树林驰将进去，树杈即刻将高头大马上的丁当抓了下来，脸上划出几道痕，笑笑，继续玩。

我们在华清池看到关于杨贵妃的介绍，上面说她“肤若凝脂”，丁当念了一遍，又念一遍，仔细琢磨着“肤若凝脂”。但我对“肤若凝脂”还是没有感觉，那时候我骨瘦如柴，满脑子装着文化，只看见古迹看不见活人。直到今年在天水逛一个庙会，才明白杜甫为什么写得出“三月三日天气新，长安水边多丽人”这种佳句，原来是特产啊，天水乃长安腹地，美人们的家乡。那日雪后，阳光灿烂，满山的女子“肤若凝脂”，令我相见恨晚。

后来我又跟着丁当去霍去病墓，墓前有几块大石头，混沌欲开，似乎什么野兽正从梦里挣脱，要进入世界成个形，成为这世界上有头有脸有名有姓的东西。石头不动，却感觉有巨大的力量在里面使力，一旦挣脱了混沌，也不过就是马啊、羊啊、骆驼呵、匈奴什么的。幸好它挣不脱，只是永远在某种边缘上，欲明还暗的样子，很痛苦似的，但比真痛苦强烈多了，天地之间的那种生殖育化着的那种大痛大苦，说是很安详也可以。

在西安的一个车站附近，有个人撞了丁当一下，丁当就停下来要和他理论，两个人都瞪着眼睛，舌头上火星乱冒，好像要打，我赶紧把丁当拉开。他笑起来，说是不会的。十年后丁当已经不在西安，我又去了。与几个人在一条街上吃面皮，忽然周围就发生了暴乱。几个从大卡车上下来的穿制服的人，不准老板们把桌椅摆在人行道上招徕食客，要强行收缴他们的家什，引起了公愤。我刚才还在赞美这种街边的晚餐，也许唐朝就是如此，说不定食客里面还有叫李白的后生，豪情一起，就要喝酒，《将进酒》流传千年，还可以闻见酒气，可以想象李白半缸白酒饮罢，一声吆喝，“拿笔来!”扬毫就舞，写到“千金散尽复还来”一句来字的最后一捺，拉得太猛，纸都划穿了。城管一来，酒喝不成，更别提写诗了，食客撸撸袖子，要上梁山的样子，许多小伙子青筋暴露，好像是刚刚揪掉了白羊肚毛巾，其实除了演员，西安没有任何人扎这玩意。大家围着那车子又跳又叫，愤怒的陕西话就像是一些充血的生殖器发出了声音。我以为下一步就要打砸抢，但是没有，那些凶神恶煞忽然开车走了。店家重新把桌子摆上，一大包土纸包着的卤牛肉重重地摔到桌子上，花生、凉菜、水饺、白酒什么的次第上来，吃重新开始，只是李白早已扫兴走了。

那一年在西安，我见到的另一个人是张勇，样子英俊但很汉子气，并不是装模作样读多了海明威的结果。胡子很自然地挂在腮帮子上，我说他长得像兵马俑里面的一个，很高兴，又喝了一口。十年后，我用同样的话表达对另一个西安青年的好印象，也说他长得像兵马俑，他很不高兴，说你错了，我是河南人。令我闷闷不乐。张勇后来去云南找我，我记得我们在街头听他唱在陕北学会的民歌，长夜当歌，颇有古代义士的风度。当时小君也在，圆润旺盛的女人，写轻盈可爱的诗，目光里藏着浪漫主义的火药，张勇唱罢歌就要乘长途汽车到泸沽湖去，小君要求跟着他一起走，那可是说走就走的时代呵，每个人都一无所有，但被张勇拒绝了。他扬长而去，消失在路灯底下，这个一生不愁女人的男子，对女人却是非常挑剔。张勇走掉，我们决定去跳迪斯科，小君命令跟着我们的一个写诗的，"你上楼去给我拿卫生纸"。他就去拿了。

又一年，一天绝早，有人敲门，我开开，门口站着丁当，脸色疲惫，没睡觉的样子。他在贵阳出差，忽然想念我，就连夜坐了十几个小时的火车来到昆明，见一面，就要坐十点的火车赶回贵阳去。后来我们出去吃碗面条，谈谈诗，他又赶回贵阳去了。那是1987年。

我一直向往着"秋风吹渭水，落叶满长安"，我以为，"车辚辚，马萧萧""长安一片月，万户捣衣声"，这些场面肯定是不会有的了，但"落叶满长安"大约应该还在的吧。西安古迹众多，游人如织，令我麻木。景点就像古董商店，都是些模特儿般的死东西，看不出什么感觉。连兵马俑都印象模糊，倒是记得有一个土头土脸的寺庙，在哪里已经忘了，藏在几棵老树间，青砖灰瓦，传出的诵经声像蝉鸣。在唐朝，大约蝉也是这样鸣吧，没有丝毫的表演性。进去时，一行青衣僧人正排着队从经堂里出来，去绕着槐树走，都是生机勃勃的小伙子。大雄宝殿里有张桌子，桌面摆着一本外语书，旁边有个本子，上面歪歪斜斜写着简化潦草的汉字和拼音，正在练习翻译嘛。心头一亮，玄奘译经处，落叶满长安。唐朝活着哪，它只是在我们以为它不该在的那里。那么伟大辉煌的唐，怎么能在这种鄙陋之处呢？西安城里恐怕没几个人知道这个寺庙，旅游手册就更不会提了。旅游手册其实是一种遮蔽，它总是指引你去那些死亡谷，美其名曰胜地，旨在赚钱。我的经验是，就像写作要直接写一样，去一个地方你也要直接去。怎么个直接法？就是直接跟着那些出了火车站就上公共汽车的庸人，他们的优点也就是知道哪条街上的羊肉泡馍最好吃。不要问路，更不要问名胜古迹。长安，哪里不是名胜古迹啊，每一寸土都是唐朝传下来的，如果跟着旅游团的话，那就是大唐你不去，你去小西安。这是我的经验。

另一次去西安是住在沈奇那里。我是在昆明认识沈奇的，1987年的一天，我从文联的小楼上下来，看见院子里站着一个中学教务主任模样的人，白而瘦，戴着眼镜，他就是沈奇，丁当的朋友，那就不用说什么了。我请他吃饭，两个人，要了七八个菜，老沈连连摆手，说不要那么多，我却觉得差不多吧。后来这件事情，老沈的说法是，哗哗哗叫了十多个菜，上来一看，都是小盘。后来我去西安，才注意到西安的盘子比昆明的要大很多，都是大快朵颐用的，什么叫大唐，盘子。老沈在西安住的地方是财经学院的家属区，我从火车站出来，叫了一个三轮车，蹬车的是一个老头，上坡下坡，一小时才到，浑身大汗，他只要 5 块，我于心不忍，给他十元，他坚决不收。他认为这一趟只值五元，多收就是贪。失传了，现在连三轮车都不见了。因为看他离开的背影，我看见了西安的古城墙。

其实西安的古城墙一直都在，但我根本没注意，是这老头离去的背影才使我觉悟到古城墙的存在。

有个出租汽车司机领我们去吃肉夹馍。在一条僻静的街上，只有这家人头攒动，土纸扔了一地，肉夹馍用土纸包着，以免烫手。当时在别处，用塑料包装已经很普遍了。这家只卖上午，12点过它就关门。多一个都不卖。这种小店也失传了吧？下次去西安，我不敢问这家店还在不在，以免自己又乖戾起来。丁当曾经带我去找渭水，最后看见一处流着脓的水沟，“秋风吹渭水，落叶满长安”呵！我骂骂咧咧了一下午，我还以为李白杜甫写过的东西都是圣迹，被供着呢。

在西安的时候，我带着一位澳大利亚的朋友去吃羊肉泡馍，进得店，坐下，几个白生生的馍就端上来，说时迟那时快，老外已经捉住一馍，咬将下去，赶紧叫道，吃不得呢哥哥，是生的。只好停下来，无论在路上如何心急火燎地紧赶慢赶，从高速公路来，坐喷汽式飞机来，但进了羊肉泡馍店，你就必须按照古老的时间，慢下来，而且越慢呢，你那碗羊肉泡馍才越吃得到位。先是要去把手洗干净，然后坐下来，品口茶，再细细地把馍掰碎，约莫一刻钟，才由活计把掰好的碎馍收去，有时十多分钟，才端回，才是吃的时候。如果急着吃，把馍掰得大块大块的，还是吃不稳，也勉强吃吧，后来发现再热的羊肉汤也泡不软，咬到核心，还是夹生。所以一定要慢下来，慢下来，要漫不经心地掰，把馍一点点掰到花生米大小，要东张西望，百无聊赖，可以想点自己的心事，中国的思想就是在这种时候出现的，掰馍的时候，嗑瓜子的时候，上厕的时候，对着梅花发呆的时候，而不是罗丹大师雕塑的那个“思想者”

一本正经的架势。莫去想火车开车的时间，也莫去担心停在外面的私家汽车，要心如死灰，要像茶叶一样慢慢往茶杯底沉下去，要慢到看见从窗子里投进来的日影如何探着猫须，从凉菜碟爬到了茶杯盖附近。这时候你的馍就掰好了，将才一张硬馍，现在蓬松松地成了一大碗，松了，解放了，面团像棉花一样一朵朵开放着，身上的汗也凉了，心也静了，富贵或者贫贱，也成浮云了，外面等着的什么，也忘得一干二净了。于是伙计躬身上来，把你的馍端走，留给你一个牌，5 号，谁掰的馍就是谁掰的馍，决不会混为一谈，端下去是你的那碗，抬回来还是你的那碗。都说羊肉泡馍了得，其实味道如何，只有自己心里有数。一个老西安掰的馍与外地人掰的馍是完全不同的，心里挂着迟到要扣工资的白领与无所事事、吃饱了馍要去碑林看刻着黄庭坚手迹的那块石头的老李掰的馍有天壤之别。口感的层次完全不同，都说好吃，但体验的绝不是同一个标准的好。与麦当劳卖的馍不同，那里的馍都是一样的，计算好了的，配方、火候、时间长短。放在纽约的马嘴里与北京的牛嘴里并没有什么不同。掰馍的耐心还在于，有人肚子小，只掰一个就够了，你肚子大，要掰两个，人家的都掰好了，端走又端回来，并且呼哧呼哧，酣畅淋漓起来了，你要视而不见，目中无人，继续掰你的，还要更慢些，让那个埋头猛喝的忽然觉得他的速度有辱斯文，有早泄之嫌。比快容易，比慢就难了。西安有一家百年老店，什么都不做，就做一块钱一个的馍。太慢了，四代人下来，就做了一个馍。我以为是什么了不起的地方，找去，不过是在一条脏乱差的小街上，夹在肉夹馍店和炒货店之间的一条黑乎乎的缝，门口支着炉子，而且还过了中午 12 点就不卖了。西安有一个出租汽车司机，吃这家的馍已经吃了四十年，还要吃下去。终于，掰好的馍被伙计抬进去了，搞一搞，他们在后面搞什么，你不必操心，那是一个家族的秘方，味道、信用、尊严、牛气、什么什么的少许和灵感。少顷，再抬回来，已经是热腾腾、黏糊糊、摊着羊肉、红椒什么的一碗。就提起筷子要动手，慢着，先剥个蒜，再兑点醋，然后呢，想怎么整怎么整，但还是要慢些，烫得很，要慢慢品味，味道是沁出来的，不是一嘴咬出来的。

我把从长安传到西安的羊肉泡馍看成日常生活中的一个“慢的仪式”，此类的仪式组成了昔日中国社会日常生活的基础，在中国，生活的意义就是现在、此时此地，羊肉泡馍的仪式就是体验感受人生的过程。当你掰着馍的时候，你就像一个农民在收获、劳动，意识到你的手和身体、（天天吃羊肉泡馍的，甚至要把自己的手指掰到肿、掰出老茧）意识到面粉，而不只是食物的名称，你重新意识到粮食，以及那些大地上的耕作者，因为吃到嘴是这么慢，这么费力，你会珍惜和敬畏。在西方，生活的方向是前面、远方，麦当劳的吃法，是为了让你赶路，麦当劳怎么吃也是维生素的意思。馍的意思却是，这就是生活的味道。为什么中国把吃吃成了“味的道”，因为对存在的理解不同。今日西方那些最前卫的智慧倒是已经有些要慢下来的意思，前几日看米兰·昆德拉的小说《慢》，他写道：“跑步的人与摩托车手相反，身上总有自己的存在，总是不得不想到水泡和喘气，当他跑步时，他感到自己的体重、年纪，就比任何时候都意识到自身与时间。”他的说法颇有魏晋的风度，嵇康、阮籍者流骑在马上还嫌快，要坐在牛车上看风景。在当下中国这可不是什么前卫，而是“需要抛弃的传统思想”。

我几次进西安都是坐的火车，直到2002年夏天，我再去西安才走另一条路，这次坐飞机去的，从飞机场进城要从平原上穿过。就是“乐游原上望昭陵”的那个原？差不多吧。汽车出了机场，立即在一马平川上跑起来，长安而不是西安在我的视野里出现了，在中国当代的这种文化语境里面，长安是很难看见的，人们知道西安，也知道西安事变，知道杨虎城，但不会知道长安，教育的基本任务就是要令长安失传，它只教学生向前看。大多数人一辈子也看不见长安了，因为时代的列车总是向前向前再向前。只有少数人侥幸停下来，忽然发现在西安市的水泥群外面，人民公社杳无踪迹，黄土蒙蒙的郊原上蹲着一座座金字塔式的山包，但并没有金字塔那种逼人仰视的气势，那种凌厉、精确。其貌不扬，敦实、素朴、轮廓模糊、荒芜。不耻下问，是什么？皇陵。哦，我的天，每一坐山包下面，都埋着一位皇帝！

古原、紫气苍茫的大地、灰蒙蒙的天空，外表朴素已经重返混沌的皇陵……使西安的郊外有着本世界最伟大的景象，那感觉并不亚于尼罗河边的金字塔群。尤其是在日落的时候，西安郊区依然有着李商隐诗歌里面写到的那种感觉，驱车古原、夕阳无限、已近黄昏。伟大的文明已近黄昏，但永远不会坠入黑夜。它总是在世界的后面，它是一种黄昏式的存在，当我们回首历史的时候，总是被那永恒者感动、激发。我感觉中国文明的伟大传统，是一个永远的黄昏状态，金色的黄昏。秦是铜铸的，汉朝是金声玉振的，唐朝是挥金如土的，宋朝是金枝玉叶的，就是文明没落的清朝也是飞彩鎏金的。黄是大地之光，文明之色也是一派金黄，来自天地玄黄、来自黄道吉日、来自《黄帝内经》、来自黄袍马褂、来自佩紫怀黄、来自金樽美酒、来自金丝楠木、来自金碧辉煌、来自黄门侍郎、来自金戈铁马，来自“君不见黄河之水天上来”……最后升华成伟大的黄昏状态。黄，永远徘徊在中国世界的后面，容纳着，守护着，那光芒有死亡的阴影，也有生活世界的人间气息，高贵、尊严、大气、灿烂、归于朦胧混沌但永不黑暗，等待着、化育着。在中国世界的局部，我常常隐隐地担忧，现代主义凯歌高奏，那满载着水泥、玻璃、塑料膜、硅胶、避孕套、流行音乐、假发……的时代列车正在一秒钟一秒钟地把中国大地填埋起来，但那伟大的黄昏在一切的后面，一旦在世界的某个缝隙瞥见它，我又感到释然。一百年在这黄昏面前算什么？中国历史有过更严重的时刻，五胡乱华、满清入关、火烧圆明园……1966 年的某一日，我像秦朝的孩子那样，跟着父亲在院子里偷偷摸摸地把家里的藏书全部烧掉，目睹街上的商店里只准出售草鞋，以为五千年的文明就此永远完蛋。在世界的局部人总是容易把事情看得非常严重，杞人忧天，但天自有天的道，那是我们无法担忧的。那一日，我在西安郊区的古原上，看见伟大的黄昏中，沉重如鼎的皇陵一座座在玄黄中升起来，担忧即刻灰飞烟灭。

从西安再往西坐几小时的火车，就到了兰州。黄河在这里穿过陇上。我第一次看见黄河是在郑州的铁路大桥上，后来我写过一首诗：

黄　河

我在钢铁大桥上看见黄河
阳光汹涌的河流呵
整个中国都听见它流动的声音

无数高山大树轰然塌下
永远不复出现
天空一片灰黄
只有船夫们的目光
天天起伏在波浪间
两岸的平原无际无边
色彩和土地一样贫瘠
只有白杨树是绿色的
它弯腰抵抗着什么
难道仅仅是风沙吗
在黄河开拓的土地上
北方的农民在大天空下干活
他们穿着黑布的衣裤
头上扎着白羊肚毛巾
仿佛是上帝洒下的种子
黄河日日夜夜
流过它们的村庄
流过他们的生命和死亡

1986 年

后来我到了黄河边上，是兰州一段的黄河。我立即走到河边摸了摸它的水，那时候，“走到河边”还是可以的，黄河之岸就是流过兰州城也还有原始河岸，我蹲下去摸了一把，黄河就不再是一个象征了，一股湿气直透手心。它是雪山上来的，清水变了色，像是煮过拉面的汤，但温度没怎么变。河上有一座铁桥，桥墩上烤羊肉串的炉子闪着火苗。桥是德国泰来洋行在 1909 年造的，还在用，有一股子铁腥气。人们早已忘记是谁造的桥，他们只是通过这个桥进城或者回到城外的村庄，仿佛这是一个天造地设的东西。只有写诗的唐欣还记得这是德国人造的。河滩上有一位扎羊肚毛巾的小伙子在摆弄一张黑乎乎的羊皮筏子。有人在不远处吼嗓子，他吼道：黄草坡前黄草多，一对黄羊两对角，哎呀我的小妹送哥哥，哎呀我的小妹送哥哥……这歌子显然是从黄土高原的峁上流下来的。他唱得油了些。那时候是 2003 年。十年后我再来，黄河岸已经不见了，羊皮筏子也不见了、扎羊毛肚子头巾的小伙子也不见了，黄河被水泥台坝砌起来。有一个晚上与兰州朋友喝酒，酒酣耳热时，一人站起来就唱："黄草坡前黄草多，一对黄羊两对角"，哦哦，河岸不在了，歌子还是传下来了。但总是觉得干涩，像是在图书馆里唱歌似的。在白塔山上看兰州城很奇怪。身边是元朝的塔，敦实地扒着地，敬畏天高云淡。而黄河对岸的大城则摩天楼林立，每一座都高出这个塔几倍，高过塔基所依赖的山头。玻璃幕墙的反光刺得人眼睛睁不开，就像被复印出来的曼哈顿。生活在别处。20 世纪以来，这个别处一直是西方。人们对西方物质文明趋之若鹜，过去时代或许忌惮崇洋媚外因此羞羞答答、犹抱琵琶半遮面，现在可是亦步亦趋登堂入室冠冕堂皇了，市中心繁华的地段最高档、暗示权威、经典、标准的橱窗里供着西方模特儿。雨后春笋般崛起的房地产无论样式、名称（维多利亚小区、多伦多花园……）还是里面的各种配件、电梯、马桶、抽油烟机、空调……以及放之四海而皆准的避孕套、取款机、贷款合同、感冒药、高速公路、水泥、钢筋、塑料、挖掘机、四室一厅……无不来自西方，图纸、配方、技术无不原样照搬、复制。这种拜物教神龛产生的信众远远胜过了大雄宝殿里的香火，从前的殖民者恐怕做梦也想不到这般光景。无可厚非，这说不上是普世价值，但真的是普世适用，可用，好用，耐用。如今已经是习惯成自然了，人们甚至都忘了西方的存在，以为中国世界本来如此，西装笔挺者把西方骂得一无是处者在知识界时有所见。而吊诡的是，摩天大楼一层的街道上全是中国餐馆，拉面，拉面，拉不到头的面。出租汽车司机老王说，在兰州，如果每天吃口味不同的拉面，可以吃上一个月，老王自己有两辆面包车，靠各种关系拉点旅游团，老婆在火车站卖手机，一天能挣到 100 元。他带我们去找一家他很喜欢的拉面馆，确实与众不同，面里有一股更好的香味。汗流浃背抹着嘴走出餐馆的时候，他指着对面那家说，他家的面片儿更好吃。这碗拉面令我对兰州深怀好感，就为了下一碗，兰州还要来的。邵晓平热爱的拉面馆就在他家楼下，一干人呼啸而入，一人一海碗，油红汤亮，牛肉片鱼脊般的时隐时现，个个吃得个叹息不已。完了乘电梯上 21 层，晓平家的窗口可以看见黄河，这是一个仙人才有的视角。黄河就像一根被洪流粗制滥造出来的宽阔拉面，泛着青色的光，在远处的苍天下复原成灰末。我很喜欢看拉面师傅拉面，这场景就像我家乡昆明邛竹寺的一副对联写的：两手把大地山河捏瘪搓圆洒向空中毫无色相，一口将先天祖气咀来嚼去吞在肚里放出光明。永恒的拉面。世界变了，可怕的美已经诞生，只有拉面传下来。

2013 年 1 月 11 日，再次降落在兰州中川机场，邵晓平已经站在出口上，还是老样子，很在乎接到人才会在那里站着，那样期待，翘首张望。他长得不高，但与众不同，模样天真，有些手足无措，秘书似的在僵直与热情之间犹豫，他不适应飞机场处处拘束的氛围，憋着，此处令英雄无用武之地。我们也不适应，乘飞机永远是场噩梦，能够用汉语阅读《水浒》的人们嘴上不说，其实个个血液里都藏着豹子头、浪里白条、鼠上骚、及时雨、小李广……要修炼到像戴高乐或希罗斯机场的乘客那样淡定自如、循规蹈矩，恐怕还得有些年头。见我们出来，得救似的，抢过箱子就走。一路无话，大地灰蒙蒙的，不是因为脏，也没有在施工，冬天就是这样，苍茫荒凉。出色抢眼的东西都隐匿了，大气就显出来。到得饭桌上，立刻叫伙计上酒，酒液亮晶晶的流进杯子，晓平枕手歪着头看着它溢出来，露出孩子般的微笑。大块吃肉，大碗喝酒，到处可上梁山。晓平与我等会师不过一小时，已经大醉，戴着眼镜问，我的眼镜在哪里？怎么看不清楚？要去火车站时，信用卡火车票都找不到了，一身轻，不停地问，他们到了没有？林迪将享着福的醉人扶进车厢，任他去睡。林迪是满族，不喝酒时文质彬彬、肝胆相照。喝了酒豪放激烈、肝胆相照。

李坚和老虎是回族。走到哪里都得考虑食物，这一路我们大部分餐饮都随着他们，吃了一路的清真食品。这里面有一种真理，信仰不同，信仰所决定的食材和生活方式也不同，但味道是一样的，我们一路赞美着从兰州开始的拉面，一路上，吸如长鲸饮百川，用各式各样的大碗。有一次我看见老虎在落日中祷告，这是我第一次看见他祷告，姿态优美，因为长期重复做所以呈现出本源的美，那是在返程的飞机上。

我们此行要去的地方是敦煌、千佛洞、榆林窟、麦积山、天水。年前，晓平问我去不去敦煌，过年人少，而且疏通了关系，可以再打开几个洞窟，我就心动了。有些事情你无法拒绝，比如看海、看落日、赏花、听鸟……都是必须的。这些趣味都失传了，世界也就死了。黄昏时，列车离开了兰州。春节出门旅游的人不少，但去敦煌这个方向的不多。敦煌早已不是烧香拜佛的灵刹宝龛，而是敦煌研究院。在零度以下的天气里，跑那么远，去黑漆漆的洞窟里跟着讲解员看那些模糊不清的壁画、残缺不全的泥菩萨，且不得烧香，相当不值。一般旅游者去那边，是被沙漠吸引，旅行社推荐敦煌，主要是推荐鸣沙山。爬到沙堆高处，再跟着流沙滑下来，这个项目，冬天不好玩。如果敦煌在这个季节，依然像以色列的哭墙或者梵蒂冈的广场一样人山人海，那就是另一个时代了。车厢基本上空着，这时候还要去敦煌的，那就是真的要去了，不是赶时髦。不久列车就到了荒原上，“满川碎石大如斗”，岑参写过的那种地方。城市，置身其中，以为它铺天盖地、壁垒森严，难逃罗网，与那些叫作大自然的地方有着光年的距离。但列车只用了几十分钟，就把人带回到原始的大地上。同为交通工具，列车似乎与汽车不同，汽车属于城市，列车属于大地，这是我喜欢列车的原因，这一长串在大地上驶过的样子，总像是一种诞生，刚刚从母腹爬出来。汽车给人的感觉是赶路工具，赶路赶得人麻木不仁，对世界的移动变化没有知觉。火车给人的感觉是漫长，它的功能不仅在于赶路，还在于向人类提供一种视野，这种视野像是缓缓地展开一个个卷轴，列车适合观看与沉思。

在西部荒野中看见火车

那时我们站在旷野中间以色列在西莫高窟在北
仿佛从水里出来火车再次开出大漠或者开回
摩西在车头上唱着歌电线杆望尘莫及
车厢蠕动着黑色的链条在滑出大地的轮子
不知道它运走了什么不知道它运来过什么
我们站在旷野中间捡起石块又扔掉
等着它走完剩下的铁轨就像从未被运走的远古之人

敦煌周边，一路上都是灰蒙蒙的。似乎万物都在想方设法把自己的色藏到灰里去。灰是美的庇护者。灰蒙蒙的陇上、灰蒙蒙的兰州、灰蒙蒙的天水、灰蒙蒙的村庄、河流、山梁、荒原……天空中弥漫着灰，这种灰来自鸿蒙，乃造物主所制，落在大地上那就是泥土，落在田地上那就是面粉，落在姑娘们的脸上那就是脂粉，落在马家窑那就是陶……细末，不是雾，但像雾一样苍茫，无所不在，不会像雾那样化成水，雾散去，灰在着。在这个时代，灰多么令人厌恶啊，到处是工地，到处热火朝天，到处在拆迁，就是睡觉也得下意识地捏着鼻子做梦。这灰不是那灰，这是更古老的灰，一直都在大地上，马家窑的陶是用这种灰烧出来的。那种灰是灰尘，劫灰。这种灰是灰色，色就是灰，灰就是色。色不是空的，色就是灰。但这种灰并不单一，而是万色之灰，偏红的灰，偏黄的灰、偏深的灰、偏浅的灰、偏暗的灰、偏亮的灰、偏黑的灰、偏紫的灰、偏阴的灰、偏冷的灰，偏灰的灰……灰起自大地，又回归大地。灰乃大地本色，它赋予万事万物一种伟大的灰调子，灰色，说不清道不明，恍兮惚兮其中有象，这种灰可以呼吸，充斥于空气中，呈现于某种距离之外，总是感觉到它的存在，但到手的永不是灰质，而是面粉、煤灰、炊烟、脂粉、泥土、陶、朦胧的落日之光……

在这边，生命渴望出色。出色一词的出处应该来自陇上。生命一方面灰蒙蒙地混沌着，一方面又渴望着从这无所不在的灰中解脱出来。秦腔是一种多么出色的腔调啊，偶尔听见它们从灰头土脸的乡村里喷出来几句，那种凄厉、豪放，或者乖张、狷狂，仿佛压抑过度而对解放的渴望，也仿佛过度地纵情而死去活来，激越地醒耳。这灰色渴望着走红，于是经常会看见苍凉的原野里，走着穿红衣裳的女子，那真是红得出色哎。

我又看见了那种叫作“西部”的东西，荒凉闪着幽暗的光，大块大块地从天地尽头涌过来。一路荒芜，只有车站是繁华的，繁华只是荒原上被狮子猎获的一匹匹斑马，狮子后面是空阔无边的莽原。人依然被原始的力量所包围，被天空与黑夜包围着，被太阳和风包围着，被海啸和沙漠包围着，被地震和闪电包围着……在城市里很容易忘记这一点，人依然是原始人，从来没有突围过，文明千年，无非应付忽悠遮蔽原始的招数多了几招，掩耳盗铃而已，荒原依然包围着我们，漠视着我们的一切。列车是小角色，置身其中，你以为它披荆斩棘，风驰电掣，但在荒原，它只是比一只沙蜥或蜈蚣稍长些。无可救药的荒原，垦荒的口号已经喊了无数世纪，垦荒者的业绩看起来只是一群狗牙齿勉强在大象身上弄出的一点零碎。车窗外依旧令人绝望地整一、混沌，苍茫。又一群星星熄灭，滚进了宇宙工厂铸造车间的黑锅，嗖嗖冷风从窗缝里灌进来。在南方，大地被千姿百态的风景遮蔽着，人们很容易在局部的山清水秀中夜郎自大。而西部总是呈现着大地的原始力量，风景永远只是大地上一闪而过的云烟，大漠孤烟而已，永恒的是漠。漠然，这就是大地的表情。一切小资式的感伤、改天换地的壮志雄心、另辟蹊径的标新立异、聪明绝顶、尖酸刻薄、野怪黑乱、乖戾夸张、愤世嫉俗……在这里都要黯然失色，被漠视。在大地的真相面前人无法出色，这是西部的魅力。回首兰州，已经看不清楚了，那些方才还不可一世的高楼巨厦，灯红酒绿、丰功伟绩正被荒原抱走，像踢蹬着小腿的婴孩，最后的几点灯火像沉陷中的游轮翘起的尾部，再过一会儿，就啥都没有了。连痕迹都没有，大地上是否存在过兰州？在这黑暗的荒野上，恍如一梦。

列车停下，月台上走过几个戴着大口罩，只露出眼睛的人，他们严严实实的样子，令我想到荷枪实弹如临大敌的士兵。行李箱像是就要被宰杀的猪子一样被生拉活扯着，他们在零下 12 度中匆匆走过，迅速在火车站的铁门外消失了。如果星子从天空走下来，也就是这样。这些在严寒冬夜下车的人就像是去牺牲。酷寒是一种宗教，每个人都必须皈依它，为它牺牲。围巾、大衣、手套这些在南方被当作风度的东西，现在实实在在地、战战兢兢地发挥着用途，失去了小资文化的轻浮之美。宗教总是给人一种酷寒的感觉，每次在大教堂里，我都不寒而栗。现在明白了，那种冷酷的氛围其实也是起源于大地的。

经过整夜行驶，黎明时我已经失去了方向。我不知道我是在向东还是向西，朝北还是南。戈壁滩没有东南西北，从一片旷野到另一片旷野，无论朝哪个方向看都是一样的。沙砾，坑洼，残雪。大地看上去就像是废墟，谁把世界搬走了？沙丘和荆棘丛像旧棉絮似的这里一块那里一块。结冰的车站，有人在呵气，站着不动。

黎明越来越明，敦煌近了，沙漠环绕着它。杨树闪着白光，仿佛银子打造的一根根簪子，别在荒原的发髻上。有些骆驼站在勉强定居的村子里，露出头来，它们看见了列车？村头晒太阳的老太太头都没抬。列车在这边大地上弄出的动静太微不足道，也就是一条线的震动，不像南方，列车过时，一座山都汗毛直竖。列车员在车窗前收拾床铺，他要赶在到站前拾掇好一切，跟着我们一道出站回家，他归心似箭。大家只好站到一边，看着他忙碌。一大堆换下来的被褥扔在过道里，散发着袜臭，大家都不脱袜。乘客不信任卧具。我问乘务员，她说，卧具都是统一洗涤的，用的也是大家在家里洗衣用的那种洗涤液。其实如果细想，这些卧具肯定比旅馆里面的干净，因为没有肉体的接触，而且每一趟车都要换。有位乘客挂在车窗前的洗脸毛巾被外面的光照得雪白。敦煌刚下过雪，细腻的雪粒仿佛使沙漠一夜之间变成了白色的，凝结成巨大的光辉灿烂的板块，一个凌空而降的彼岸，那些藏着佛陀造像的洞穴深陷在岸边的峭壁上。邵晓平醒了，正在找眼镜。

前年秋天我来的时候，旅游团狂沙般地席卷敦煌，那些壁画几乎看不见。现在没几个人，守卫的士兵趁着阳光大好，坐在为游客准备的长椅上打瞌睡。尘嚣散去了，敦煌安静地露出来，洞窟前面的大河结了冰，沙漠被雪洗过，显得更为圣洁。敦煌只有两块，莫高窟以及包围着它的一切，包围者纯净神圣，没有杂质，大地的作品。被包围者幽暗深邃，五色绚烂，人的作品。拈得一首《雪后谒莫高窟》：

敦煌起天末

一色掩万颗
雪平沙不动
窟高释有课
香火无消息
丹青细琢磨
游客不来了
仙人房间阔

托邵晓平的福，再进45窟。温柔的中正。比较之下，北魏的作品战战兢兢，太硬，宋的东西大约又自觉望尘莫及，偏于呆板。这是比较而言，如果独立看的话，都是第一流。敦煌色胆包天，无法无天的色，色就是空。色本是赞美诸神的，但色的极致超越了这个赞美，诸神成了色的载体，空明，超越了宗教的局限，共享成为无边际的。空无的在场导致阐释的激情，导致“六经注我”的“有”的万象。道生一，一生二，二生三，三生万，也可以说成，道生敦煌（佛教），敦煌生造像（缘起），造像开眼（众生），众生如千手千眼观音，有万只眼。道是一，也是万千微妙。每个人都看见敦煌，但每个人看见的都难以言说、确认、定于一尊。佛的面容移步换景般的微妙变化，有时候看着是佛，有时候看着是俗人，有时候看着是母亲，有时候看着是父亲，有时候看着是爱人……不确定，前一步后一步、左右、蹲着站着感觉都不一样。庄严中正而又温柔慈悲的气息。身怀喜悦，身在欢喜，仿佛某种持久而纯净的做爱过程，只有持续宁静的快感，而没有丝毫邪念。不再是肉体的快感，而是精神的快感，但身体的魅力并没有消失，来自身体的直观就在眼前，令人着迷，恋恋不舍。只有置身于这个场中，才能心领神会，身心俱焚。敦煌是无法被复制的，那些画册永远只有介绍信的功能。邵晓平没了眼镜，凑得最近。

275窟，李坚蹲着看了很久，拿个电筒，一寸一寸地琢磨。他是做雕塑的，热爱天真拙朴的东西。275窟正是。

北凉时代塑的菩萨。交腿而坐，穿着裙子。两边是狮子。令我感动至深，光芒微明、慈悲。伟大的作品。伟大是如此的健康、质朴、强壮、美妙、近人。某种美女和力士合为一体的状态在阴阳之间微明，交替于人体最有魅力的部分，丰满圆润。吸引着人最纯洁地去爱、去皈依。一种被唤醒的最深刻的性欲，望着它，我无法自拔。这样的神态竟然被如此亲近地凸现在人面前，世界上的一切宗教奇迹都不足道了。它们太远，总是太远，总是在上面、总是有隔岸观火的距离。而这位菩萨即刻就进入你的生命中，仿佛是你的梦坐在那里，你的喜悦、你的尺度、你的爱情。凝神。他凝聚了神。神被凝聚在那泥巴中。这个窟有一种隐隐的源自西域的阿波罗精神，崇尚青春感、力量、精神高迈。

早期的作品还有青春气息。青春其实是拘束的，期待着解放，解放难免乖戾、极端。而唐是伟大的成熟。秋天中丰腴的大地。夏日已逝，但死亡还很遥远，生命最强大的时刻，最盛大的时刻，悲剧的黄金时代、自觉的内敛，丰满飘逸是内敛的结果，无论早期还是晚唐，唐敦煌都不歌颂乖张夸饰的青春气象，绝不旁枝溢出，它是伟大的创造，到神态为止，诸神从来不是青春猖狂之辈，神态是一种中年状态。就是涅槃图上的神，也是中年。这不是年龄，而是精神的饱满，完美。

220 窟。第一次进来，是贞观时代的场，壁画上明确地写着：贞观十六年（642 年）。环壁是一场欢乐颂。神在上面、中间，世界在下面、周围。在同一场中，同时建构与解构着。匠人们创作中间的时候庄重、严谨，但在下面、周围的时候却很放松，做鬼脸，解构似的。不似上面中间的诸神都有模式、样子，只能稍微逾距。都是随心所欲而不逾距，但程度不同，与中间上面相比，下面周围的世界画得更狂放、生动、野性。建构与解构阴阳互补，彼此交替。这里的王不是佛陀，而是工匠自己的笔墨，世界与神明的距离，全掌握在他手心，他画得越登峰造极，世界与神的距离就越接近。欢乐颂，白天夜晚，鼓乐齐鸣，歌舞升平，神人同乐。但不是西方交响乐里面那种围绕着指挥棒的被组织起来的强力欢乐，而是天地神人各有其位，各得其乐的欢乐颂，不仅因为神的在场而乐，更因为欢乐在场而乐。帝王被画在一个角落里望着这一幕，惊呆啦！似乎在考虑是否退位。

天地神人的欢乐颂，是线条和色彩的狂欢。有个舞女，完全是王羲之的草书，云烟醉舞。隶书、篆书、草书、楷书，甚至涂鸦分布其间，但尊卑有序，这组线条是颜体般的丰厚庄重，那组线条泛着隶意，篆书的装饰味道，赵孟頫式的端庄清秀、这群线条有永和九年的曼妙，那群线条有怀素的迷狂。“三月三日天气新，长安水边多丽人”，图中全是美人啊，佛陀、菩萨、侍女、僧众、供养人，无不是美人！女性化的线条，就是男性也是云般的飘着，柔美丰满肥厚。

再进 158 窟。永恒的美，超越环抱着它的大漠，那个诞生它的春天早已过去，无数时代也被时间消灭，但它还在这里，慈悲的美。无言，默视良久。后来朱晓阳在昏暗中说，涅槃图也是《最后的晚餐》。然！达·芬奇《最后的晚餐》是虚构的实景，气氛诡秘，黑暗的面容、写实的刀子、钱袋。不信任，怀疑，出卖、秘密的氛围，悲剧的最后一幕。涅槃图是另一番景象，表现性的，突出的是一种精神力量，佛陀的巨大身躯和超凡脱俗的面容都是纯粹的虚构，但并不离奇，它只是超凡脱俗，但没有丧失与人世间的亲和力，那样巨大的身躯我们以为是自然而然的，那真是佛的身躯。神之离去也像安息的父母一样，闭目睡去，僧众像子女一样围着痛嚎。这是一个相当世俗的场面，如果不说是涅槃图，还以为是谁家慈母睡去。那睡去的神态是大漠的神态，灰色的神态。不是死亡，而是在喜悦中安详地睡着了。死亡并不存在，佛睡在永恒的喜悦中。坐着，它是偶像，躺下来，是大地之身。

佛睡了，大漠醒着，这就是出色。

必须向过去学习生活。向敦煌学习生活，向大漠学习生活，向兰州城里的一碗拉面学习生活、向沙漠上的一只秃鹰学习生活。道法自然，就是向过去学习生活。生活不是创造，新生活并不存在，美好的生活世界总是对存在的再次领悟。它们存在着，我们才知道何谓生活。在往昔的时代，向历史学习生活冠冕堂皇，谁也不会嘲笑玄奘，他的西天取经就是向过去学习生活呵！佛陀难道不是过去的神么，难道不是一种生活方式么？敦煌早期洞窟里的造像显示，这个大智者是赤脚的、浑身充满力量的壮硕男子，他的身体被赋予一种大地的质朴力量，他确实是赤着脚走在大地上传他的教的。只有过去中才存在着未来佛。普鲁斯特的写作可以视为向过去的学习，取经，是过去敞开了他的语言。语言存在于时间的黑暗里，光明中没有语言。尼采在某处说过，在自己的身上克服时代。他说得多么好啊，克服自己身上的时代，就是要向过去学习生活，向酒神狄奥尼索斯学习生活。日神的光芒已经遮蔽了生活世界。过去不仅仅是书本上的历史，而是一种生活方式，生活的细节。克服时代，就是要克服那种时代性的生活习性，克服它安装在自己身上的种种细节。

敦煌其实就是过去时代的一只碗。那些不朽的画面其实是在告诉我们何谓生活。敦煌在它自己的时代不是梦，而是现实。敦煌在时间中成为梦想，这个梦想使我们知道何谓黄金时代，何谓真正的生活。这是关于生活的伟大教科书。

莫高窟风景

世界的另一边天空赶着海豚大撤退
瘸腿的乌鸦因掉队而奋力飞在最后
冬天的邮电局空了河流的火车陷入沙丘
结冰的站牌后面子虚乌有的统治者在清点着已经报到的荒凉
哦那只长尾巴的蜥蜴在动抖去灰钻进死亡的看守所
咏唱者终于体会到孤独这块铁幕有多厚他害怕被命运截留
就是上帝任命他为李白也不能登堂入室一望无际的灰可不是心灰意懒
那群白杨树烤不死风沙亿万年还是没有弯下来一丁点儿
欣喜若狂地闪着白光每一根枝条都在放浪形骸紧紧地拥抱
朝着光辉喷射似乎在禁欲之地穿越干旱水源更困难
做爱者抵达的深度也更为黑暗更绞结更缠绵更热烈更舒展

哦投奔者是那些最色的画匠甩掉芒鞋
赤脚奔进藏在沙粒中的洞穴
他们终于找到了大漠色就是空
永恒不顾肉身只容纳觉悟

马云陈恒还惦念着前年秋天在敦煌的集市上吃过的某碗油泼面。我们就去找，那个大排档还在着。当时，这个被锅烟子熏得黑乎乎的大棚里，人声鼎沸，到处火光闪闪，一张张汗水淋淋的光脊背在流着热光，啤酒瓶倒下一大片，走路不小心就人仰马翻。现在荒凉了，许多摊子回家过节还没有开业。他们立即认出了那位老板娘，老板娘受宠若惊，外地食客再找上门来恐怕不多。我感觉不妙，过节都不打烊，大约不会好吃到哪里去。面端上来，味道一般。马云和陈恒很失望，这是两个不同的场合，前年，水涨船高，大棚里热火朝天，人满为患，恐怕哪个摊子都是好吃的，现在么，水落石处。那本是一碗无心之面，只是为了赚个小钱。

西千佛洞在莫高窟以西三十多公里的峁之间。离开一向笔直朝天的水泥大道，离群小便似的拐进荒原上一条在沙砾中碾出来的毛路，只见四野茫茫，什么也藏不住地平坦，就是电线杆子下面的一双被谁丢弃了的旧手套也看得很清楚，电线杆子立起来，手套也磨烂了，就地一扔，也许还点着了一根烟，过滤嘴烟头也在附近。手套子已经白花花地要归于尘土，过滤嘴却完好无损，它不属于万物。生产它的人们说不定都已经死啦，它还在，坚挺在沙粒之间，沙蜥当它是路障，绕着走。哪里有啥千佛洞啊，这边只通向混沌。大地上浮着一层薄雾，一丛丛枯黄的荆棘溃败般地倒向自己的影子。忽然间，荒原已经到头了，车子停在大地边上。辽阔平坦不见了，大地掉下去，成为一条巨缝。够头看了一下，泥沙和卵石搅拌成的缝壁垂直而下，墙面般地，看不到底。对面是另一堵巨墙，雄浑、苍老、如死去的象群，我就站在这庞然大物的顶上，后面是辽阔的野地，脚前就是堆积在深渊边上的灰，立刻就害怕起来，被谁揪着后领退了回去，否则不知就里，再迈一步，就滚下去啦。我们的车子一直呈“向前、向前、再向前，我们的队伍向太阳”之势，已经不会后退一步，或者说后退是一种公认的耻辱、前进成为习惯、惯性，就是刹车也是为了更快地前进。但这是大地的命令，站住！要么去死吧！

荒原上藏着许多废弃的工程。没有任何预兆，因为已经死了，工业的遗体。这是其中一处。

水电站游记

戈壁滩的大裂缝里藏着一处水电站
两行旧车辙领我找到它
无人贸然闯入荒原的橱柜它也有抽油烟机
那些旧抹布是谁的？齿轮何以不转？
灰暗的大坝停在风中下面的深渊里没有河流
想必有过想必因此设计图纸招标剪彩
力拔山兮气盖世在人民未参与的叛乱中
大地颠覆了强加于它的投资资金弃置野外
只为在一个平庸的黄昏迎接多愁善感的诗人？
哦丰功伟绩我不会赞美你夕照秦宫殿

土掩宋楼台值班室的门被撬开了漫游者踩到灰
又退出来揉成一团的是谁的裤衩？忘了
洪流激越如青春穿越逼仄山谷埋没了无数的半成品
落潮如此刻水落石出的不仅是河床也是贫乏和野蛮
似乎因为我姗姗来迟一堆空酒瓶闪着哀怨之光
更多的摆设说不出名次比如那陀石头那些沙
像是上帝的翻斗车所倾倒它们应当自古如此
“地老天荒”是悬崖上微微抖动的沙棘使我想起这个成语
天就要黑了雪增高着祁连山就像一把收不回来的
游标卡尺钢索桥已跨过峡谷使用了不锈钢材料
但要测量时间它长度还不够

我们沿着大地的边，被俘虏了似的，小心地跟着古代匠人走过的路线走下去，千佛洞就开凿在大地侧面。一只只深陷在砂岩上的窠，看不见鸟。底部是一条大河，当地人叫作党河，就是一条名字发音为党的河流。几天前下过一场大雪，银子般灿烂汹涌的党河被冻结了，停住，大地命令，于是它结冰得道。耀眼刺目，寡到极致，每一粒雪都在发白。岩壁上的千佛洞越发显得黑沉沉的、陷得更深、深不可测。世界渴望着夺目，众神在黑暗的深井中垂目微笑。

游客就是我们几个。狗响亮地喊着。文物所照常上班，几个职工坐在办公室闲聊。管理员提着一串钥匙，走去为我们开门。所有窟的钥匙都在这一串上，这种举动与卢浮宫的壁垒森严比起来，有点令人提心吊胆。这种漫不经心来自一种古老的安全感，神龛是不可知者的在场，谁敢偷鸡摸狗？中国俗话说，请佛容易送佛难，佛像是不可知者的偶像，一旦偶像建成，只能守着，如果毁弃，不可知就吉凶难卜了。像西方考古学家那样，把佛像的身子切割运走，是造孽，要被天打五雷轰的。佛在中国这边人们心目中，并不认为它们是可以搬进博物馆的雕塑作品，这是某种超越了世俗生命的更广大永恒的生命。它们也会死亡、被杀害，但它们的死亡乃是一种罪孽。中国人敬畏老天爷，万物有灵，所有的神都是天上的，佛教徒的偶像也是天神，必须敬畏。只有那些把自己卖给阎王，不怕报应的人，才敢毁损杀害佛像。这个传统在“文革”时代被突破了，政治正确的虚无取代了神的虚无。谁政治正确谁就是神，这是中国历史的一种深刻转变。但这种转变依然是局部的、阶层性的，还有更深厚的阶层继续着古老的敬畏，一旦浩劫过去，敬畏就卷土重来，更加执迷不悟。因此，千佛洞的管理员才敢这样慢条斯理地甩着一串钥匙带我们去看那些国宝。

我们跟着管理员，打开电筒，走进那凝固在岩壁上的黄金时代去。这些色啊，这些北周、北魏、西魏、盛唐、大宋的色啊，是如何从灰烬中升华出来的？一步之隔，外面是令人绝望的灰，里面是长安如云的美女、繁花杨柳、歌台酒肆、得道成仙的俗人……外面是如此的大灰大寡，洞窟里却是如此的出色，灿烂。自然，那层灰无所不在，包括壁画，就是它载着如此多的庄严妙相，也要灰掉，但在众灰之中，它们依然是灿烂，灿烂不是孤立的，灿烂就是灰中之灰。

洞窟里的佛像大多已经毁掉。残肢败体，露出了内部的支撑物，一根木棍。当它满身金箔的时候，我们会忘记它的泥胎，感觉那些菩萨罗汉内部确实藏着灵魂似的。灵魂是塑造出来的，塑造这个活计很具体，木棍、泥巴、稻草、米浆、颜料，研磨金粉……以及鬼斧神工。就是把一切填料颜料都填进去、抹上去，惟妙惟肖地捏出样子，灵魂未必就能召唤出来。有些佛像虽然已经面目全非，但剩下的残体依然出神入化，灵魂一旦被唤醒，那么它也是很难被毁灭的。有个窟里面，壁画的细节已经完全丧失，只剩下最开始的几根粗线条，依然是神采奕奕。有幅壁画上用墨写着几个现代人的名字，他们是 20 世纪 30 年代跟着张大千来到西千佛洞临摹壁画的学生，包括谢稚柳等几位，这几个名字有一个被涂掉了，据说是张大千。这位现代人将敦煌视为博物馆，他一方面保护它，另一方面也摧毁它。他不满足于敦煌呈现于时间表面的这一层，他渴望更深刻者，表面的后面，黑暗深处或许还藏着晚唐，他的探究事物真相的现代欲望驱使他残忍地将一些壁画剥下，永远地毁灭了它们。我们一定要什么都知道了才罢休么？张大千渴望知道被清、明、宋覆盖着的晚唐，当他将时间剥去之后，他发现那里只是无。无论作为人还是作品，张大千都是一个二流的家伙。

大地如帷幕般地被推朝两边，党河就在这宽约一公里的泥石流上涌过来。南边的砂岩帷幕上是西千佛洞，北边是原始砂岩，灰暗阴沉，砂岩顶上是大地，一马平川。党河发源自祁连山。一部分结了冰，但河水依然在冰下面奔流。依然可以看出当初洪流是如何将大地切开涌进来的样子，犹如战场，千军万马刚刚卷过。河滩上布满卵石，像是急行军拉下的满地鞋子。雄浑大气，幽暗的砂岩犹如老迈的象群。有一片河滩后面的砂壁上写着“神枪”二字。一条土路从峁上冲下来，看得出车辙印，似乎有人在此地练习射击。同样的地址，人们可以看见佛龛，也可以看见靶子。

榆林窟也是在洪流冲击形成的砂壁上，窟底是榆林河。乱石滚滚，水流在石缝里穿行。地势狭窄。一切保持着古老的模样，仿佛洪水才在夏天退去，而那些供着诸神的龛仿佛是刚刚从洪水中露出来，其实它们开凿于隋唐时期。那时候就是荒凉之地，今日也非常荒凉，旅游洪流不光顾这个地方。1960 年公布的全国重点文物保护单位，形制如同一个村庄。安静、俭朴的山沟沟，文物工作者在山坡底上勉强开出一两块地，种点杂粮。洞窟里藏着一批不朽的壁画，有时候来几个游客，带进去诚惶诚恐地看上一眼，立即走掉。如果游客要吃饭的话，只能在管理所的食堂。我们是中午到的，所以在食堂吃了一碗臊子面，臊子就是切成小方块的土豆丁，味道很土，好吃。

当时，洞窟和窟前的殿宇是溢彩流金的，岩壁上还有壁画。现在，贲象穷白，铅华洗尽，显出了时间的力量。有些窟挖得相当深，简直就是地道，不知道匠人们在这么深的地方创作，光是如何进来的。要有光，没有光就没有色。看画册与在现场是完全不同的，场不在了，空间成了平面的、规格的。照片就是照片，无法取代真相。这些壁画是环绕着一个空间展开的，一个仪式。塑像在中间，周围是壁画环绕，光线变化不定，众神若有若无，而不是照片那样精确无疑。

25 窟，我又看见了唐，那些不朽的飘带。那些丰腴的下巴，不能说破的是，他们把神画成了梦想的能带来极乐的女性。丰满如乳房的脸，柔软而又热情如火的身体，这是美女如云的世界，美女的树林、花园、衣裳、遮羞布、饰品、楼阁、花朵、云彩、神情，但不是淫荡，或者是超越的淫荡，升华了的淫荡。这是淫荡的飘逸、肥厚、圆润、贞节……这是凝神的淫荡。凝固永生着诸神的淫荡，某种场式的男女双修，永不抵达的在途中的欢爱。

洞窟里的灿烂生活使外面的世界无比呆板枯燥，那是大地的无德的枯燥，还是回去接着画吧，只有那阴暗洞穴的深处才有世界，这一点颇似卡夫卡，他要在最深的房间里写作，这并非自我的强迫，而是房间外面的世界太没有创造性，永恒就是不再创造。创造是人的事。

长安对于他们来说是一种前世。这些杰作是对死亡的回忆，扮演。洞窟外面是荒芜，只有令人绝望的灰，无始无终的灰，匠人要出色只有凝神于洞窟中，只有他的内心、记忆里才有他的色，他的世界，他的女人、神仙、生命、时间，他一次次地在洞口张望，天空和山沟永远如此，象群般的砂岩永远灰蒙蒙地挡着，他只有回去回去再回去，回到他亲爱的黑暗里，一次比一次更深，一次比一次更色，那就是无休无止的做爱，与色做爱，与线条做爱，在做爱中凝于神性。

29 窟。西夏时代的作品。最幽深的窟。令人颤抖。如此美妙，难以言说。在如此近的距离窥视这些神真是可耻，许多画面已经卷皮，只要一碰就要剥落，但人们无可奈何。这种美的诞生并不是为了不朽，只是为了缘分。有缘之人必然会看到它们，并完成下一个轮回。博物馆在研究帮助它们不朽的技术，他们试图发现某种令蒙娜丽莎们永垂不朽的技术，在时间面前，这种技术只是徒劳。但缘分是存在的，只有缘分能够令美不朽，美是轮回而不是凝固。这壁上的每一幅菩萨都美过蒙娜丽莎，蒙娜丽莎可以置于博物馆供人们观摩、意淫。而这里的条件、材料本身就是一种神性，它保证神无法被亵渎，无非被复制、无法不朽。如果神韵得以流传，那是缘分。我们是通过手电筒才窥视到神态的，就像在犯罪，我们在死亡中看着这个活了一千多年的世界，我们是缘分还是最后一批死者？

19 窟的壁上有一行毛笔书写的墨色题记，相当清晰。写的是大礼平定四年有僧俗四人前来巡礼，考古学家考证，大礼当为大理的同名异写，平定是大理国的年号，这是大理国游客留下的题记，时间在五代两宋时期。我们这一行也是云南人，仿佛他们前脚刚走我们后脚进来。如此遥远的地方，从云南来，走路的话少了一两年是走不到的。那时候敦煌就已经影响到遥远的云南了么，以致人们要赶来膜拜？或者他们是步玄奘后尘，要去印度？但如果去印度的话，从云南去更近。或者玄奘之路已经改变了方向，不是西游记而是东游记了？

敦煌地区漫游之后，去麦积山。那是一个阴天。麦积山像一朵莲花或者一只麦穗。远远地就看见巨大的佛像雕刻在山壁上。远古开始的为大地文身的运动在这里登峰造极，人们在山壁上雕出了那种领悟于大地的宁静庄严的感受，而这种感受通过偶像呈现出来。这不是宗教的偶像，而是大地精神的偶像式升华。

最高处是唐代的作品。沿着梯子爬到接近山顶，钻进一个岩洞，我忽然看见了，天神呵！

腰上的描金的泥巴束带仿佛在飘扬。天阴，光线柔和，佛像自身的光亮了。周身漫射着慈悲之光。都已经七百年了，依然这样完美。完美得恐怖！唐朝就在跟前！天香国色触手可及！唐朝是一个什么朝，看这雕塑群就知道了。那些黄金时代的身体，那些美妙迷人的姿态，那些霓裳羽衣。宗教在那些时代并不沉闷，活泼泼的，享福般的，每一尊神都在微笑，微笑不语，置身于大欢喜中而微笑不语。都是泥巴捏成的呵，在如此漫长的时间中，真是可谓泥菩萨过河，自身难保。风吹雨打不说，世态炎凉，人们在各时代的世界观也不一样，却大部分保存着，残缺不多，可想见人们是怎样地一代一代地维护着它们。每一个时代的人都折服于麦积山诸神的美，就算“文革”那样的无法无天也没有摧毁它，到此为止！

如果那时代的人没有感受到那种伟大的满足，他们搞不出这种东西。丰满、丰硕、丰厚、丰盛、丰盈、丰富，丰收，既放荡肥厚又中正微妙，自然而然沉稳厚重又活跃着飞扬跋扈的激越创造力。麦积山也是摩天大楼的高度，虽然令我们接近诸神的现代脚手架有点摇摇欲坠，但有一种巨大的信任感，依靠着，不由自主地依靠着，就是死亡也依靠着。

无法描述

麦积山下散布着古老的村庄。一眼看下去，还真是唐时的样子。炊烟、隐约的瓦色屋顶。白云回望合，青霭入看无。有一家盖了房，门楼上挂着个新刻的匾，写着“耕读第”。忽然乡村大道上滚出来一列锣鼓彩旗，前面的人开着拖拉机、卡车，卡车上站着装扮成神仙的人们。车中一红色条幅上写着“贞观盛世”，“贞观”作为一种生活典范，竟然被向往到现在。向过去学习生活！他们要去麦积山祭神，工具装饰不同了，这由不得人，但信任依旧。大年初七，人们穿红戴绿，都在笑着，他们显然信任麦积山。

我们去村里一家吃饭。主妇胖嘟嘟的，唐朝式的满月脸红彤彤。他女儿更美，丰满天真，红棉袄，在切面，要做臊子面给我们吃。厨房的窗子朝着田野，窗口下面挂着一排金黄色的腊肉。案板黄生生，她低着头切面，切得就像敲快板，面香四溢。

进了屋，这家的老公摸摸炕头，说，热的，你们可以睡睡。上桌了，有大盘鸡，她说是山上的鸡。土豆丝，她说是自家种的。腊肉，她没说，我们看见了。番茄炒鸡蛋、腌萝卜。野菜饺子，她说是早上包上的。最后就是那碗面，热腾腾地从门帘子外面飞转进来。这家人，不只这家，这一个村庄，从唐朝或者更早就住在这里，陪着麦积，只要它在。

天水是秦故地，古称秦州。从敦煌那边去长安要经过天水，到了天水，就进入八百里秦川了。地里面埋着8000年前制作的陶罐。许多影响中国历史的人物出生于此或者来过。秦襄公，我一直以为此公只是左传上的一行繁体字，如果有人告诉你他就出生在这里，如数家珍，意思是这位老国君的襁褓、尿片都曾在这片看起来有点灰的天空下晾过，你真的是会以为是天书从天而降。天水博物馆的女讲解员出版过两本关于天水历史的书，她用一种“我们天水人”的口气说，苻坚是我们这里的人，李渊、李世民是我们这里的人，李白的老家在这里，杜甫在这里住过三个月，玄奘当年睡了一夜才继续赶路……她讲得漫不经心，用一种现代的模式化语言讲解着，把那些千百年前的人物拉到我们跟前，似乎在讲她单位上的领导、同事。这个博物馆不大，却藏着不少令人震撼的宝物，有一匹陶马，是我见过的最美的马之一。“竹披双耳峻，风入四蹄轻。所向无空阔，真堪托死生。”它已经托着死生了，秦州古战场下埋了一堆又一堆骏马，只有它独自扬蹄越过时间，跑过了所有的马，直到这个马都将要绝种的时代，它是马吗？公孙龙没有讨论过这匹马。

伏羲也出生在天水。“古者包牺氏之王天下也，仰则观象于天，俯则观法于地。观鸟兽之文与地之宜，近取诸身，远取诸物，于是始作八卦，以通神明之德，以类万物之情。”“一”这个开天辟地的字就是他画出来的。天水城里的伏羲庙是七百年前建起来的，庙在西关。下着雪，我们一行人在雪花飘飘中走去拜谒。他创造了汉字，一这个字是他第一个写出来的，最简单一笔，却是奠基式的一笔，中国文明开天辟地一画，因为这一画，文明才开始照亮无文的黑暗。大殿里伏羲的塑像是一原始之人，散发披肩，腰部围着兽皮。屈原在《楚辞》里描写过的那种人物：“朝搴阰之木兰兮，夕揽洲之宿莽。日月忽其不淹兮，春与秋其代序”。这个造像肯定是古代传下来的，我相信文明的记忆。如果伏羲是中国文明中耶稣之类的人物，那么看上去他太自然了，仿佛刚刚从森林里走出来，坐在一块石头上休息。而十字架上的耶稣则是一个悲剧演员。《山海经·海内经》记述：“南海之内，黑水、青水之间，有木名曰建木，大皞爰过。”“大皞爰过”，说的是伏羲像猿猴那样，还有攀缘大树的本领。神话又说伏羲是“人首龙身”，信然，我相信他正是一位部落领袖、头号大巫。在云南地方，某些民族的节日里还可以遇见这类将自己打扮成蛇或其他动物的巫师。伏羲这一套在云南最易明白，中原地方，因为开化过早，远古之事已经模糊，容易牵强附会。伏羲一出，文明之道从文身时代转向了文字时代，伏羲创造的字还有神秘感，抽象玄妙，仓颉则更将它实用化了。“仓颉之初作书也，盖依类象形，故谓之文。其后形声相益，即谓之字。”伏羲的八卦还有文身的抽象风格，八卦颇似云南怒族的文身，到仓颉反而具象起来，发展成象形文字了。先抽象后写实，然后写实与抽象“天人合一”，这是汉字的道路？

道生一，一是文字的开始，“造书契以代结神之政”。《说文》：“一，惟初太始道立于一，造分天地，化成万物。”这个道，既是道可道非常道之道，也是文字之道，文字出现，万物才能够“必也正名乎”。《淮南子·诠言》“一也者，万物之本也。”一就是道，非语言文字可道之道，太初有道之道。道可道，非常道，文字就是非常道，常道是“天何言哉”，非常道是文字之道。文字就是命名、分类、约定。一生二，一，因为这一画，天地才从混沌中分开。二，这是第一分，一分为二，天地有德，人说话了。二生三，三就是文明，文照亮世界，化成万物，万物得以命名。三生万物，万物就是文章、文本。天地人，人在天地之间意识到自己的超越性位置，人是文人、仁人而不是其他人。文字、文章、文本，这是文的三个时代。文章时代，文明最明。文本时代距文身（无文）时代最远，已经“一言以蔽之，诗无邪”了。从文本回到文章甚至文身是文明的一种轮回。文字的诞生也可以说就是七窍通而混沌死。“夫天地为炉兮，造化为工；阴阳为炭兮，万物为铜。合散消息兮，安有常则？千变万化兮，未始有极，忽然为人兮，何足控揣？”（贾谊《鹏鸟赋》“天雨粟，鬼夜哭”，人现在掌握了巴别塔的秘密，汉字能够将不同方言中的部落在字上统一团结起来，人能像神那样契定莫测者了，可以通过文字来虚拟“控揣”宇宙并定位了，“抱一而天下试”“以垂宪象”，混沌七窍流血，被文字分类瓦解，因此“天雨粟，鬼夜哭”。大地上出现了人，“仁者人也”，这个仁者从大地上出来，大地成了它的对象。仁者仿佛意识到自己的罪，因此时刻要强调“道法自然”“天人合一”。

一的出场导致了文明，“以垂宪象”，它也成为人的桎梏。“吾之大患在吾有吾身”，为什么是大患呢？庄子说：“吾生也有涯，而知也无涯，以有涯随无涯，殆已！”身就是有涯。人与兽本来没有边界，身之觉醒使人从自由进入局限，这是身。世界现在不再是混沌一体的无涯，人已经脱离混沌成为第二个人，他开始有涯之烦。人通过自我文身将“吾身”对象化了，“有涯”了。庄子又讲“吾丧我”，吾是无我之大吾，身是自我之小身，道法自然从“我回到吾”，这又是一层觉悟。

天空飘起了大雪，伏羲庙大殿前忽然走来一队人马，老者率领，在大殿前舞蹈一番，然后进得殿来，一起跪下。扑通之身如闷雷。三叩，然后退去。殿外古松虬卧，一老者站在雪花中，穿呢子大衣，戴着礼帽和眼镜，他说是本地人，中学语文老师，退休了，天天都要来伏羲庙走走，风雨无阻。

走出伏羲庙时，雪霁。阳光出来，把天水城照得水灵灵的。

对联、鞭炮，正常的城市，在过着春节。还有些乡土中国的影子，很亲切。有一家门上挂着油腻的门帘，两边的对联是新贴的，很美。那对联写的是：福临桔井四季安康（上联），春满杏林百花吐艳（下联），悬壶济世（横批）。这家有个中医。

天水城气氛厚重，阴阳交汇，天地灵气犹存，还未被现代化的骄阳千篇一律消灭。建筑物新旧杂陈，既有古老的闾阎，庙宇寺观，也有新式大楼，并不逼仄，新式大街，也不荒凉。明代胡氏旧宅颇有唐时遗风。唐式建筑我在京都见过，那都是高堂大殿，日本人把唐代建筑像教堂那样学过去，学得高大森严、失了市井气。胡氏老宅，我感觉就是唐的民间样式，寻常巷陌里殷实人家的住居。一个时代在政治上消亡了，生活世界未必，房子还是要那么住，水井还是要那么打，这个来不得此一时彼一时，这是经验。唐是一个大兴土木的时代，中国建筑风格从那时兴盛辉煌并一直被继承。一般来说，在栖居上，人类的经验比较稳定，直接关系到身体，就是身体的外延，不必变来变去，就是变也只是在细节上，柱、梁、檩、椽、榫卯、门窗……之类，大约总是大同小异吧。胡宅虽是明朝盖的房子，但感觉唐式建筑经验、尺度、美感还在延续。这个时代是例外，一夜之间连房子都不会盖了，图纸材料施工都要模仿他人。现代建筑大多呆板寡味，仅仅实用，使得幸存的古代平常民居看上去就像仙阁琼楼。材料极为讲究，所以虽是土木结构，却历经近四百年岿然不动。做工非常精细，中国人的宗教精神不是在对佛经的领悟理解上，是在日常生活的做工上，所以叫作鬼斧神工。非常实用，各种功能齐全，客厅、卧室、书房、小姐楼、客房、仆人房、厨房、库房、茅房、花园……处处匠心独运，一定要造出移步换景的效果。非常注重建筑的诗意，不仅仅是居，而且是雅居。海德格尔说“诗意的栖居”，他不知道汉语里的这个雅字。把家像天堂、仙宫、庙堂那样营造，中国人的入世，不仅仅是粗陋地活着，而是在水井瓦檐处打造性灵世界，中国的神也住在家庙里。胡宅给人的感受就是这样，既是家，也是庙。即是修身养性的家园，也是尊卑有序的佛堂。朱晓阳想起白居易的诗，立即就在手机上搜索，找出来看。关于宅子，他写得可不少，颇具现代感，少有小资式的感伤哀怨，实景实录。“静巷无来客，深居不出门。铺沙盖苔面，扫雪拥松根。渐暖宜闲步，初晴爱小园。觅花都未有，唯觉树枝繁。地润东风暖，闲行踏草芽。呼童遣移竹，留客伴尝茶。”“林园四邻好，风景一家秋。门闭深沉树，池通浅沮沟。拔青松直上，铺碧水平流。篱菊黄金合，窗筠绿玉稠。”“地与尘相远，人将境共幽。泛潭菱点镜，沉浦月生钩。厨晓烟孤起，庭寒雨半收。”只是，如今人去楼空，成了博物馆。我们去的时候游客不多，幽暗的厅堂里仿佛有窃窃私语，一穿着白色羽绒服的姑娘在向着一只电取暖器，电热丝发出红彤彤的光，照着她抹粉过度的脸，很是诡异。还有一首叫作《凶宅》“长安多大宅，列在街西东。往往朱门内，房廊相对空。枭鸣松桂树，狐藏兰菊丛。苍苔黄叶地，日暮多旋风。”

这一天是正月初九，玉皇大帝生日。天水满城喜气洋洋，穿红戴绿令人眼花缭乱，人流都朝着一个方向涌去，干啥呢，玉泉观赶庙会！一行人就着了魔，都想去赶庙会，马上改变原订去兰州的计划，弃车留下，赶罢庙会再乘夜班火车去兰州。摩拳擦掌就跟着天水人民走，马云难过起来，如果乘火车回去，他就买不着火车票，他的身份证过期了，用的是在机场开的临时登机证，只能乘飞机不能乘火车。爱莫能助，只好和马云告别，他闷闷不乐跟着车子先回兰州。他这一去，就是九死一生。早晨那场雪在高速公路上结了一层冰，车子只敢慢慢地开，千小心万小心，开出去一百多公里时，前面的车来了个驴打滚，司机手疾眼快轻，只敢轻轻地踩刹车，车身立刻横过来，朝着前面的车屁股撞过去，幸好在距前车一米时刹住了。

玉泉观就在城边，从城中心走过去不过十多分钟，居然是一座山。已经成了人山人海，中间留着一条过道，两旁是卖各种小吃的、卖玩意的，卖香的、卖日用杂货的、唱戏的……一路喜气洋洋。小吃大约还是古代那一套，这种东西无法革命，比如荞麦凉粉，依然要加入油泼辣子、芝麻酱、醋、酱油、芥末、蒜泥、盐巴、花椒面等等，云南也是这样做法。这一套都革命了，那还了得！历朝历代，苍天已死，黄天当立，这个天走马灯似的变来变去，但民以食为天不变。玩意都很拙劣，基本上已经没有手工的，塑料做的居多。但孩子还是喜欢，他们可不管材料，好玩就行。进香的人每人得到一根红带子，有人围在脖子上，有人系在腰上，有人系在手腕上，五花八门，随心所欲乱系。叫花子系着，老板系着，学生系着，老师系着，领导和员工都系着，爷爷奶奶孙子婆媳姑爷舅妈小姨妹都系着，加入了一个组织似的得意。斗转星移，人间许多材料都换了，做工也不同了，塑料、金属、化学颜料都进山了，但人们重视的不是材料、实物，而是这些材料导向的虚无、冥冥。那菩萨就是硅胶、玻璃钢塑的，人们也要敬香。实物必须要有经验中能够导向虚无的形式，这个形式来自传统。比如玉皇大帝，必须是这一位，历朝历代都是这一位。从前安过祖先之心，现在还要安后辈的心。材料变了，日新月异，安心的其实还是传统。因此许多现代细节无法细究，比如蜡烛，闻着那气味就不好，掺了某些古代没有的颜料，但只要营造得出“红烛昏罗帐”的氛围，它就是烛。庙会该怎么赶还是怎么赶，这个形式依然是那个形式，没有像其他节日那样标新立异。烧香，磕头，不分男女老幼都坦然下跪。许多染着黄色头发的年轻人也扑通扑通跪下，跪得敏捷响亮，双双跪下、一伙地跪下、桃园三结义跪下、扔了拐杖跪下……这是一个令人放心的动作，再怎么牛皮哄哄，再怎么腰缠万贯，还是得服这些冥冥中的，无法预测的，一文不名的、不表态不打分的，只可意会不可言传的，好自为之吧，别得罪了这些在家但不在场的。送子娘娘前面站着个戴墨镜的老者，收了香客递上去的一元两元，就敲一下锣，抓给他们一把花生红枣，意思是早生贵子。想着马云一个人回去不好玩，也为他捐了两块钱。在山头看，只见山坡上浩浩荡荡地走着一支花花绿绿的队伍，上山下山、前进后退都在一支队伍里，嗡嗡轰轰、叽叽喳喳、摇摇荡荡、婷婷袅袅、停停走走、青烟缭绕、宛若蛟龙。人群里面，女子最美，全都出来赛妆了。天水人多有唐貌，男子阔脸浓眉者不少，女子长着唐三彩女俑那种胖脸的也比比皆是，天水所养，丰腻白润，相当美丽。真是“三月三日天气新，长安水边多丽人”。大家什么神都要拜，就像走访亲戚，哪个神也不敢得罪，正殿里的大神，旮旯角落里的小神都要上香，神也是会传话的。拜过青龙殿拜白虎殿，出了玉泉阁去三清殿，下了遇仙桥上通仙桥，叩过雷祖去叩三官，诸葛祠，托公祠，三清阁，苍圣殿，玉泉井……都要走一趟，山上的树、石头也要烧香挂红，万物有灵。偶像繁多，神只唯一，这一点颇近印度。

从玉泉观下来，去一家面馆吃羊肉泡馍。这家的馍掰着的时候就觉得很软，羊肉汤一罐上去就成了糊，几口喝光了。

晚上坐 8 点的火车回兰州，12 点到。大街已经空了。马云说，他此行虽九死一生，但到了兰州城里，司机指点他去一家馆子吃牛肉面，一海碗整下去，回旅馆洗了个热水澡，压惊，心定。我们再见到他时，正低着头审阅相机里的照片呢。

最后一站是甘肃省博物馆。按惯例从史前开始，陶罐。入口处有一个原始部落生活场景的模型。条状的干栏式建筑。忽然想到，中国文明的起源在某方面或许与条状物有关。条，说文解释：条，小树的枝。或许华夏远祖对条状物更为敏感，森林、河流、地平线、太阳光线、植物、老虎、苎麻……都有条状的暗示。条也是事物的边，边是事物的抽象关系而不是事物本身，中国文明非常重视关系，系就是各种各样的边的陈列、连缀、连属、绞缠、综合、约束……事物与事物之间最抽象的联系是条状的，一道道边，边界、边际、边线、边疆、边沿……从这边到那边。小树枝、原始部落建筑物的干栏构架、文身的条纹、编织物、结绳记事的绳子、马家窑陶罐上的线条、伏羲的一、汉字的线条、纸张、布匹中的经纬、房屋架构、面条……都是条。条理、条件、条分缕析、条例、条目、条约、条规、条款、条令、条陈、条子、框框条条、条凳、条贯、条畅、条播、条文以及教条、天条、戒条、信条、封条、通条、路条、一条心、一条道、链条……无不是条。

条又导致了关系。维系、联系、体系、系统、谱系、根系、世系、嫡系、派系、语系、路线、生命线、阵线、战线、前线、经纬线、搭桥牵线……《周礼·天官·大宰》“以九两系邦国之民。一曰牧，以地得民；二曰长，以贵得民；三曰师，以贤得民；四曰儒，以道得民；五曰宗，以族得民；六曰主，以利得民；七曰吏，以治得民；八曰友，以任得民；九曰薮，以富得民。”“缕条紧而贯矩，针鼻细而穿中”（庾信《七夕赋》）“若网在纲，有条而不紊。《书·盘庚上》“声气远条”《汉书·礼乐志》“南夷与北狄交，中国不绝若线。”《公羊传·僖公四年》比如汉字，每个字都是独立的，其意义要在上下文关系里面才知道。关系一变，意思也不同了。维特根斯坦所谓“用法即意义”也许更适合于汉字。这又影响到人生，在中国，关系学比契约合同更重要。情理，情先理后。远近亲疏，情是一种关系。关系对了怎么都行。关系这个词很奇特，一方面是关，另一方面是系，关着又如何系呢？查繁体字，发现写成關，系是藏在门里面的。

甘肃省博物馆的镇馆之宝是武威出土的那匹铜马。我终于看见了它。四十年前在图片中看见，就一直在找原作。看过各色各样的复制品，都是崴的，伤眼。这是汉的作品，那时代大风起兮云飞扬，英雄壮士的黄金时代。它不仅“矫健俊美”，更浑圆强壮，犹如力士。浑圆丰满的身体似乎暗示一种成熟的母性，昂扬的头颅脖颈又像阳刚的太阳之神，一匹阴阳合体的天马。连这样肥重健硕的马都飞将起来，那时代的风该是多么雄壮。“君未睹夫巨丽也，独不闻天子之上林乎？左苍，右西极。丹水更其南，紫渊径其北。终始灞浐，出入泾，酆镐潦潏，纡馀委蛇，经营乎其内。荡荡乎八川分流，相背而异态。东西南北，驰骛往来，出乎椒丘之阙，行乎洲淤之浦，经乎桂林之中，过乎泱漭之野。汩乎混流，顺阿而下，赴隘狭之口，触穹石，激堆埼，沸乎暴怒，汹涌澎湃。”（汉司马相如《上林赋》）不只是写上林，时代之风也。这匹马就是为那两句诗“大风起兮云飞扬”“壮士一去兮不复还”而浇铸的。

大家议论了一阵。有人说马踏的是龙雀、有人说是鹰，有人说是踏着云，郭沫若说是飞燕，莫衷一是，但确实是一踏上去，它就飞翔起来，举重若轻的是脚下的这一片。

电线杆

死者们一万年后爬出来
永恒的荒凉上出现了电线杆子
传说它们把闪电押进集中营的铁丝网
试验如何令天空与大地绝缘
就像毛利人虚构的鬼魂躲开风
顶着冒牌的十字架胸前写上编号
暗示过路者这是偶像的原始形式
在大地之墓上拉紧游丝般的手
像那些古老的战士彼此搀扶互相鼓励
天空忽然翻脸舀一瓢子沙劈头盖脸浇下来
在白瓷乳头上擦出几缕蓝色的物理火星
没有爱情的地区长途客车开着射灯掉头逃窜
也没有文献来过的都失踪了包括成吉思汗
包括那些扯电线的瘦工人天苍苍
野茫茫沙砾在滚骆驼草在晃
轮回复原总是需要标新立异来证实
站起来只是为着再次倒下彻底去死
不仅作为失败的物理也作为一种梦呓的遗骸

2013年4月6日星期六写毕
6月5日再改

黑河散记

我以前不知道黑河就是黑龙江，现在知道了，黑河就在我面前，顺着台阶走下去，摸了摸，不冷，辽阔，缓慢。夏天，水呈浑黄色。当地人说，到秋天水就清了，清得发黑，所以叫它黑河。远方停着深棕色的船坞，好像在移动。对岸是俄罗斯，河坝上看不见人影，有一根烟囱懒洋洋地冒着烟，仿佛在思索。那国家在做什么，令人好奇。我们这边是灰色的水泥大坝，建筑林立，许多游客在张望对岸，为了让他们看得更清楚，还有人支起望远镜出租，五元钱看十分钟。夜晚短暂，就是黑夜降临，大地和天空之间也有一条裂缝，后面藏着一个装满光芒的箱子，令人神往，似乎有位守财奴拼命在关上他的金柜。忙碌到九十点钟，好不容易关起来，宇宙沦入黑暗里，星星如这箱子上的铆钉一般寂寥。但过不了多久，那箱子又裂开了，裂缝越来越大，光芒终于再次喷涌而出，弥漫整个天空。天光大亮时，才不过四点前后，已经有人牵着狼狗在大街中央漫步了。黑河的汽车不多，人还可以在街道中央走走，我也跟着走，但后背发虚，总是忍不住要回头看。

黑河对岸是俄罗斯的森林、平原、丘陵以及城市（布拉戈维申斯克）。此岸与彼岸是一个地区，无非被国家的概念隔开了。从俄罗斯那边看过来，黑河市也差不多，只是最近几年多了些色彩斑斓的建筑物，白桦林、灌木丛、玉米地、大麦地……依然是无边无际的。国家并不抽象，虽然在同一土地上，语言、风俗、文化都很不同，但有一样似乎并不因为国境线的存在而不同，那就是人们对生活的态度。看上去，此地的居民总是不慌不忙，漫不经心地钓着鱼，漫不经心地在河岸从早坐到晚，漫不经心地啃着一只玉米棒子去海兰街后面的菜街子溜达，甚至也漫不经心地上着班，没睡够似的（这意思并非他们不兢兢业业，只是令人好奇的是，这个地方如此的欣欣向荣，但生活的节奏却慢腾腾的）。黑河人总是慢吞吞地走在街道上，迈着八字，甩着手，一幅主人的架势。熟人和熟人见了面，不是说“吃了么”，而是说“溜溜？”“溜着呢！”河岸上，时常可见人们搭起帐篷，坐在芦苇旁喝啤酒，说话。也有人在钓鱼，每次起竿，用的力都仿佛是要钓起整条大河，但出水总是小小的一条，仿佛扯下来一片树叶。每天都有人在黑龙江里游泳，他们从下游走到上游，跳下去，很快就被水流送到下游。就像西绪弗斯，走上来又流下去，再走回来。这种游泳与通常锻炼身体的游泳不太一样，他们只是在玩，体验被水流卷走的快感，竭力克制着总是想一走了之，随波逐流，不知所终的冲动。下水很畅快，上岸很吃力，黑龙江令人依依不舍。总之，慢下来了，世界停在这里。任谁看一眼那无边无际没完没了的大地，那慢吞吞的不言不语的大河，都要叹一口气，忙个什么呢，悠着吧。

住在河对面的俄罗斯人一样悠闲，而且在无所事事上好像更甚。在黑河城里到处可以遇到这些身材壮硕、不修边幅的家伙，提着装满廉价日用品的大包，趿着拖鞋，在这里咬着大饼，在那边喝着啤酒，在一栋大楼里打保龄球，在另一栋大楼里吃自助餐。绝无外国人的隔膜感，在集市里钻来钻去，咧嘴大笑，对要价几十元人民币的衬衣讨价还价，对中国商人的小聪明不以为然。比较之下，中国人可是个个财大气粗，对这些廉价货不屑一顾。俄罗斯人绝无欧洲人普遍的那种自豪感（他们骨子里不认为自己是欧洲人，俄罗斯，欧罗巴，他们是这么想的）。倒有一种乡巴佬的天真神情，仿佛不是揣着护照，穿过海关，来自与美国较着劲的俄罗斯，而是来自中国的某个乡下。据说黑河政府为鼓励俄罗斯人来黑河做生意，给了许多优惠政策，免税啦，廉租啦，但少有俄罗斯人来，整个黑河市没几个俄罗斯商人（至少我没看到）。倒是中国商人卖什么都打俄罗斯的旗号，许多商店的招牌是俄语的，拼写谬误百出，令俄国人惊讶而自豪，在他们那边，可没有汉语的招牌。到处充斥着冒牌货，这些货的质量其实并不那么差，为什么不能直接说就是中国货呢？与其他外国货相比，“俄罗斯造”有什么吸引力呢？俄罗斯在日常用品的市场上真的是没有多少作为，恐怕只有邮票、鱼子酱、熊肉罐头、巧克力、望远镜、放大镜、军用呢子大衣是真的。俄罗斯的东西简单、粗笨，憨厚、诚实。也许人们就是冲着这些来寻觅俄罗斯货。俄罗斯的兴趣不在中国世界趋之若鹜的那些方面，欣欣向荣、日新月异并非世界的唯一方向，赚钱并非生活的第一要义，俄罗斯人的幸福感大约在别的方面，据俄罗斯 RIDUS 新闻网报道，全俄民意调查研究中心的数据显示，大多数俄罗斯人不愿成为企业家。他们不希望自己的行动受到限制。生活本身是第一位的，饮酒、拉手风琴、看木偶剧，看话剧，去东正教堂、跳舞、磨洋工、调情、也许还读读普希金，模仿着写几行……是的，我青年时代读过大量俄罗斯作品，这个国家的作家少有巴尔扎克、狄更斯这样描写市场生活的高手，也少有杰克·伦敦那样热衷探险题材的作家。俄罗斯的作家都是崇高忧郁或者朴素深刻的大地诗人，普宁、高尔基、屠格涅夫、陀思妥耶夫斯基、托尔斯泰、莱蒙托夫、普宁、契诃夫、帕乌斯托夫斯基、肖洛霍夫……谁不是？昆德拉说："陀思妥耶夫斯基令我反感的东西，是他的书的气氛；一个什么都变成感情的世界；换句话说，一种感情被提升至价值和真理的位置。"纳博科夫受不了这一套，逃到美国去了，他揶揄俄罗斯的诗意，冷酷无情地写《洛丽塔》，但在固执的俄罗斯们看来，昆德拉或者纳博科夫恐怕永远是一个俗不可耐的角色。其实有一次我看到过布罗茨基的文章，他不同意昆德拉，"陀思妥耶夫斯基多数小说的主旨都是一种为个人灵魂所作的搏斗，因为他认为每个人都有灵魂，每个人都是一个精神实体。他所写的是关于信仰与世俗功利之间的争斗或者说拉锯，是关于个人灵魂在善恶两个深渊之间的摇摆。这两个深渊被昆德拉戏称为"阴暗的深刻性"。想到这里，我再次瞥向对岸，是的"阴暗的深刻性"，那也是俄罗斯大地的色调。他们还在为个人的灵魂搏斗着吗？

一河之隔，中国这边普遍沉迷于商业生活。人们的话题不外乎挣钱、房子、汽车、出国（在出国上，俄罗斯可不是热门，人们对这个缺乏名牌的国度迷惑不解，去彼得堡干什么？那里可没有哈罗德百货公司（彼得堡扬名世界的是白银时代阿克梅派的诗歌或者安得烈·别雷的小说《彼得堡》)。有一次前来布拉戈维申斯克巡查的普京用望远镜朝中国方面看，非常吃惊，从前的那个小渔村已经高楼林立，楼顶的大招牌用俄语写着“远东”。“黑河人创造了奇迹，”普京说，“黑河已经成为购物天堂”。俄罗斯人评论道：“中国今天就像俄罗斯彼得大帝时代一样，正处于辉煌时期，总能听到斧、凿之声。”“一个老房子白天看的时候还在着呢，晚上就被扒掉了，而第二天早上新的地沟已经挖好了！这就是中国的威力。”资料说，布拉戈维申斯克那边有国家话剧院、木偶剧团、同龄人歌舞团、阿穆尔州乐团、“列特罗”乐团以及40多个儿童音乐学校、美术学校和艺术学校。一些俄罗斯人很羡慕中国，远东地区居然有麦当劳的连锁店，就在黑河！俄罗斯的商品在黑河的市场上寥寥无几，却有艺术品出售，在海兰街的一家古玩商店里，摆着托尔斯泰、普希金和高尔基的青铜雕像，作家王祥夫买了一尊托尔斯泰，只有一尊。沉思着，像是大教堂里的某位使徒。我们都在托尔斯泰的阴影里。我想起四十年前，秘密阅读他的书，危险、害怕、颤抖、兴奋、着迷，像是走进一座古老的教堂，窗子打开，周身被风裹住。哦，俄罗斯，你还在吗？大地给我的消息是，还在。许多商店在出售俄罗斯的当代油画、雕塑。有一头青铜老虎，塑得非常生动，黑暗的身躯似乎刚刚醒来，正低头迈出森林，在写实与表现之间，作者在迷狂中搓捏滑动的手指印和指纹清晰可见，问了问价格，便宜得吓到我，只有一个，还有作者签名。俄罗斯的油画普遍画得很有功力，继续着巡回展览派的传统，没有野怪黑乱的标新立异，不必解释，就是大地上的景致，温暖的人生，美丽的世界，适合于挂在卧室、客厅。

黑河市的街道基本与黑龙江平行，沿河的大道是一个漫长的公园。人们天一亮就朝那儿涌去，这种不约而同地涌向大河的运动一直持续到夜晚，黄昏是高潮。游泳的、跳舞的、散步的、遛狗的、站在此岸看对岸的，孩子、少年、老人、妇女、男子、女子、公务员、商人，大家都过节般地来到河岸，快乐显而易见，并非节日那种快乐，而是看见黑龙江那宽厚深沉的水面人们就眼球发亮，许多人已经如此朝拜了一辈子，但还是要再次去到江边，看着河流，再次眼睛发亮，他们这辈子都看见了什么，在那河上？在冬天他们看冰，大河冻结成陆地，可以在上面开汽车。

五点钟，露天的早市已经开始了，漫长的集市，沿着黑龙江，在顺河数过去的第三条街，蔓延了近一公里。阳光灿烂的集市，中国许多地方的集市都已经躲躲藏藏了，被视为脏乱差的重灾区，而黑河的集市却光明磊落，在天空下，灿烂辉煌，新鲜生动，冠冕堂皇。蜜蜂般发出巨大的嗡嗡之声。充满欢乐的自由市场，实用而便宜，迎合着生活最简朴的诗意。卖什么的都有，西面是跳蚤市场，旧工具、旧书、旧器皿、就家什、装模作样的假古董、小提琴、1958 年出版的《诗刊》《俄语》……中间一大段是卖各种从深圳、广州、江浙一带进来的衣服、乳罩、斧子、手机、夹克、啤酒、糖果……琳琅满目。这一带俄罗斯人最多，一家三口，一家四口、一家五口……吃着、提着，嚷嚷着，东张西望、揪着一块料子不放。小贩与某个俄罗斯男子开着色情玩笑，他出售的玩具里有一个正在撒尿的小怪物，一按机关，一股泉就喷出来。我最喜欢的是东边这一段，油锅蒸笼桌子一路支开，卖油条的、卖油饼的、卖豆浆、包子的……大吆大喝，俄罗斯人站在摊子旁吃得汗淌。然后是菜市，五颜六色，大枣！大枣！红彤彤的大枣，黄澄澄的小米、红灿灿的辣椒、黑龙江的野生鱼（都这么说，其实不多了，大都是箱养的）。再过去是花鸟市场，一地都是黑龙江里的石头，人们用皮卡、拖拉机运来卖，论个砍价。到了民间，你才知道中国的艺术是什么，那不一定是油画、雕塑、话剧、“同唱一首歌”什么的。道法自然，在石头里看出美之玄机，这种艺术与对岸不同，没有一个俄罗斯人会买石头抱回布拉戈维申斯克去。如果这些拉石头的卡车开到对岸去，恐怕要被视为疯子。我在黑河的一个旅游景点遇到一个俄罗斯大娘，她是被雇来与游客拍照合影留念的，她自己也是一位艺术家，她拣些石头，在上面画彩画，画得跟童话似的。有个石头看上去像脚丫，她就画些红色的脚趾头，卖 40 元一个。她眼里的石头只是材料，还要加工、创造。而在中国这边，石头不是原料，而是造物主的鬼斧神工，是道之所在。卖石头的都是当地居民，有被太阳晒得黑乎乎的老汉，也有大娘、小伙子，一个个都像石涛大师似的知道哪块石头美，哪种品位的美。大爷说，买吧，这块好者呢。他瞅着我喜欢那些看上去很拙的石头，就抬来一块，从江里面很深处挖出来的呢！我很喜欢，也顾不得行李是不是要超重了。拙朴！也有摇着羽扇的心事重重的古董店老板，他的铺面就在海兰街上，每天一早就来石头堆里瞅，可是发了大财，集市上的石头一两百块钱一个，他弄回去，配个木头座子，再取个名，什么金猴捞月啦、神龙探海啦、玉树临风啦……就能卖到一千两千。我又相中一个，他说三千。唯唯而退，转一圈再回来，再问，他又说三百，已经忘了上次开的价。石头的作者是造物主，而人的眼光则是第二个作者，没有人的合作，这些乱石成不了作品。你的眼睛里安的是一堆乱石，那么这些石头永远是乱石。你的眼睛里住着诗人，那么它就不是石头，那是“象外之象”“味外之旨”“蓝田玉烟”“羚羊挂角”，是石涛、是齐白石、是八大山人……此岸的文化与彼岸的文化此时才看得出端倪，如果你只是奇怪黑河怎么没有歌剧院和艺术学校，那么你永远不知道这地方的文化。石头，从河底捞出来，挪动到自家的客厅里、书架上，完好无损，石头还是那个石头，还是待在黑暗河底的那样子，却已经得道成仙，而主人是这个石仙的作者，他内心获得造物主那样的喜悦和满足。道法自然在我们这边不是说着玩的。黑河的自由市场也许是世界上最美丽的市场吧，我孤陋寡闻，如此阳光灿烂，生动活泼丰富美好的市场我没见过几处，就因为这个市场的存在，我还会来。

这地区的公路笔直，直通天外。但就算如此的大道如青天，也还是要限速。开车前，司机跳下车，用黑布蒙住车牌，对我们咧嘴笑笑，说这样才跑得起来。他果然飞驰而去，时速 130 公里，奔向五大连池火山，这地方还在黑河境内，真是天大地大，黑河虽说只是个市，但就算开着车，它的大部分地区也动辄要跑三四个小时。下了一场大雨，大地仿佛漂了起来。黑土盛着绿洲，绿色来自大豆地、玉米地、小麦地……也来自白桦树林，无边无际的白桦树林。什么时候长出来的，就像梦。我的家乡那边没有白桦树，它们在我的梦里生起来。边缘的桦树闪着白光，像是在战争中受了伤，缠着绷带，但决不倒下的士兵，一个军团一个军团的士兵，汹涌而来，汹涌而去。深处的桦树逐渐暗去，幽深中有些白影子飘着，令人产生跟着它们走向黑暗的欲望。你总是看见更美的白桦，它们的枝干上有许多眼睛，也许迷路就是这样发生的。

黑河地区的村庄依然古老、朴素，并没有像内地的村庄那样大兴土木，那些平房狗群般地扒着大地，仿佛在嗅那土地的气味，有人在修理屋顶，令人感动。

五大连池火山群是世界地质遗产。远远地看见大地上出现了几座苍绿色的山包，与我想象中的火山相去甚远。我并没有仔细估量“世界地质遗产”这一命名的分量。旅行手册喜欢强调它的冷矿泉、治疗皮肤病的火山灰、空气质量、催眠作用什么的，给我的印象这是一个疗养院，因此不以为然，值得跑这么远来一趟么，疗养院多的是。此地并不像南方那些旅游热点游客如织，有点荒凉，几个正在治疗皮肤病的病员满脸涂着火山泥在空荡荡的大街上走。

但是，当我离开疗养区，进入火山地区的时候，即刻目瞪口呆，被强烈震撼。不走到面前是看不见的，这里，烧焦的东西依然无边无际铺开在大地上，就像一张可怖的脸。这是原始的大地！这是大地的召唤啊！我忽然意识到黑河的魅力所在，黑河保管着大地。

世界最惊心动魄的风景之一，改天换地的运动在火山地区终结了，这荒原只有死亡，只有死去大地的焦骸躺在天空下，这种彻底的无用令大地完整。大地仿佛拒绝遗忘，顽固保持着被浩劫的记忆。一边是绿洲，一边是冷却的死亡之焰，仿佛大脑的两边，泾渭分明。无边无际的熔岩早已凝固成黑岩，但依然保持着被烧烤时的痛苦模样。大地有各种样子，有的样子已经被我们的美学所接受，有的样子惨不忍睹，不知该如何言语。导游们搜肠刮肚想出些命名，但软弱无力，内地江南那种小桥流水枯藤老树昏鸦式的命名在这里无效。一坨坨火山岩就像广场上人群的脸，每个都不一样，说不出谁是谁，一定要命名的话，你得给每一个焦岩都取个名字。这死亡的雕塑群令人窒息，深感无助，如果不是里面已经修筑好游览的小路，人恐怕走不出去，虽然高温早已冷却，但这烧焦的鳄鱼背上依然寸步难行。依然可以想象那远古铁蹄的杰作，喷着火焰的疯牛，开出万千台推土机，把焦红燃烧着的岩石、浆液、大树推向四野。五大连池火山最后一次爆发是在 1720 年，那时代的人不知道大地上发生了什么，只是惊恐无比，目瞪口呆，看见天空下浓烟滚滚，“三日不见太阳”。大地像是罗丹塑造的加莱义民，奥斯威辛的焚尸炉或者基弗油画中二次世界大战后的悲剧现场，这种风景有着康德美学所谓的崇高力量，敦厚中和的中国山水画不适应这种题材。就像油画那样，大地是一些瘢痕、伤疤。我不寒而栗，走在其中就像走在地狱中央，走在末日，走在 1945 年的广岛，但丁的大脑，烧焦的狮子、狼群、奠基石、粪便、恐龙、大象、大厦、栋梁、鳄鱼、魑魅魍魉、手臂、鼻头、树木、鲸鱼、攥死的拳头……耸起的火山犹如死人堆里爬起来的大尸体，朝天空张着巨口。虽然植物已经卷土重来，但伤口依然无法彻底痊愈。那时候，某物喷出平原，仿佛大地一直在黑暗里进行惊心动魄的交媾，抵达极乐的喷射导致了毁灭。被巨大的涅槃之浪带向天空的熔岩抵达高处又滚滚塌下，携带着火焰、翻开深处的舌头，呐喊着……疯人院的红色激浪从高处滚下，犁头般飞驰、麻花般扭曲起来，纳粹般铺开成巨大的广场，嗨尔！嗨尔！大地被撕扯、溶解、焚烧，黑暗的石油嘶嘶淌出，禁锢在岩浆中的凤凰展翅欲飞，又跌下来，焦黑的羽毛一排排凝固在地表。圆的变成方的、宽的变成窄的、长的变成短的、高的变成低的、软的变成硬的、阴阳倒错、黑白颠倒，一切都在错位，变形；一切都在溶解，黏合；大地的革命是如此惨烈、浪漫、丰富、极端、恐怖而整一，无论曾经被火焰塑造成什么形状，都死掉了！火山在滚热焦煳的烈焰中都干了些什么，是永远无法根究的，有些易燃品，比如木头，居然没有在高温中化为轻烟，而是变成了化石，依然保持着树的形状，内部已经玉化，成为另一物，样子却是原初的。好比一美女，身体内部已经变成了石头，但依然保持着风华美貌，令人惊骇，无法解释。偶尔有一两棵白杨在黑暗中央挣扎着长出来，白骨般地耀眼。

火山口像一个炼过焦炭的巨锅。站在火山口的边缘可以望到极远，苍茫天空下面是北大荒，它已经不荒了，成了沃野。但是人类的丰功伟绩并不能改变大地的基本氛围，荒凉犹在，无边无际的大豆地高粱地玉米地小麦地依然呈现着荒凉，荒凉是一种无，是令我们着迷而难以说出的东西。你可以改变大地的细节，但你永远无法战胜荒凉。我站在火山口，世界上最好的风吹着，植物正沿着自己开辟的一条条小路从斜坡包抄上来。远方，另一些火山沉睡着，犹如尼罗河畔法老们的金字塔陵墓。那伟大肆虐者并没有睡去，它随时会醒来。

五大连池火山群的游客不多，有些修好的道路似乎也由于缺乏使用而被泥土掩盖了。此时代的游客对这个地区不感兴趣，也许他们害怕死亡。

河流、火山、无边无际的平原、丘陵，沼泽、白桦树！白桦树！……这就是黑河。这地区曾经盛行萨满教，人们敬畏一切，他们住在其中，又为一切找出说法，关于河流的传说、关于火山的传说，关于熊这个黑大汉的传说，关于鹤的传说，关于太阳的说法，关于马的说法，关于乌鸦的说法……我在五大连池小店里买到一本《黑河地区民间文学集成》，上下两册，1987 年出版的。这本书告诉我，过去时代人们心目中的黑河与我们时代太不一样了，一切都是神干的。

当地一个鄂伦春族的传说：

“从前，大地上没有人，尽是野兽，恩都利想，地上的野兽越来越多，有的还会飞，说不定哪一天就会闹到天上来，得想个法子。

“恩都利把手中的两个锤子一碰，叽哧咔喳就震落了许多飞在天上的野兽，恩都利把这些野兽的肉和毛拣到一起，扎了十个男人，还想扎十个女人。可是野兽的毛和肉用光了，恩都利就又用泥巴做了十个女人。可是泥巴做的女人软不拉几的，一点劲也没有，什么活也不能干，恩都利就摘来野果子，给每个女人的嘴里都塞一颗。嗬，好家伙，一下子就变得水灵灵的，脑袋瓜子也好使了，聪明了，身板也有力量了，干啥活男人都不是女人的对手。男人不服气，就向恩都利告状，恩都利就赏给每个男人一支箭，专门打野兽，从此男人比女人多了一招，说话也就硬气了。”

当地一首鄂伦春族的萨满歌唱道：

归拉雅归拉雅
我跪在青草上祈祷
我跪在树林中祈祷
我的话说给山林听
我敲响鼓拜求神灵……
归拉雅归拉雅

五大连池游人最多的地方是药泉，在这里游客都可以得到一个纸杯，用来喝从地下引到水管中的矿泉水。当地出版的一本叫作《火山之谜》的册子说：这里的矿泉水可以治疗各种慢性胃炎、胃痉挛、胃及十二指肠溃疡、胃肠功能紊乱、功能性消化不良、胃切除后遗症、慢性迁延性肝炎、早期肝硬化、过敏性结肠炎、非特异性溃疡性结肠炎、胃下垂、习惯性便秘、慢性胆囊炎、胆石症、慢性胰腺炎、原发性高血压、动脉硬化、低血压、缺铁性贫血、神经衰弱综合征、慢性泌尿系统感染、慢性肾盂肾炎、膀胱炎、泌尿系小结石、轻型糖尿病、痛风、肥胖症、神经痛、月经不调、不孕症、慢性上呼吸道卡他性炎症、更年期综合征、急性病后恢复期……

我也跟着咕咕而喝，这水有一股辣味，像汽水。

秭归祭屈原记

那永恒的河流就在我的窗外。

公元767年，杜甫在《登高》这首诗中写道："无边落木萧萧下，不尽长江滚滚来。"他为长江写下了不朽之作，"滚滚"一词首次被用来描绘长江。千年过去，"滚滚"已经在文明中泛滥成灾，人们一看到河流，立即想到"滚滚"。而当年在杜甫笔下，却是别开生面，具体贴切地说出长江流动的气势。

那是黎明，我刚在秭归县的一家宾馆醒过来，打开窗子，暗中盼望着"开窗放入大江来"，却隐约看见灰色的天空下有一片白茫茫的水库，里面浮着几个岛。

我心怀"滚滚"，没想到那就是长江。其实昨天从武汉到秭归的路上就看见过长江，它已经"高峡出平湖"，乖顺地躺在水泥堤坝下面，不再"滚滚"了。但"滚滚"是如此强大，睡了一夜，我已经忘记了那个湖，下意识又回到了"不尽长江滚滚来"。稍后才反应过来，那个水库就是长江，浮在水面的岛是被淹没的山头。继杜甫道法自然的“滚滚”这一命名之后，长江的另一次命名，“高峡出平湖”已成为事实。

我热爱河流，每回在大地上旅行，当我知道我就要来到一条河流边的时候，总是会热血沸腾起来，魂魄出窍，向着大河奔跑、手舞足蹈、疯子般地大喊，在往昔的时光中，我曾经如此地奔向过澜沧江、金沙江、怒江、湄公河、密西西比河……多年前，当我抵达澜沧江之源头的时候，竟然扑通一下在沼泽地上跪下去，浑身是泥。河流具有神力，我总是中魔般地扑向它，这种冲动与生俱来，同样的感觉只在我走进寺院的时候发生。

在我一生中，我曾经多次怀着激情奔向长江。1970 年，我在昆明北郊的一家工厂当工人，当时国内形势很严峻，美国飞机就在离云南不远的越南国境内日夜轰炸。每个工人自动成为民兵。工厂请厂里的复员军人组织我们进行军事演习，翻山越岭，背着步枪和行军锅，像一支真正的部队那样，急行军，每天走 80 多公里。第三天，来到金沙江边一个叫白马口的地方，共产党的红军曾经在那里渡过金沙江。翻过最后一道山梁，高原忽然开阔，即刻就看见金沙江在山冈间流着，像是正在溶化的碧玉。这是我平生第一次看见大河，狂叫一声“金沙江！”就朝着它跑起来，所有人都在跑，队伍乱了。跑最前面是一杆红旗，锻工车间的林晓军举着它飞跑。在山路上跌跌撞撞地奔跑了近两公里，才跑到河流边上，在乱石滩上扑通跪下去，捧起江水就喝。那不是因为口渴，好像是喝下了一条河流到自己的生命里。

1979 年在重庆的朝天门码头我登船弃岸，沿着李白顺江东下的路线，三天三夜。穿越三峡和夔门，一直抵达江汉平原。大江流日夜，我领会了屈原杜甫李白苏东坡诗歌中的河流。这次旅行激发的激情，从青年一直激荡到中年。

1999 年我在丽江大具附近的金沙江大峡谷中，命悬一只肥皂盒般的橡皮筏子，渡过惊涛翻滚的大河，沿着悬崖绝壁上的一条缝爬到公路上，那一天我在身体和胆略上进行了加入英雄种族的自我修炼。

2003 年我与朋友乘着一辆越野车穿越湖北省的公安县，于黄昏抵达江边，看不见长江，只听见鬼魅般的轮船在大雾中突突行驶。江岸的垃圾堆里丢着一个正在长青苔的骷髅头，里面有半罐子混浊的江水。

2006 年在武汉，与诗人张执浩、小引、艾先、贺念等在汉口的一个码头看长江，日落时我写了一首，其中有句：

三十三年
知我者
唯诗与长江

我应邀来秭归参加祭祀屈原的活动。秭归已经不是本来的秭归，屈原的老家沉在水库下。新秭归是一座急就的新县城，按照大城市的风格设计，宽阔的大街，水泥高楼，平庸但实用，开会还不错，人住在里面就太荒凉了。街道上白天还算热闹，晚上就很冷清，难见人影，没有夜生活，都躲在家看电视。唯一可以证明这是秭归的是写在各种大楼、门牌，广告、标语上的“秭归”“屈原故里”这些字样。古语说，物是人非。“江山留胜迹，我辈复登临”。

如今却是物非人是，没有胜迹。人依然是，这个“是”不仅是生老病死，吃喝拉撒，也包括读《离骚》、祭屈原。但江山面目全非，屈原在天有灵，要回老家看看，恐怕是找不到了。屈原当年“去故乡而就远兮，遵江夏以流亡”，在那次流亡中，人被流放了，但江夏还在，“陟升皇之赫戏兮，忽临睨夫旧乡。仆夫悲余马怀兮，蜷局顾而不行”。如今的“去终古之所居”，那可是改天换地。“去洞庭而下江”，江不见了，没有滚滚，那里只有个水库。楚辞里面，没有水库一词。

我们一行写诗的，现在是稀归的贵宾，每个人发了一套白色的仿丝马褂，一条黄丝带，都穿戴起来，在楼下排队。风一来，一行人飘飘欲仙，很兴奋。我参加过世界上的几个诗歌节，如此戏剧性地对待诗人的，只有中国。我戴着个墨镜，雪白的马褂，金黄色丝带一围，酷毙了。杨黎见了，也去借个墨镜戴起来，韩东和张执浩戴着近视眼镜，四个人合影了一张。我们通过诗歌相识，写诗走的都是五四以来的白话路线，现在在古代诗人屈原的故乡合影。屈原以前，《诗经》是正宗。离骚的长句，相对诗经的四言，就是新诗，自由解放，横空出世，扩展了汉语诗歌的空间。成千上万的人已经出门，街道上熙熙攘攘，旗帜标语挂得到处都是，万众一心，都涌向长江，都念着屈原。通往江边的路有一条封锁线，警察守着，专供嘉宾走动。封锁线两边已经挤满了人，都在看走在中间的家伙，我以为大家是对被邀请的明星模特什么的感兴趣，走了一阵，才听出来他们是来看诗人的。诗人来了，有个大姑娘搂着另一位姑娘，悄悄地说。路上，有个小伙子挤出人群，拉开隔路的塑料带子，钻过来，请我在我二十年前出版的薄诗集上签名，心里一阵感动，隐约想起历史上那些崇拜文学的黄金时代。现在才感觉到这真的是在秭归了，建筑上看不出来，屈原故里藏在当地人心里。

秭归有个农民诗社，成立于明清时期，是民间诗歌组织，诗人大都是本地农民。写诗的内容主要是赞美凭吊屈原以及为婚丧嫁娶红白事而作。《湖北日报》报道说，这个农民诗社叫“骚坛诗社”。“文革”期间，诗社活动中断。1982 年，骚坛诗社在屈原故里秭归乐平里恢复成立，农民诗人谭光沛首任社长。目前，已发展社员 42 人，遍及秭归县各个乡镇。端午节是每个诗社成员心中最神圣的一天。这一天，不分长幼、不分尊卑，大家坐在庭院内，自由登台献诗，共同缅怀屈原。自 1982 年恢复以来，共写诗填词超过 4000 首……诗的成绩像稻米亩产量般地衡量，有人或许要问，“这也是诗吗?”这个疑问相当矫情，我以为是否符合文学史对诗的取舍标准其实并不重要，与西方的个人主义诗歌不同，在中国，诗是一种文化，不是少数人的象牙塔。“超过四千首”，并不是要比试谁是大诗人，这是一种生活方式。晋代诗人石崇在《金谷园诗》的序文里记载了千年前的一次诗会，诗会地点“在河南县界金谷涧中”，“……有清泉、茂林、众果、竹柏、药草之属。金田十顷，羊二百口，鸡猪鹅鸭之类，莫不毕备。……时征西大将军祭酒王诩当还长安，余与众贤共往涧中，昼夜游晏。屡迁其坐，或登高临下，或列坐永滨。时琴瑟笙筑，合载车中。道路并作。及住，令与鼓吹递奏，遂各赋诗。以叙中怀，或不能者，罚酒三斗。感性命之不永，惧凋落之无期，故具列时人官号姓名年纪，又写诗著后。后之好事者，其览之哉。凡三十人。”参加这次诗会的三十位诗人，一个也没有成为大诗人，但这次诗歌活动却像王羲之记录的兰亭诗会一样影响深远。可惜在20世纪，这个传统日益式微，现代诗歌中流行的自我表现和个人主义，使诗日益成为一种少数人的“自恋式”知识。

祭祀活动在屈原祠前面的广场举行，祠是仿古新建筑，朝着长江方向。屈原祠前面搭着主席台，一个写着口号的红色大牌子挡住了屈原祠，台上铺着红地毯，立着麦克风。与一般会场稍稍不同的是，领导席没有设在主席台上，而是在下面，背靠长江，向着屈原祠。领导席后面是诗人席，每个椅子上都摆着矿泉水和节目单。我们坐下，五月的湖北，天气正在发热，太阳虽然藏在雾气蒙蒙的天空后面，但还是热。焦等了二十多分钟，一群人被记者们簇拥着走进会场，领导来了。领导要人在前排坐下，然后主持人一一介绍他们，“大家鼓掌!”然后一一上台，拿着一张纸，念。这一套一完，台子上那红色的大牌子忽然迫不及待似的分成两块，徐徐滑开，被遮蔽在后面的屈原祠露了出来，原来台子下面藏着个机关。

歌声起，屈原祠后面喷起一溜蓝色焰火。祭祀开始了，几个农人抬着一案烤猪头、土香、瓜果、五谷、雄黄酒什么的从站在一旁的群众中走出来，直奔台上。祠前已经支一只大香炉，一张案子。众人将供品摆好，上香三柱。然后诗人一行跟上敬香，大家清一色地穿着马褂，系着黄丝带，年纪最大的诗人流沙河和余光中走在最前，大家都走得很戏剧化，尽力使步履庄重。一行诗人，写诗风格完全不同，甚至在诗歌写什么、如何写上尖锐对立、南辕北辙。老一代诗人维护美学秩序，年轻一代诗人反传统，玩后现代。但屈原，个个都服，个个都要拜。屈原已经超越了诗人身份，成为中国诸神之一，他是汉语创造的神灵。写诗的要服，不写诗的也要服。

没有权力的要服，大权在握的也要服。在中国，不服屈原、孔子、老子、李白、杜甫、苏东坡……这些人，你服谁？屈原并非布鲁姆在《西方正典》中为之树碑立传的那类诗人，西方诗人无论如何杰出，他们总是局限在图书馆，局限在知识和智慧的范围内，他们永远坐不到“最后的晚餐”那张桌子上。而在中国，一位杰出的诗人，那就是一位神灵，他们对人生的影响，就像宗教人物。杜甫是诗圣、李白是诗仙。在唐代的时候，诗人贾岛的粉丝，为贾岛造像，称其为贾岛佛。我认识屈原，不是从阅读他的诗篇开始，而是从童年时代的端午节开始，屈原首先是挂在家门口的菖蒲的浓烈香味，是用棕叶包起来的粽子、是外祖母腌制的咸鸭蛋。屈原诗歌的影响，不仅是在书本上，更是在菖蒲气味上，许多中国人可能从来没有读过屈原，但他们要过端午节，要吃粽子。从大地人生升华成为“非常道”的“诗经”，根底却从未离开大地，循环往复，它的高端在书面上，它的低端却从“君子兰”回到菖蒲，回到可以一饮而尽的雄黄酒。

下午，参加祭祀的诗人在一个会堂里朗诵诗歌。我印象最深刻的是秭归地方农民诗人李国杰的朗诵。会堂里诗人济济，许多人赫赫有名，南腔北调地操着普通话。李国杰与众不同，全无所谓诗人风度，就是打谷场边已退休的老农那种形象。他 83 岁，身材硬朗，最后一个朗诵，一出来，现场忽然被一掌击中似的安静下来，都被他的声音震慑。他吟诵的什么我听不懂，他用的是屈原家乡话，声音古老苍凉，节拍悠长。恍惚间，觉得是屈原来了。

屈原吟咏离骚，说的是楚国方言，那时候还没有普通话，秦统一文字，没有统一字音。这是上策，汉语因此即可不同地域的人在字面上交流，又保持着方言的丰富和创造活力。人们用汉字交流，在方言中生活，方言也丰富滋润着汉字。我听说，李国杰们的诗，还保持着祭祀的功能，为婚嫁丧事而作。这与云南地方许多民族的巫师相似，他们既演唱民族史诗，也要为日常生活卜筮招魂。中国诗起源于卜巫，巫事在原始时代，是非常实用的，兹事体大，并非后来那样只是抒情言志、吟风弄月。诗首先是通灵，与神灵对话的，是神韵，神话，通灵而文之，才成为文明。荀子讲得很清楚“天旱而雩，卜筮然后决大事，非以为得求也，以文之也。故君子以为文，而百姓以为神。”（《礼论》）所以许慎说：“盖文字者，经艺之本，王政之始。前人所以垂后，后人所以识古。故曰：‘本立而道生’。知天下之至赜而不可乱也。”有了文字，本立而道生，神进入文，诗脱离巫，成为文明，以文明世了。许多民族都有神时代，但后来发展成宗教，只有中国，神化发展成文化。中国是文明，不是神明。

祭祀屈原的活动另一部分，是划龙舟。我第一次参加，以前虽没有见过，但也从书上了解一些。这是端午节的主要习俗。据说当年屈原投江，人们划船顺流追赶，追到洞庭湖都不见踪迹。人们担心屈原的遗体被鱼虾吃掉，就每年五月初五划龙舟驱散江中之鱼。端午节起源于对屈原身体的保护。资料说，端午节那天，鼓锣喧天，喊声阵阵，龙舟你追我赶，河两岸人头攒动，万众欢腾，划船的，看热闹的都被江水淋得湿漉漉的，非常好玩。到了那里，却发现江边的水泥大坝上修起了检阅台，搭着巨大的遮阳棚，安装了高音喇叭，观众远远地坐在台上，要看清楚江面上的船只，得用望远镜。高音喇叭里面，有人在指挥船只列队集合，像是奥林匹克的一个次要项目。大家扇着扇子，会场里嗡嗡声不绝于耳，江上传来些声音，好像是划船的队员自己在为自己加油。

我年轻时，畏惧楚辞，道听途说，以为那是天书，读不懂，也就真的读不懂了。时代风气也不喜欢屈原，屈原是巫师，与唯物主义相悖。（小道消息说，某地祭祀屈原的活动开始，有领导翻了翻节目单，看见里面有朗诵《招魂》的节目，一皱眉头，“招什么魂！”唯物主义者拂袖而去。）国家语文教育是向着对屈原敬而远之的方向去，注重浅显易懂，注重政治正确，屈原，深究下去，会令人尴尬。大学毕业，学生基本已经读不懂屈原，甚至不知道屈原了。我偶尔还是翻翻，翻了多年，忽一日读到“满堂兮美人，忽独与余兮目成”，好！一巴掌拍得手心生疼。楚辞在我心目中的艰深形象即刻大变，就读进去了。屈原是他那个时代的另类，少数。屈原时代，“周室衰微，战国并争，道德陵迟，谲诈萌生”（王逸）。公元前316年，秦灭蜀，成为一个大国。这个北方崛起的“虎狼之国”，代表着历史发展的新趋势，民族国家楚面临着强秦的“全球化”威胁。前237年，嬴政登基，221年秦灭齐，统一中国。屈原是个先知，他当然预感到楚的命运，“秦，虎狼之国，不可信”。这个“虎狼之国”是那时代不可抗拒的军事力量、商业力量和文化力量。它将西周以来“书同文，车同轨，行同伦”的历史大势发展到极致。六国将要丧失的不只是国家，更是民族。《战国策·楚策一》说，“楚，天下之强国也。楚地西有黔中、巫郡，东有夏州、海阳，南有洞庭、苍梧，北有汾陉之塞、郇阳，地方五千里”。据专家考证，在鼎盛时期，其地跨现在的十一个省，有三百余县，为战国时代最大之国。楚国的历史从西周初年算起，持续了大约700

年之久。在战国时代，六国各有其文字，文字语言的发展方兴未艾。战国时的文字有两大系统，王国维称东土文字与西土文字。东土文字是中原六国的文字系统，也称蝌蚪文，有晋，楚，燕，齐四系。西土文字是秦文字系统，称籀文、大篆。车同轨、行同伦还可以接受，书同文就可怕了。秦始皇统一中国后，以秦篆、秦隶作为全国通行的文字，其他文字逐渐断代。“七国，田畴异亩，车涂异轨，律令异法，衣冠异制，言语异声，文字异形。秦始皇帝初兼天下，丞相李斯乃奏同之，罢其不与秦文合者。于山川得鼎彝，盖文字者，经艺之本，王政之始。前人所以垂后，后人所以识古。故曰：‘本立而道生。’知天下之至赜而不可乱也。（《说文解字序》）屈原是一位民族诗人，楚国地方的民族诗人。离骚，就是对离的忧虑，屈原最忧虑的就是离，与什么离？“与终古之所居”离，与故乡世界离。“去终古之所居”不仅仅是从故乡被流放，更是“罢其不与秦文合者”，从民族语言中被流放。“已矣哉！国无人莫我知兮，又何怀乎故都！既莫足与为美政兮，吾将从彭咸之所居！”“美政”，屈原在政前面强调的是美。在这里，“美政”不仅仅是参与执政。美政，美者，甘也，政者正也。美政，就是以美来正。政，正什么，正（用作动词）文也。“罢其不与秦文合者”，屈原还如何美政呢？

太史公曰：离骚者，犹离忧也。“离忧”，这是一个永恒的主题，永恒的诗歌主题，“终古之所居”，一次次地被时间、文明、历史连根拔起，流亡、放逐，一直激发着各时代诗人的灵感。一次次地“去终古之所居”，使一代一代的骚人墨客悲伤忧愤，也成就他们作为文人的不朽生命。

屈原自称“灵均”，“名余曰正则兮，字余曰灵均”。灵均就是通灵者，正则，就是招魂布道，对某事给个说法。屈原说得准，灵验，所以叫“灵均”“正则”。屈原时代统治者还迷信美政，所以屈原得以参政，正文。屈原，“博闻强志，明于治乱，娴于辞令”，正像我在云南认识的那些彝族巫师，巫师必须“博闻强识”因为民族开天辟地的史诗都是口传，而招魂过程中又要根据当下、现场有所新的发挥。“明于治乱”，如果部落有事，红白喜事、天灾人祸，巫师就要出来卜卦招魂，治乱，就是安抚混乱无章的人心。屈原是巫师，但他不是一般的巫师，他是大巫师，大主祭，“入则与王图议政事，决定嫌疑；出则监察群下，应对诸侯。谋行职修，王甚珍之。”那时代政巫合一，古代延续下来的传统，大小事故，部落首领都要听巫师的，要等巫师卜卦问天，才能决定动静。巫师替天行道，自然也就是“正则”。

在被流放之前，屈原的招魂也许还是遵循着传统巫师的套路，但放逐使他从传统的为国家社稷招魂德“美政”里解脱出来，为大地和自己招魂了。屈原不再是楚国的“灵均”“正则”，而是大地的“灵均”“正则”。流放使他超越了巫师这一世俗性的职业，从楚国的官方祭司成为自由的歌者，从哀怨的楚国逐臣升华为独立自由的宇宙诗人，他的诗获得解放，他的招魂与众不同，他利用招魂的形式，唱自己的歌。他终于像圣者庄子说的那样“吾丧我”，屈原所丧的“我”是楚的三闾大夫之“我”，“吾”是宇宙之“吾”。从自我走向大吾，从美政到美文，这就是屈原的吾。这个转变所产生的杰作就是独与天地精神往来的《天问》。

明明暗暗，惟时何为？
阴阳三合，何本何化？
圜则九重，孰营度之？
惟兹何功，孰初作之？
斡维焉系，天极焉加？
八柱何当，东南何亏？
九天之际，安放安属？
隅隈多有，谁知其数？
天何所沓？十二焉分？
日月安属？列星安陈？

这种问是根本之问。与哈姆雷特的“我们是谁，我们从哪里来，到哪里去？”不同，这种追问不是怀疑、否定，而是对存在的赞美、肯定。

今存最早的《楚辞》注本是东汉王逸的《楚辞章句》。“初，刘向裒集屈原《离骚》、《九歌》、《天问》、《九章》……而各为之注。”（《四库全书总目》）注解楚辞后来成了一门显学，“道”注楚辞、“我”注楚辞很普遍，大知识分子都以能解楚辞为荣。严助向武帝推荐他的同乡朱买臣，“召见，说《春秋》，言楚辞，帝甚说之”（《汉书·朱买臣传》）。《汉书·王褒传》也载：“宣帝时，征能为楚辞九江被公，召见诵读。”裒集？如果楚文字不传，楚辞是怎么裒集的？诵读，诵读者说的是楚语还是秦声？蝌蚪文已经灭亡，屈原的诗是用蝌蚪文流传的还是口传的？屈原是写诗还是吟诗？我估计他是述而不作，像孔子那样。述而不作是古代文明史的一个阶段。提到楚辞的文献几乎没有提到文字，只说楚声、传、诵之类，“楚人高其行义，玮其文采，以相教传”。如果屈原的诗，在楚是口头传诵，到刘向时才整理成文本，那么刘向功莫大焉。从辞到文，这是文明的大进步。屈原的诗在当时就被传诵，传诵用的是楚声。就是有文本，那也是蝌蚪文，我估计民族诗人屈原大约忌讳用虎狼之国秦的籀文、大篆记录他的诗吧。哪怕秦文已经像今日的英语一样已是更先进，更方便交流、贸易的语言。刘向是如何“裒集”的？是否也像20世纪50年代的民间文学调查队，深入楚地，将收集到的楚辞用秦文字（普通话）加工处理，去粗存精“一言以蔽之，诗无邪”？“孝武帝，恢廓道训，使淮南王安作《离骚经章句》，则大义粲然”如何“粲然”，黑暗的部分是什么？

刘勰在《文心雕龙》中说，楚辞“虽取镕经意，亦自铸伟辞”，王逸说，《离骚》之文，依《诗》取兴，引类譬谕，故善鸟香草，以配忠贞；恶禽臭物，以比谗佞；灵修美人，以媲于君；宓妃佚女，以譬贤臣；虬龙鸾凤，以讬君子；飘风云霓，以为小人。”《离骚序》从中原的道统来理解楚辞，似乎楚辞里面，什么都是隐喻，未免可疑。他们忽略了屈原本是一位地方诗人。王逸们或许没到过楚地，用今天的话来说，就是没有经过田野调查。他们只看到楚辞在象征中的升华。“其称文小而其指极大，举类迩而见义远”。而忽略了楚辞与大地、本土的关系，忘记了屈原不仅是“左徒”“三闾大夫”，也是“游于江潭，行吟泽畔”、披头散发的原住民。倒是宋代黄伯思说得好：“盖屈宋诸骚，皆书楚语，作楚声，记楚地，名楚物，故可谓之‘楚辞’”（《宋文鉴》卷九十二《校定楚辞序》）。姜亮夫先生指出：“盖屈子所陈，乃齐楚所习闻，与《老》

《庄》《山经》相近……故不与儒墨之言应也。……鲁与三晋史料，大半经过儒家一派人的整理，其实，真象埋没的很多。……研究古史，我一向主张当分别地域以求其异，不当混一东西南北以求其同。”

我读楚辞，也喜欢看看各家的注解翻译，但有些翻译，总觉得不合。比如《大司命》。

广开兮天门，纷吾乘兮玄云。
令飘风兮先驱，使涷雨兮洒尘。
君回翔兮㠯下，逾空桑兮从女。
纷总总兮九州，何寿夭兮在予。
高飞兮安翔，乘清气兮御阴阳。
吾与君兮齐速，导帝之兮九坑。
灵衣兮被被，玉佩兮陆离。
壹阴兮壹阳，众莫知兮余所为。
折疏麻兮瑶华，将以遗兮离居。
老冉冉兮既极，不寖近兮愈疏。
乘龙兮辚辚，高驼兮冲天。
结桂枝兮延伫，羌愈思兮愁人。
愁人兮奈何，愿若今兮无亏。
固人命兮有当，孰离合兮可为？

许多解释在“大司命”是谁上纠缠不清，一般都说是大司命与女巫对唱。在我看来，这是一首巫师大司命祭祀雨神的求雨之歌。

诗中的吾就是大司命自己。当时（2011 年 5 月）正是云南干旱，就意译了一下，算是用大司马的求雨歌再求一回雨。

大开天门吧　雨神
乘着你的乌云
令大风在前面开路
把暴雨洒向大地
你在天空上下翱翔
跟着你越过了高山
九州大地纷纷扬扬
生死一旦都在你的手掌
你高高在上那么安翔
乘着清气掌握阴阳
紧紧地跟着你啊
请你降雨于九冈
长长的灵衣在飘扬
美丽的玉佩闪着光
一阴一阳一阴一阳
不知道你要降雨还是不降
桑麻和花朵就要夭折
就要被遗弃离居
衰竭苍老接近死亡
没有水啊大地疏荒
你乘着龙车辚辚飞行

高高在上啊飞在长天
像月亮上的桂枝不肯下降
我们苦苦思念心中哀愁
哀愁之人无可奈何
唯愿你今天行善
生命固然有限啊
我们只能听天由命

屈原的生活世界，在云南世界中最可以体会。我从云南昆明来到秭归县，先乘一个两小时的飞机到武汉，又坐一天汽车，才到秭归，够远的。但云南与楚地却有密切的历史渊源。据《史记·西南夷列传》载“始楚威王时，使将军庄蹻将兵循江上，略巴、黔中以西。庄蹻者，故楚庄王苗裔也。蹻至滇池，地方三百里，旁平地，肥饶数千里。以兵威定属楚。欲归报，会秦击夺楚巴、黔中郡，道塞不通，因还，以其众王滇，从其俗，以长之。”后来我读楚辞，感觉云南山川风物，颇似楚。比如山林之饶、火耕水耨，比如“俗信鬼而好祠。其祠，必作歌乐鼓舞以乐诸神。”（王逸《楚辞章句·九歌序》。）云南乃蛮夷之邦，楚人也自称：“我蛮夷也”（《史记·楚世家》）云南是众神狂欢的世界，各民族的神灵不同，但彼此和睦相安。张正明在《楚文化史》中说：“对于被灭之国，楚人的惯例是迁其公室，存其宗庙，县其疆土，抚其臣民，用其贤能。即使对于蛮夷，也是相当宽厚的。”黄瑞云在《楚国论》中说：“华夏蛮夷濮越，文明程度相差很大，历史渊源各不相同，楚国都能加以安抚。楚国在战争中从未有过像秦军那样，动辄斩首几万，也没有见过大量俘馘的记录。”楚地后来逐渐趋向中原文明，但横断山脉中的云南，到了20世纪，依然在某种程度上继续着屈原时代的生活世界。比如“纫秋兰以为佩”“朝搴阰之木兰兮，夕揽洲之宿莽”，“矫菌桂以纫蕙兮，索胡绳之纚纚”“制芰荷以为衣兮，集芙蓉以为裳”。与庄蹻时代大同小异。徐嘉瑞说，“楚国祭神之俗，如《九歌》中之神，在中原早已消灭者，反保存于大理之本主庙中……所谓本主，其神与东君、云中君……极相似”。（徐嘉瑞《大理古代文化史》）我发现如果把屈原想象成云南某民族部落中的巫师，楚辞就更容易明白，楚辞当然有虚构的成分，但同时也是很具象很现实的。云南人读楚辞最容易体会，对于云南人来说，楚辞并没有那么遥远，因为有大地之象。

我记得少年时代在父亲的一本日记本的插图看到徐悲鸿根据屈原诗歌创作的彩绘，披着树叶缠着藤条的女妖骑着豹子在山中走，并不以为怪。我虽住在城里，但要看见一头豹子并不困难。有一天，住在我家院子里的一位邻居大哥就曾经从山里捉到一头小豹子，后来我们把它交给了动物园。我20岁时在农场，整日谈论的就是豹子和关于豹子的传说，土著人经常来我们的农场里玩，烤土豆吃。豹子的种种传说就是他们在火塘边说起的，骑在豹子背上的人，就是他们的祖先。豹子们就住在我宿舍附近，最多隔着几里路，有时候就在农场的壕沟里躺着，我曾经看见过它们凸出黑夜表面的绿色眼睛。有一天我与住在峨山的彝族诗人柏叶在他家乡的幽暗山谷中漫游。“处幽篁兮终不见天，路险难兮独后来，表独立兮山之上”，他忽然说，你看见没有，那棵树上爬着女鬼。他说这个话很自然。他真的看得见。这里有精灵，那里有女妖，他看得见。

同行的一位彝族女子，扯了很多树叶和花朵，编成冠戴在头上，唱着歌，夕光照耀着她。真个是“若有人兮山之阿，被薜荔兮带女萝；既含睇兮又宜笑，子慕予兮善窈窕；乘赤豹兮从文狸，辛夷车兮结桂旗；被石兰兮带杜衡，折芳馨兮遗所思。”

屈原是一位大地诗人，他的诗是人生经验的产物，他升华、神化了这些经验。兰草本来是普通的草，屈原将他升华成某种品格的象征，但这个象征的源头是楚国的大地。屈原如此深切地热爱祖国，因此故乡世界在他看来已经和仙境差不多了。李白说，大块假我以文章，李白是从楚辞得到的启示，在李白的诗歌中，同样把大地升华为天堂仙境，这是中国文化的一个潮流，与西方将大地视为地狱、改造对象不同。汉以后，中原文明逐渐发达，像欧洲一样，屈原们原生态的生活世界逐渐消失，研究楚辞的书呆子们没有田野经验，就以为屈原是什么超越现实的浪漫主义。另一日，我在楚雄南华看彝族巫师（毕摩）的祭祀活动，“索琼茅以筳篿兮，命灵氛为余占之”，完全如屈原诗中所述。而且毕摩也唱开天辟地的歌，但与屈原的《天问》不同，毕摩的“天问”是对民族起源的追溯。例如彝族古歌《阿细的先基》“最古的时候，没有天和地。可有生天的，可有生地的？”这种追问是古歌谣一个传统，屈原发挥创造了这个传统。

祭祀活动搞了两天。第三天早晨登车回武汉转机。客车上了高速公路，就在良田千顷的平原上跑起来。这是江汉平原腹地，湖北省的鱼米之乡。临窗眺望，五谷青青，阡陌交错。显然不再是屈原时代的大地了，但生生不息。秦在屈原，乃虎狼之国。对于中国历史，却是文明的伟大进步。历史、文明，只要生生，沧海巨变，又何惜哉。不是惋惜，也不是怀旧，只是要把情况和我在此时代的心事说清楚。历史就是历史，必须秉笔直书。车子忽然离开高速公路，朝潜江城里开去，停在一家小饭馆门口，迎上来一群素昧平生的人，一一介绍，都是住在潜江的诗人。潜江，因为境内有河道分流汉水入长江，取“汉出为潜”之意命名。潜江的地主们听说外地诗人来了，要喝上一杯。黄湾藕、油焖大虾、好酒数瓶已经摆定。一行人皆大欢喜，嘘寒问暖，叙旧说今，频频举杯，微醺。同席的有吕露、梁文涛、张执浩、余笑忠、黄明山、于坚、乌青、韩东、大头鸭鸭、杨黎、艾先、彭家红、杨义祥。

共两桌。

草于2010年6月

2011年6月16日星期四改

岛　上

似乎退潮不仅是大海的行为，也是人类的行为，他们退潮了，不是因为时间或者气候、季节，而是因为某种任务的完成，瞧，这么多的人都完成了他们的任务。近傍晚，筋疲力尽的游客提着战利品——塑料袋里面装着沙滩上拾得的各种宝贝、吃剩的食物、半瓶子矿泉水、湿漉漉的游泳裤、塞满了各种画面的照相机、手机，头发被海风吹着，排队上船回大陆。一进船舱大部分人就溃不成军，昏昏睡去，无人再打开照相机。这一趟并没有像预计的那样，经过大海的洗礼，安静了，放松了，心情好了，像过去老歌唱的那样，“排着队，唱着歌，旅行真快乐”或者“日落西山红霞飞，战士打靶把营归”。似乎忙了一天，只落得个累得要死，空虚无聊，只好再回到梦中。但也许这才是快乐，满足了、无牵无挂，可以睡了。这个小岛离海南岛不远，也就隔着两三海里。驶向梦乡的马达声消失后，岛就安静下来，大海也空了，失去了那些混乱、喧嚣、支离破碎的波浪，平坦干净完整起来。

游客们一大早就涌上岛，像一群群收好翅膀站起来的蝗虫，戴着大蛤蟆镜、摩托镜、日本太阳镜，穿得花里胡哨，短裤、裙子，旅行团戴着统一的遮阳帽，举着手机、照相机，随时准备或者已经在按快门。大人孩子都是摄影发烧友，镜头朝着任何方向。人们集体合影，成双成对，鹤立鸡群，“独立寒秋”，绷开裙子在沙滩上跳起来；蹲着；躺下去高跷双腿……就是中午吃海鲜的时候，也不忘对着盘子汤盆拍上一张。大多数人都要做那个代表胜利者的V型手势。几乎每个人都这么做，每个人。左手在V右手在V，两只手在V，叉开腿也是一个倒过来的V。闭着眼睛到处拍，明信片和各种小册子早就教过他们什么是美了，海浪，沙滩，蓝天白云，“面朝大海，春暖花开”……这地方到处是此类明信片，游客没有选择能力，只是无意识地、解气般地拍着。刚一按下快门，即刻就对这个景致失去兴趣，头也不回，再去按下一张了。仿佛已经置身在一个万花筒中，随便转个身就会出来一种构图。每个构图自己都要站进去，来，给我照一张。快门响个不停，情侣们各持一台，各拍各的，彼此尖叫着要求这里拍一张，在那边合照一张。人们似乎并不在乎最终是否得到这些照片，快感只在于按那么一下快门。按到高潮时，陌生人与陌生人彼此拍照，换错了相机也无所谓，只要快门响过就行。许多人内行地吩咐着：“诺，头再转过来一点，别背着光哦！”“拉拉袖子”！“一、二、三……跳！”拍得那么疯狂，仿佛全体都是摄影学校的实习生。一家子都在拍照，爷爷拍，奶奶拍，父母拍，儿童拍，姑妈拍，舅舅拍，小姨子也斜眯着右眼……有时候十多个人一起举着机器拍同一个镜头，再转个方向拍另一个镜头。他们只从镜头后面看这个岛和大海，似乎不从镜头后面看，他们就没有眼睛。大海是次要的，只是照片的背景，照片要摄下的是人，即使已经占领了图片的中心位置，人们依然不满足，每个人都要想方设法更突出自己（一位太太右手础着岩石，作出思考的样子。另一位头发染黄的小伙子将下巴枕在岩石上，看起来像是刚刚被斩首。都是比较有创意的。）表情无比丰富，动作千奇百怪（就像北京 798 的画廊那样热衷于标新立异）。与古代中国人的构图完全不同，在往昔的画面里，人非常渺小，甚至不存在。现在每张照片的构图都渴望被拍成巨人、奇人、领袖、冠军、美人、大人物、富豪、电视明星、成功人士、正在聚光灯下接受采访……发明了许多代表这些形象的姿势并普及了（许多人张开双臂做鹰状，女人提着裙子做蝴蝶状）。最普及的当然是 V。快门声很好听，被索尼或佳能公司设计出悦耳的响声，听起来仿佛是轻微地捕捉着，感叹着，哦，哦。导游也在凑热闹，趁机挣少数几个没带机器的倒霉蛋的小费，他让他们做出 V 形手势，背靠大海拍一张，背靠岩石拍一张，“面朝大海，春暖花开”拍一张。这位导游无师自通，对小资美学心领神会，他初中毕业，生意相当红火。“面朝大海，春暖花开”在海滩上受到大众普遍由衷的欢迎。有几个来自青海的牧民，被导游要求在沙滩上手拉手集体蹦起来，在他们越入天空时按下快门。这四位牧民是老太太、老爷子和儿子孙子，都是天真朴素笨重之人，从来没有蹦过，完全不知所措，只能听任导游摆布，手拉手在沙滩上跳，但跃起的高度不一致，老太太只是略微抬了抬右腿，导游不满意，让他们再跳。老太太差掉摔倒，直到拍下一张，老太太抬着腿，老爷子碾砣似的跳开地面几厘米，孙子像青蛙一样蹦起来，咔嚓！一会儿来取照片，十块钱！导游打扮成海南岛土著的样子，戴着篾编的宽檐帽，穿着不知道哪个民族的绣花背心，说着流利的普通话，大家笑呵呵的，好玩。玩腻了的人就甩着照相机，大获全胜似的走去乘船回大陆。自从手机、照相机普及以来，全世界的旅游胜地都可以看到这种独特的中国新风俗画——那些中国人在照相。以前他们甩辫子，现在他们抬着手机。他们拍了些什么？

当游客离去，快门声消失，岛仿佛真的空了，一切都被摄光般地空了，安静得就像被雷击之后死去。这才听见大海的涛声，那么慢，那么沙哑，那么单调难听，仿佛垂死者回光返照的呼吸。夕光中只剩下几个中产阶级人士还住在岛上，他们像某部西方小说里描写的：世界空了，有点忧郁？其实他们没有，他们在房间里打麻将，看电视，用手机发送白天拍的图片，传向太空的图像包括晚餐时的清蒸螃蟹。

有一个女子坐在荒凉的海滩上，看着海。她的鞋子摆在身后的沙盘里，一双像是黑色叶子编成的高筒凉鞋。她干吗要这么专注地看着海呢？她想自杀？游客可少有人这样专注地朝那边看，他们最多在镜头后面瞟上一眼，即刻失去兴趣。黄昏是灰色的，正午是蔚蓝的。大海毫无意义。虽然人们拍下了数以吨计的照片，构图的意思都是一个，欢乐的、美丽的、“面朝大海，春暖花开”……游客普遍被教育和知识培养出只寻找与灌输给他们的意义体系吻合的意义的习惯，美是一种习得的知识，绝对正确的知识，他们上岛来，是来寻找“有意思的”画面的。大海、岛屿，就知识来说当然很有意思，无数诗歌散文也揭示过它们的意思。但那是在书本引发的想象中，大海一词只能在环绕着它的语词中被想象。作者曾经被感动，因此说出某种他的个人知识，可是局外人也身临其境之际，未必就恰好也遭遇感动过作者的那种知识的出场处。比如“秋风萧瑟洪波涌起，日月之行若出其中，星汉灿烂若出其里”。只要稍有文化，都知道曹操这首写大海的诗，可是在我们这一船朝大海驶去之际，这种状况并没有出现，大海也是曹操写过的那个大海，但平庸无比，一舱的人都在发呆。人们面对实物，被语言所唤起的那些风起云涌的含义就不知所云了，原意其实只有作者有数。曹操的诗很伟大，概括力超强，一句顶一万句，强烈地表现了海的壮丽，但是一旦面对大海这个事实本身，它只是令人盲目的一片具体的水域而已，细看起来，与水库、湖泊甚至一碗水无异，连灰色都没有，清得乏味，靠岸的时候，甚至可见停在水底的沙子、贝壳、小生物什么的。“面朝大海”，可是谁也看不见“春暖花开”。

我在某处摸了一把大海。这句话是正确的，但是意思太大，很不真实，其实我只是摸了某一小片海水，手掌这么大的一片，并用舌头舔了舔手指，咸的。我觉得与渤海、波罗的海的咸不同，我说不出来，似乎南海的咸稍淡。但是从另一方面说，这一小片并不存在，大海没有这一小片，每一片都组成着大海，取这一小片就是取整个大海，这种说法似乎更为正确。因为大海是无法一次性获得的，你永远只能一小片一小片地摄取它。真是没法说。这是什么意思呢？大海，咬它一嘴，咸的。

人们需要的是那种既广泛概括又简明扼要、立竿见影的意思。“美是理式”（柏拉图）。“美就是理念的感性显现”（黑格尔）。对游客来说，意思不是谜语，而是某种公式，必须立刻揭晓，马上明白。“水何澹澹，山岛竦峙。树木丛生，百草丰茂。秋风萧瑟，洪波涌起。”“水是咸的”，这些只是事实而不是意义，如果这个岛只有曹孟德写到的这些，那就是一个荒岛，没有开发的荒岛。人们干吗要来？他们出钱来游览的是充满“美景”的风景区，通过教育，游客都有关于“美”的知识和理念，知道美是什么。他们来这里，只是要判断现实与理想的“美”是否吻合。风景一词，在汉语中是在魏晋时期才逐渐兴起，此前的汉语没有这个词。风就是流动的空气，景就是日光。道发自然，文明发展到看出风景，是一个新的阶段。原始时代不存在风景，“夫大人者，与天地合其德，与日月合其明，与四时合其序，与鬼神合其吉凶”（周易）。天地无德，混沌懵懂，没有风景。风景是“仁者人也”的结果。“世界总是精神性的世界”，“动物没有世界，也没有周围世界”（德里达）“没有周围世界”，就是没有风景。“仁者人也”，“仁”，我以为就是世界的出场，“人是世界的构筑者”（海德格尔）“天地无德”，而人始于“德”。“德，升也”（《说文》）德就是从动物中升华出来，舍身成仁。德就是构筑。美被意识到首先要有“仁者”的出现，“天地有大美而不言”，这个美是先验的，“大块假我以文章”，文章则是“仁者人也”的结果。风景，最初是少数文明先知的“胜迹”“德行”，“江山留胜迹，我辈复登临”（孟浩然）。晋书里面有一段：“过江人士，每至暇日，相要出新亭饮宴，周顗叹曰：风景不殊，举目有江山之异。”王勃在《滕王阁序》里写道：“俨骖騑于上路，访风景于崇阿”。“举目有江山之异”，天地无德，江山就是江山，过江诸人，“独立寒秋”，立场不同，文化修养不同，审美立场、历史意识不同，甚至世界观不同，人人眼中有自己的风景。“理解着的看”（海德格尔）“合目的无目的性”（康德）“访风景于崇阿”，“崇阿”显然与风景区别开了，“崇阿”是道可道，非常道。风景是私人的观点。“访风景于崇阿”，是一个目的，但是每个人具体感受的风景又是无目的的，不是每个人都要目的性地统一于一个观点。“德，升也”（《说文》），升的高度，位置、立场并不一样。

大海环绕着岛，但它是岛上一切事物中最被忽略的，它不是旅游当局创造出来的。“树木丛生百草丰茂，秋风萧瑟洪波涌起。日月之行若出其中，星汉灿烂若出其里”。自古如此，没有规划过。“天地无德”，大海没有意思，不美，它一直都是那样，无论曹操的大海还是普希金的大海都不改变大海毫无意义这一事实。它只是没有意义的实体。“无世界的”（海德格尔）面对大海，语言苍白无力，沉默是明智的。曹操的诗是一种沉默，他只是用语言描述了他看见的，他并没有赋予大海一个意义，“壮丽”是读者的感受。曹操的诗道法自然，用语言表达了天地无德。沉默是一种意义的虚置，意味着意义的无限开放，因为大海无意义，意义之甕空着，人们才可以一次次地赋予大海意义，大海永远不会被意义耗竭。

大海，只能在远离它的时候被憧憬着。一旦亲临海边，巨大的虚无感就席卷而来，已知的那些意义全是毫无意义的陈词滥调，宽阔啦，伟大啦，雄伟啦，波澜壮阔啦，排山倒海啦，因为耳熟能详而毫无意义。当风景初现之日，曹操的诗绝不是陈词滥调，它升华，道出了大海的超越性存在，伟大的存在。空间和时间的伟大，场所的伟大。人在这方面永远无法相提并论，即便是历史认定的伟人，他们没有这样的场所。人类能够感受到什么是伟大，乃是起源于大海之场。所以曹操最后说，“歌以咏志”，这是全篇的诗眼，大海的在场唤醒了人的内心世界，大海现在成为人内心世界的开拓者，将人的心灵世界导向一个伟大的方向。到了18世纪，德国的康德也意识到此，康德说，“大海之所以伟大，除了它美丽、壮阔、坦荡外，还有一种自我净化的功能”。曹操没有说自我净化，他暗示了某种他体会到的伟大感受，大海召唤他“歌以咏志”。为什么大海总是唤醒伟大的意志呢？所以美国酒鬼布罗斯基如此写大海：“今天我在火车上遇到了／一个天才／大约6岁／他坐在我身边／当火车／沿着海岸疾驰／我们来到大海／他看着我／说／它不漂亮／这是我第一次／认识到”。（《遭遇天才》）

景点，说到底就是人们赋予自然主观的观点、意义。文人观看风景，或者如曹操那样“歌以咏志”，或者如李白那样“大块假我以文章”这是古代。“少攻歌诗，欲与造物者争柄”（陆龟蒙）“今日池塘上，初移造物权。苞藏成别岛，沿浊致清涟。变化生言下，蓬瀛落眼前。（刘禹锡）“笼天地于形内，挫万物于笔端”（刘勰）有一个基本的东西，就是“道法自然”，“造物权”是要像造物主那样包罗万象地在语言中造物。

旅游当局善解人意，想方设法满足游客，在岛上弄出许多颇有意思的景点，这一片彩旗飘飘，暗示着上岛就是过节。在那边的石壁上刻了龟雕，象征着上岛可以长寿。还在一处岩石上刻出凹进去的人形，游客可以贴身到这个人型里与石头融为一体照相，白发苍苍者、小孩子、胖人、瘦人、女人、官员和民工都贴上去，古怪地笑着。其他人趁机照相，陷进去的人都失了身份，尊严等级都被解构了。这个节目相当有创意，倍受欢迎。这一伙人玩得兴高采烈，那一伙人在旁边等着、拍照。他们一定要把胖子塞进去，妇女塞进去，德高望重者塞进去，最害羞的那位塞进去，塞不进去的塞进去，旁观者相当满足，笑得前仰后合。或者乘拖伞去天上巡游，掉着两条腿，在云脚下面大吼着，仿佛从海里钓起来的鱼，持杆者却是在海面上开着快艇奔驰的小伙子。每次 260 元。“不贵，真不贵，上天哪！“一位游客评论道。上山的路上刻着各种铜板。意思是越走越富。有一块巨石中间裂了一条缝，就在那里做了一把石雕的大斧子，宽达三米，插在裂缝中间，命名鬼斧。大家都认为这个创意很好，都要与这鬼斧合影，斧柄高出人头，有些人就跳起来，吊着照。后来的人排着长队。还养着一群从别处海里捉来的海豚，供大家观看。也划出区域供游泳，在其他区域游泳后果自负。但游泳的人少，在沙滩上走来走去找什么宝贝的人最多。每个人都想带点什么回去，照相是最普及的摄取方式。只有大海无法别出心裁地玩什么花样，只好由它闲着。将它去盐化，全部变成淡水，目前还只是改天换地者们的一个梦想。

这个岛叫作分界洲岛。我以为海南到处都是天涯海角那样的景点了，游人如织，全是照相的人。没想到还有这样一个岛。四处看了看，真是一个好岛。正是曹操诗中写的那样：“水何澹澹，山岛竦峙。树木丛生，百草丰茂。秋风萧瑟，洪波涌起。”好像是从海里拱起来的，或者是周围落了下去，岛顶上有一块巨石，其他的石块则散落在山坡、海岸上，其间植物枝叶繁茂，叶榕的根缠着岩石，那石头坚硬无比，是沙砾溶成的，犹如水泥，藤条必知道自己的力量和耐性，才敢于和这样的家伙纠缠不清，看起来已经缠绕了几百年，根须都发白了。果子在某处落下，闷闷地响一声。蓝顶绿身的小鸟踩着树枝，羽毛坚挺。羽毛松散的鸟是死去的鸟。松鼠在光与树杈之间一跃而过。蝴蝶张开翅膀，扒在岩石上。无数昆虫，有些爬到我的水杯里来。山底是海，热爱着岛似的，不停地向它献上白色的花篮，还唱着歌。海边有些地方乱石磊磊，有些地方是乳黄色的沙滩。真是天堂之岛。伊甸园就是这种地方。只是岛上没有亚当夏娃，游泳者都穿着尼龙泳衣泳裤。有些人穿着质量低劣的睡衣大摇大摆地在光天化日之下走着，他们把这个岛统统视为自家卧室。供中产阶级度假者用的木质别墅一栋栋散落在石群之间，与普通旅游区隔开。有人在阳台上躺着，戴着墨镜，就像好莱坞的演员。游客稀奇古怪，五花八门，贫富悬殊，这个岛虽然被勉强创造建设出些它本来没有的小意思，但开发得并不过分，原始面目还是显而易见，没有被完全遮蔽起来。日光晃晃的大海环绕着它，它只有一个阶级，蔚蓝阶级。

那个女子如此认真地坐在世界的海边，盯着这花纹变化莫测的庞然大物，有点疯狂，这种动作本身就是一种自杀，她置身在意义的丧失之中，就像是一条灰色的鱼来到了沙滩上。

海聚集着，一次次整理自己的爪子，再次扑向礁石。又一头野兽被自己撞得粉碎。礁石它们对付这无休无止的进攻的唯一的策略就是不动，任凭大海张牙舞爪、自毁自灭，毫不吝惜。这种“天都无德”式的岿然不动乃是得力于根基的深刻，轻浮之物在它身上早已荡然无存。

有时候我也坐在沙滩上，试图看见那蔚蓝色下面的黑暗，（它总是被一道白色花边般的假象掩盖着）在黎明，总是有些东西滚到海滩上来。就像从足球场上爆满的看台滚到球场上，有时候是一个瓶子，洗得干干净净。还有死去的鱼、贝壳、珊瑚。它们都是肤浅轻浮之物，所以先滚出来了。我仔细地探查沙滩，看看会不会有什么黑咕隆咚的家伙滚出来，就是令曹操“永志”的那种东西，它肯定在大海深处，但从来没有，我不知道这黑咕隆咚的东西是什么样子，但只要它滚出来，我立刻就会知道是它，我已经积蓄了迎接它出现的能量。但是它从来没有出现，等待戈多，我一直心存侥幸。一生都心存侥幸。这就是为什么我总是热爱在世界的海滩散步。

岛上的夜空被探照灯扫射着，几束光从某个机器里发射出来，如利剑刺入黑空，最后消失于虚无。黑夜受了伤，逃到远处。我感觉到岛上的石头、树木都在化妆，蠢蠢欲动。被灯光照亮的岛就像戴着面具。从前，土著们创造了面具，模仿着大地上的事物，他们敬畏大地，他们害怕世界，害怕从大地上被赶出来，他们总是试图再次回到大地的无意义中去。他们模仿老虎、豹子或者山鹰。这个岛的面具模仿的是曼哈顿或者香港的黑夜。必然失败的表演，只是为了使这个岛看上去像一个舞台，但是夜晚被霸占了，再也看不见黑暗的大海了。

黎明前与符立摸黑走去岛的东面，那里是悬崖，没有沙滩，但是可以看日出。每次日出都与预计的不同，以为就是那样了，其实不是，每次都是第一次，无法描述。这次日出，我写了一首：

南海观音

有一天在海南省的分界洲岛
青年符立在我旁边拍照
他写诗供职于文学杂志
父亲是村庄里的长老
老家庙还在土地也在

他举着新款的佳能相机70D
乌黑的镜头朝着黎明大海
一只鸟在快门里清脆地叫唤着
调整光圈时听见他喃喃自语
“南海观音……南海观音”
回头去看我的脸庞被朝霞照亮

2014年1月28日星期二

我一直都以为海南岛就是那个如雷贯耳的风景区“天涯海角”，照相、游泳、海鲜、凉鞋、露出后背的美女、沙滩上的度假区什么的，最多也就是五指山万泉河南霸天之类。我以前也来过海南岛，但是都是在同质化的地方开会。宾馆，五湖四海都一模一样的宾馆，就是海滩也处理得像五星级宾馆一样。游泳池，网球场，餐厅，卫生间、浴缸和马桶……所以我对海南这个地方并没有地方的印象，甚至都感觉不到大海。偶然有一次，我说想看看海口的大海，不是明信片上那种规格统一的大海，而是原在的大海。家在海口的诗人纪少飞就骑着摩托来接上我冲了出去，我跟着他在坑坑洼洼的土路上颠簸一阵，水泥群终于消失了，我们来到一处水边，浑浊肮脏，像是工业废水，岸边堆着些垃圾袋和碎砖，令我一愣，这也是海啊。后来他又带我穿过海口市的老城区，我看见一个完全陌生的海口，陈旧的殖民地风格的黄色骑楼，令人想起印度支那。人们在街道上喝茶聊天看报纸买彩票做生意，小摊贩到处都是，大排档从黑暗的铺面里漫溢到街心，椰子树上贴着治疗性病的广告，黑漆漆的油锅响亮地炸着虾片……这是另一个海南，与明信片给我的关于海南的知识完全不同。

孔见是土著，海南岛是他的家乡，一个家乡宝与会议组织者心目中的海南岛显然是不一样的。我五点钟下了飞机，就被接到一个大排档去。孔见穿着印花的衬衣走出来接我，他皮肤黝黑，露出两只胳膊，像是刚刚从海上归来的渔民。大排档是这样操作的，食客先到隔壁的菜市场去购买海鲜蔬菜，然后拿到大排档的食肆上加工，只是卖个厨艺，就像写诗一样，玩的是无。哪个厨艺好，哪个接的鲜货就多。菜市场真是汪洋大海，亮闪闪的全是鱼，翠生生的都是蔬菜。许多鱼的名字我叫不上来，从未见过。蔬菜也有些我不知道的，这是地方，不是超市。有人指着一条复活的黑鲷尖叫起来。鱼死了一部分，没死的艰难地翘着尾巴扭动或者在大盆里悠游。我的一般经验是，要了解一个地方，你得去菜市场，这是该地与大地和餐桌最密切的部分，如果菜市场活泼泼的，那么这地方日子必好过，如果菜市场死气沉沉，阴暗压抑，那么日子一般都是在熬着的了。孔见挑了一条肥颠颠的马鲛鱼，一点豆腐以及只有海南才有的野菜。我们就走去隔壁的露天大排档坐下来。厨房那边立即开火上油，火焰腾起，不一会儿，已经一盘盘端上来了。在座的有我、孔见、陈积华、符立和湖南人周建国。孔见的文章我前几天才读过，他是思想者。陈积华 80 年代也写诗，对诗坛了如指掌，对现在的诗不以为然。他坐在我旁边说，诗无论怎么写，一定要善。我同意，仁者人也，止于至善。康德说："你的行动，要把你自己人身中的人性，和其他人身中的人性，在任何时候都同样看作是目的，永远不能只看作是手段。"诗之德。符立也是诗人，明天他要和建国陪我出去逛逛。都是外省人，之间没有文化中心盛产的那种从政治家的隐私到海鲜的嘌呤含量无所不知的侃爷，又被地方性知识隔着，说普通话总觉得别扭、勉强、尴尬、做作。所以话不多，只是诚实本分地吃着，很安静。符立说，马鲛鱼以前贵得不得了，我们在家乡只是过年才得吃呢。吃罢饭告别。孔见笑笑，陈积华跟着他，像渔民一样在黑暗里消失了，这是他们的海口。

明天，我和符立、周建国去岛上走走。车朝着西面开去，右边是海南岛的陆地，左边是海岸线。许多海岸已经被卖掉了，风景只属于房地产公司或者私人。海岸上堆积着许多死去的别墅，一栋接着一栋，黑洞洞的窗子后面没有窗帘，也没有淡水。这景象令大海更显荒凉，似乎那些苦涩海水中的鬼魂都聚集到了空屋中，正站在窗子后面，玻璃般的脸上布满盐粒。沿线公路到处是为这些房子宣传的广告牌，依据的都是小资产阶级文化最浅薄的意义，“面朝大海，春暖花开”，诱惑那些不谙世故的投资者。如果你不热爱大海的毫无意义，那种亘古的孤独，住在海岸就是一种做作，很难受的。谁能够年复一年沿着那些空无一人，没有邻居，没有海鲜渔档，没有风景，只有海水和沙滩的海岸像哲学家一样漫步？这种生活方式属于另一种文化。中国生活的乐园是在庙会社戏大排档折子戏麻将桌……这样的地方，大海的孤独很难承受，它要求人们向虚无追寻意义，康德会在海岸思考崇高，与上帝辩论。大海是一座荒凉的教堂，海神波塞冬有时候在波峰上行走，大海是世界的终点，思想从此开始，如果思想有物理空间的话，我确信它的起点就是海岸。中国神话里面没有那种野心勃勃的海神，文化的方向朝向内陆而不是大海。大海对于西方文明乃是天赐的扩张之路，不仅意味着精神的无限也意味着财富的无限，而对于郑和的船队来说，大海只是用来传递中华帝国名片的一只丝绸般的手。郑和恐怕是世界航海史上唯一的一位没有生殖器官的舰队司令，基辛格博士在《论中国》里说，“在他的远航过程中，每到一地，便显示中国当朝皇帝的德威，厚赠遇到的君主，邀请他们或亲赴中国，或派遣使者访华，让他们通过以叩头行礼的方式认可自己在以中国为中心的世界秩序中的位置，承认皇帝的尊贵地位。然而，除了举行庄重的仪典炫示中国的伟大外，郑和对开疆拓土并没有多少兴趣，他带回国的不过是礼物，即‘贡品’。除了象征性地扩大了‘天下’的定义，为天朝扬威这一抽象成果外，郑和没有为中国攫取领土或资源。充其量不过是较早地运用了中国的‘软实力’。”（基辛格《论中国》005 页）海岸上那些空置的房产也是一样，其用途仅仅在象征的层面上。“海岸的别墅”这种象征就像“面朝大海，春暖花开”一样，在中国小资文化中极具魅力。房地产公司知道怎么制造这种“诗意陷阱”，他们刻意将“面朝大海”与文化水准、高档、浪漫、鹤立鸡群甚至“崇高”联系起来，刻意回避“面朝大海”只是象征性的满足而缺乏“人间烟火”这种人类生命必需的基本设施，提都不提。啊，大海！是的，大海，很咸。但是不提供过日子必需的盐巴、邻居街坊、小酒馆、寺庙、茶馆、医院、社戏……这些基本的设施，你真住进去的话，只能像演员那样待着。比演员郁闷的是，他们收工离开了，你还得孤孤单单地守着你的商品房，继续表演孤独。

动车已经划开了海南岛，一条长 300 多公里的铁路，亮闪闪的从海口直抵三亚。看得出来，这个岛还没有完全准备好来适应这种风驰电掣的新速度。南飏轻拂的岛屿啊，动车两边的风景慢腾腾的，像是还在赶着牛车。铁路很孤独，工业区、仓库、厂房、垃圾场、集装箱、水泥罐还没有全部到位，像发达地区那样全线铺开、一览无遗。在海南的动车中，如果有雅致的话，依然可以做“过江人士”。车窗的右边是大地。海南岛的面积足够你感受到沧桑大地了。丛林，榕树、芭蕉树、椰子树什么的，沼泽地上，芦苇闪着光，这是一月，岛上却像是初秋，主旋律依然是生机勃勃，只有些不易觉察的萧条。农舍一栋栋隐藏在绿色的丛林中，墓园环绕着村庄，河溪奔向大海，池塘、桥梁、马匹、牛只、背着喷雾器在田野上劳作的人，蹲在地里拔草的人、挖地者，阡陌纵横，掩映在绿荫下露出一段尾巴的光辉小路；空地、洋洋自得的花朵、电站、学校、水库、池塘、寺庙、村烟、篱笆，一匹马在泥潭里打滚，有人在自家的地面蹲着，整理一堆湿漉漉的什么。真是天堂之邦。

“余生欲老海南村，帝遣巫阳招我魂。杳杳天低鹘没处，青山一发是中原。”宋绍圣四年（1097年），诗人苏轼被流放到海南岛，已经62岁了。1097年的海南岛，从中原的观点看来：“食无肉，病无药，居无室，出无友，冬无炭，夏无寒泉。”就那个时代的观点来说，中原乃是文明的天堂，蛮荒海南岛必不可居，只有等死了。但是，苏轼对人生世界有一种存在主义的态度。存在先于本质，“我上可以陪玉皇大帝，下可以陪卑田院乞儿。在我眼中天下没有一个不是好人。”天下也没有一个地方不是好地方，看你怎么在了。“他年谁作地舆志，海南万里真吾乡。”有这样的世界观，大地上何处不是故乡？东坡不是用观念教条来套世界，而是随物赋形，随遇而安，“如行云流水，初无定质，但常行于所当行，常止于所不可不止”（苏轼《答谢安民书》）“吾始至南海，环视天水无际，凄然伤之曰：‘何时得出此岛也了’已而思之：天地在积水中，九州在大瀛海中，中国在少海中。有生孰不在岛者？譬如注水于地，小草浮其上，一蚁抱草叶求活。已而水干，遇他蚁而泣曰：‘不意尚能相见尔！’小蚁岂知瞬间竟得全哉？思及此事甚妙。与诸友人小饮后记之。”“有生孰不在岛者？”仅三年，东坡已经全心全意成为海南人。“己卯上元，余在信耳，有老书生数人来。过曰：“良月佳夜，先生能一出有生孰不在岛者？乎？”子欣然从之，步城西，入僧舍，历小巷，民夷杂揉，屠酤纷然，归舍已三鼓矣。舍中掩关熟寝，已再鼾矣。放杖而笑，孰为得失？过问：“先生何笑？盖自笑也”。“两颊红潮增妩媚，谁知侬是醉槟榔？”“过子忽出新意，以山芋作玉糁羹，色香味皆奇绝。天上酥酡则不可知，人间决无此味也——香似龙涎仍酽白，味如牛乳更全清。莫将南海金虀脍，轻比东坡玉糁羹。总角黎家三四童，口吹葱叶迎送翁。莫作天涯万里意，溪边自有舞雩风。”“若问平生功业黄州惠州儋州”，诗，在黄州写得，在儋州照写。“白头萧散满霜风，小阁藤床寄病容。报道先生春睡美，道人轻打五更钟。”“我本海南民，寄生西蜀州。忽然跨海去，譬如事远游。平生生死梦，三者无劣优。知君不再见，欲去且少留。”俨然土著的口气了。在文字上，苏东坡是第一个将海南岛作为天堂来写的诗人，他其实也可以像诸葛亮那样用“不毛之地”四字遮蔽云南那样将海南遮蔽起来，世界观不同，看风景的角度也不同。

这个世界的大部分依然沉浸在农业中，有些乡村后生忍不住，锄头一甩，就跳上动车。只消二十分钟，他就能抵达另一个世界，就从范成大的诗歌中跃进摩托罗拉公司或者苹果公司的巨大广告牌下面去，这是海南岛的魔幻现实主义。有个刚刚上车的小伙子怯生生地，他显然是第一次坐动车。有着黎族男子那种颚骨宽阔、岩石般坚毅的黑暗之脸。眼睛发亮，衣服单薄，裤袋里贴腿塞着一个薄扉扉的钱包。下电梯时，他没跟上脚底板下金属输送带的速度，一脚踩空，差点滚下去，像是喝多了。他回头望了一下从电梯上涌下来的木偶般的人流，伸一下舌头，在灯红酒绿、名牌摩肩接踵的大街上消失了。过几个小时，他又可以再次乘上动车，回到日渐萧条的故乡去。这一趟旅行撕裂了他，新世界是一个世界，故乡是另一个世界，两者有天渊之别，过去与未来，中间的距离只是十多分钟。

陵水县城的老街上，许多人躺在塑料圈椅里面冲瞌睡。卖杂货的摊子一个接一个摆了一条街，有些人坐在骑楼下面的走廊上喝茶。还有些人坐在自家门口看着街道。新华书店已经古老，里面的书架还是四十年前新华书店的那种普遍排列方式，只是书全换了。我记得这样的书店有许多毛泽东马克思的书，没看见。进门有一尊毛泽东塑像，高达四米，基座上刻着：1967 年 3 月佛山东方红工艺美术厂。我问店员这是不是 1967 年就立在书店里的，店员不知道，她是一个小姑娘。新世界与旧世界之间没有过渡区，没有那种时间导致的褪色、衰败、滋生、生长、蓬勃。陵水县老城的旁边忽然就出现了动车站，摩天大楼光辉灿烂地拔地而起，辉煌但冷清清，看不见几个人影，旁边是陈旧昏暗但是早已让人们安身立命千年的老城，其乐融融又不知所措。两者对比鲜明，非此即彼，势不两立。但老城显然势单力薄，只是勉强度日了，终有一天要灰飞烟灭，以前以为故乡，盘根错节，固若金汤、天长地久。现在才发现，消灭一个故乡也就是几个月几年甚至一夜之间的事。

动车外面那些掩映在绿荫中的村庄包括荣堂村。村子用火山石建造，进去要穿过一个石头砌的门洞，门洞外有一排石头垒的神龛，香烟缭绕，供着几尊泥塑的小神。门洞上方的石匾上刻着“太古仙境”四个字，是光绪三年刻的。这个村子已经八百年以上的历史，住到七百年左右的时候，居民依然自信这是一个“仙境”。进入仙境，先经过一片林荫中的空地，然后才到村口，一条火山石铺筑的路通向里面。村口左侧有一个小庙，一个男子正在锁门，我说想进去看看，他就把门再打开了，里面有几尊披红描金的神像闪着幽光，喜气洋洋的样子，好像是财神。这个村子大约从原始森林里诞生，经过一代代人的打整，道法自然，过了 800 年，又天人合一，与大自然会师了。似乎村子是大地上自然出现的，被许多老树古藤缠绕着，每栋房子都被缠绕。植物有重阳木，是造船的上等料子。还有杨桃、木瓜、椰子树……火山石是灰褐色的，又被植被缝着，在外面很难看出这是一个村庄，沿着石头路走进去，才发现里面一栋栋堂屋，一个个庭院。“半醒半醉问诸黎，竹刺藤梢步步迷。但寻牛矢觅归路，家在牛栏西复西。（苏轼《被酒独行，遍至子云威先觉四黎之舍三首》）人们用火山石垒砌各种建筑，石块的形状各式各样，凸凹不平，但依据各自的原型镶嵌得严丝合缝，最终成为长方形的块面，造出房屋，无目的性（康德），真是鬼斧神工。每家门口都摆着几只瓦缸，用来储水。这些瓦缸美得要命，有些已经长出苔藓，像是一些暴风雨后从天而降的水潭。海南岛是热带岛屿季风性气候，年均降雨量 1639 毫米，季风雨和台风雨是雨水的主要来源。村子基本上已经没有人住，都盖了新房搬出去了，剩下的居民是老者、残疾者以及少数的鸡。它们探头探脑，站在旧犁头上拉屎。有些老者坐在村口等着，游客来就伸手讨钱。已经有游客来这里访问。他们一边照相，一边大惊小怪地吼着，怎么还住啊！这怎么住啊！居民听见这些评论很是迷惑，从宋代或者更早，他们已经在此住着，这样住着，传宗接代，人丁兴旺。火山石的建筑非常坚固，也保暖，只是缺乏下水道和某些卫生设施，完全没有抛弃的必要，如果引进一些现代材料，改进一下，会更好在。但年轻一代不屑于再打整他们祖先留给他们的“太古仙境”，都羡慕外面的新世界，逃走了。留守的居民很自卑，满脸自甘落后挨打的愧色。这村庄是为安居乐业而不是“富起来”建造的，它当然不适应这个时代。就基本的安居乐业来说，这村庄已足够，门前屋后的果树菜圃、村外土地上的稻田池塘萤火虫蛙声落日已足够。足以“春睡美”（这是祖先们选择在此定居的理由，800多年哪，如果春睡不美，他们早已迁居了。他们选择火山石这种天长地久的材料来建筑他们的居所也证明这一点。）这是世界观的问题，“春睡美”与无限发展是两种世界观。他们的矛盾是，文化、语言皆传承自苏东坡的旧世界，来自他的文章，而现世的生命又被包围在新世界的消灭苏东坡式诗意的巨大运动中。苏东坡对世界用的是加法，而这是一个用减法的，非此即彼的时代，它观念先行，不顾存在。

美梅村建造得比荣堂村晚些，但这个村子建造之初显然就按照儒家文化家天下的理想规划过，因此得以抵抗了时代的种种诱惑、攻击、冷落，至今依然我行我素，安居乐业，活泼泼的，没有被拆迁、遗弃。据说这个村子的村民基本上是唐代尚书吴贤秀的后裔。进村口先要穿过石头打制的牌坊，牌坊已经很旧，苍黑，穿过去像是走进某种历史的庇护。牌坊两侧有一副新贴的对联：诗经云钟鼓乐之，周易曰乾坤定矣。气度不凡，里面，一条通衢将村子分为两边，庄院一排排展开，其间有小巷曲径将村庄展开。宽阔大气，井井有条，尊卑有序。不仅只是筑居，也是社会，早已从建筑布局的角度暗含了世界观，人是什么，这样生活，如何生活。考虑了人与人的各种关系，天地君亲师各有其所，老吾老以及人之老，幼吾幼以及人之幼……村里有祠堂、庙宇、古井、村庄用来自我保护的炮楼、庄院与庄院之间的空地上地里种着木瓜、木薯、甘蔗、佛手瓜……有些人家的院子里站着马匹、种着黄花梨。村里有牌坊，镌刻着孙中山题写的“耆年硕德”四字。儒学庙坐南向北，庙门有副对联：“儒家传圣道长兴国运，学府育贤才丕振邦风”。儒学庙东侧是北均梁仙娘娘行宫庙，建于光绪年间。炮楼里面有木楼梯，登到顶可以俯瞰整个村庄，虽然建筑群里也插入了一些现代水泥房，但整体依然是古代的布局。村中心就在儒学庙附近，一排老者脱了鞋坐在大树下乘凉，娃娃在旁边游戏，旁边的石桌子坐着一群妇女，织毛线、聊天。各种衣物晾在阳光下，在村庄深处飘着。

我就会得到宁静，它徐徐下降，
从早晨的面纱落到蟋蟀歌唱的地方；
午夜是一片闪亮，正午是一片紫光，
傍晚到处飞舞着红雀的翅膀
(叶芝《茵纳斯弗利岛》袁可嘉译)

海南，这也是一个茵纳斯弗利岛啊，可是它的叶芝在哪？海南岛在当代诗歌中有些自卑，因为它不是“现代主义”！

下了动车，再乘四十分钟的汽车，就来到分界洲岛。已是黄昏。回大陆的船满载着归人，返岛上的船上只有我一个乘客。岛已经基本空了，只有清洁工在扫地。落日自沉于海，海水暗下来，海岸附近的水面有些黑暗的动物藏着，有时候露出一个黑秃秃的头，海豹般地光滑。它总是原地不动，没入水中，又露出来，大海一次次爬到它的头上，它们一动不动。只有在黎明，海水退去，才发现那是一块块礁石。但是我还是怀疑有时候它并不是礁石，它只是在暴露无遗的时候才是，没入水下的时候，它不是，那时候它是什么，无人知道，永远无人知道。多年前，在另一处海边，我曾经写过一首诗：

在悉尼附近的海岬上

黑夜还没有完全降临
海已经从白日的额头上落下来了
在下降的时候变得平坦辽阔舒展
深蓝色的织布机器有些疲倦波浪
永不休止的一匹接着一匹缓慢
来到世界近处的时候总是要
集中成一个巨石那样的体积
沉重地砸向比它更坚硬的真正的巨石
用尽全力要粉碎它就象那写诗的工人
要粉碎使语言沉默的东西但是用喧嚣来做
那家伙总是埋在水中令波浪的军团一个个崩溃

黑色的苔藓凝固在表面核心冰冷
把这海洋想象成热烈的姑娘一点也不过分
它如此地顽固意味着什么?
许多人已经思考了一生
退休的冲浪者沿着大海的边缘跑步
狗跟在后面孩子们在礁石中寻找宝贝
那石头令喜好运动和奶油的社区
无法在附近游泳那石头太原始
海岸上灯火渐起下班回家的汽车
像停电的鳗鱼一辆辆钻进了车库
别墅被建筑在距大海200米的地方
风景最好的一角那里可以诞生另一个
普希金波涛汹涌的傍晚只是有人
拉开关闭了一天的窗帘卸妆安全地看着
外面那只巨大的黑瞳孔盐和光藏在内部
朝着古代的星空永不向客厅这边转过来
“有着幸福的地方早已就有人看守”
资产者的小灯罩勉强照出海岸黯淡的轮郭
有人背对大海吃馊掉的电视节目英语
使所有大陆的舌头都在变硬五千年的大国
也觉得牙齿在下沉有些人宁可沉默着
那些酋长和乌鲁汝荒原上的歌手那岩石上的心脏
这土地的发音本来是另一套从袋鼠或者桉树开头
巨浪终于滚滚而来有伟大的东西在它们后面

沿着海岸修建的游泳池一个一个消失了
它们怎么狂妄到敢与大海为邻?
这是别人安装在这里的国家
关于探险者们的历史我不太清楚
但海岬依然黑下来令人眼熟的黑夜
黑得就像土著人永不变色的黑脊背
我听见下面
一条渴望永生的鱼在叫喊

2001年10月26日星期五

2014年1月至3月

思　溪

江西省的思溪延村坐落于距朱熹祖籍婺源二十公里左右的地方，这一带遍布丘陵、河流、溪涧、田野、树林和村子。田野上飞着喜鹊、白鹭，鹧鸪、麻雀，天是浅蓝色的，好像遮着层薄雾……土地种了千百年，已经打整得像流水线那样方便耕耘收获了，但与那种实用主义的农场不同，方便耕作，也美。劳动者在其中，不再仅仅是“汗滴禾下土”，也“悠然见南山”，经营了几千年的“天人合一”“道法自然”这些思路，已经成为一种大地景观，社会雕塑（博伊斯），仿佛是陶渊明的作品。但这个时代的人已经对“田园”失去了耐心。田园，意味着劳动者得有一种隐逸心态，知足常乐。野心勃勃令这个世界得到更多，也失去了到手的美。很可惜，一路上都是令人伤心的景象，废墟侵蚀着乡村，土地荒凉，庄稼倒塌，甚至天空，也在重现古老的寂寞。“半亩方塘一鉴开，天光云影共徘徊。问渠那得清如许？为有源头活水来。”朱熹从前写过的这些塘还可遇，清如许，有的来自大地深处，有的来自河里的活水。大地的样子基本上还是那样，只是失去了许多细节。五月，许多地还闲着，刺赳赳，起义般地戳着乱草。还在种的部分往往只有一两个白首老汉或中年人在挥锄，形单影只，动作缓慢，就像在附近散步的白鹭。

村子的外墙是白灰刷的，天长日久，苔藓、屋漏痕、雨书、斑块侵蚀，看上去像是一幅幅扬州八怪风格的水墨画。有条河悄悄地挨着它，被树荫密密盖住，就像一只祖母绿的镯子套在谁的腕子上，只是偶尔在衣袖下面一闪，就看见几个妇女蹲在河边用棒槌拍打着织物，她们播出的声音与古老的水流声和奏着，就像一段忧郁的布鲁斯。从前朱熹在《九曲棹歌》这首诗里写道："一曲溪边上钓船，幔亭峰影蘸晴川。虹桥一断无消息，万壑千岩锁翠烟。二曲亭亭玉女峰，插花临水为谁容。"为谁容？还要继续容下去吗？我问导游小何，河水可以喝吗？小何说，可以的，我们这里的水没有污染。脸上含着一点笑，那是对傻子之问的窃笑。朱熹从来没有问过这种问题，这是一个现代之问。

进村先要经过一座廊桥，阳光灿烂，河出现了，闪着银子般的光，桥上疏影横斜，木头靠栏上晾着新洗的衣物，谁家的垫单、长裙、内衣，短裤轻微地飘动，阳光吃力地穿过它们，布纹朦胧，颇有霓裳羽衣的感觉。一条狗躺在长靠椅上打鼾。它对面，另一排长椅上也有一位白发老太太坐着冲瞌睡，她 92 岁了，许多比她小的人已经死了。导游小何每天率领着戴统一帽子的旅游团在村里逛来逛去，看某家的门墩啦，某家的缸啦，某家的大梁啦，柱子啦、窗子啦、院子啦、厨房啦、卧室啦……93 岁的俞大娘迷惑不解，难道你们那里没有门？没有窗子？村人不胜其烦，但是无可奈何，村口修了停车场，像公园那样建个大门，卖着门票，进村要通过电子检票机。村民每年会得到一点点道歉式的收入，微不足道，但要由着客人东张西望，照相机、手机响个不停，像是在下一种时断时续、鬼鬼祟祟、只有声音没有雨点的雨。小何倒天天高兴，兴高采烈带着旅游团顺着固定路线走，就像村子这口大钟上的一根秒针，跑得个身轻如燕，看不出来是60岁。说起她老公，还有点害羞。两个儿子都在外面打工，家里只有她、老公以及93岁的婆婆。那婆婆没事就去坐在桥上，目光如电地审视游客，她说不来普通话，但听得懂。走过一段拐弯的墙根，小何说这是“拐弯抹角”，看到一个雕着獾和喜鹊的窗子，她说这是“欢欢喜喜”，村子里少有台阶，偶尔有，就说是“步步高升”。颇有些语言现象学的意思。村子的情调很即兴，像是建筑的蓝调，一会儿庄严，一会儿朴素，一会儿平淡，与世无争；一会儿金碧辉煌，镶金嵌玉，一会儿森严壁垒，拒人于千里之外，一会儿敞开散漫……小何带我们看各种木雕，仅仅人物雕像，这个村就有数万个，巴掌或指头大小的人物，或神仙侠侣，或英雄豪杰，也有凡夫俗子，刀工都是一样的，鬼斧神工。从前那些木匠可不是苦力，他们的手指在木头上跳舞、招魂，还听得见他们的笑声和呓语，刨花还在飞溅。个个手艺精湛，个个都是大师，个个像莫高窟塑菩萨像的匠人那样虔诚，每一件作品都可以放进博物馆。什么叫黄金时代，当庸常者成为废墟，昔日的普遍性就会在当下的罕见稀缺中水落石出，升华神圣起来。“夫古人之诗本岂有意于平淡哉？但对今之狂怪雕锼，神头鬼面，则见其平；对今之肥腻腥臊，酸咸苦涩，则见其淡耳。”（《答巩仲至》朱熹）忽然看见几行字，深刻在柱子上，描过金，这家人祖传的家训："己所不欲，勿施于人。"从前天天在这真理之楹下面走来走去，醉生梦死的房东们恐怕一辈子都视而不见，却令我等眼前一亮，被提醒了似的。不知道这些隐姓埋名的乡村罗丹是谁，黄金时代没有什么雕塑家的概念，生活必须艺术，这是老中国不言自明的常识。这些文饰意味着神灵的庇护在场，雕的是西王母、女娲、汉钟离、吕洞宾、铁拐李、曹国舅、张果老、何仙姑、蓝采和、韩湘子、刘关张、李白、苏轼等等。谁敢住在没有画栋雕梁、书法匾额、盆景奇石的院子里？大多数雕像的脸都被用刀子铲掉了，剩下的要么是当年抹了泥巴，要么是盖了层泥巴，才逃过一劫。小何家有一张花梨木的老床，雕着《西厢记》。关于仁义礼智坚贞忠孝的故事，有着西方中世纪宗教绘画的那种模式感。木头演员们的脸部全被某种利器怒火冲天地铲去，像是一个斩首之后的刑场。只有床的基本格局还在，稳稳当当，文饰下面藏着原木，睡觉本是睡在这上面的。怎么这样有耐心哦，这么费力地一个一个铲，也是力气活呐，比雕上去还费力。小何说，算工分的嘛！从这些雕塑可以猜想，那是一个崇拜着美，热爱着生活，有着大把大把时间的时代。人们像埃及人那样，动不动就用十年，二十年去打造一座宫殿般的华宅，真是挥金如土，只是这一栋栋宫殿，都是私人的，而且在世就要搬进去住下，不是法老们的陵墓。可以确定古老的居民们曾经有过天堂般的在世。幸存的零星雕像，依然喜悦，安享、信任、心无旁骛。可惜了这些画栋雕梁，这些美的废墟，苍烟落照中，令人伤感。

现在来思溪延村旅游的人不多，只有些零星的小分队，小何说这是淡季。旺季的话，每天都要堵起来，你不要请导游讲解，跟着走就是，不想听都不行。思溪延村建于南宋庆元五年（1199年），据说建村者俞氏以（鱼）思念清溪而名。俞氏必定是饱读诗书之辈，才能想到思的绵延不断这个意思。仿佛是“为有源头活水来”的一个注解。在德国的海德堡，有一条著名的思想者小路，就在海德堡大学对面的圣灵山上，歌德、黑格尔都在那里散过步，是西方著名的旅游点。有一年，我的朋友彼得带我去，这条路上去的时候很陡，就像马克思说的在崎岖小路上攀登。入口有一块牌子，警告在冬天不能走，非常危险。我们站在半坡上望着下面的内卡河发呆，盘算着下去的时候如何走稳。德国好思成癖，街道上的人物雕塑，很多都是正在沉思的样子。海德格尔以德语为荣，说是德语最近希腊，最有资格思考。彼得已经死了，他不喜欢思想，总是逃开他那个思之国，背着背包到世界上去无忧无虑地行走。但是他知道这条思想者小路，一定要带我来走走，就像是朝圣。呵呵，在昆明，我带他去玩，在德国，他带我来思。小路上还有另一个牌子，写着：今天你思考了吗？思溪附近没有一所大学，也没有人奔着思溪来思。满村蚂蚁般转的游客，不是来思的，是来玩的。但是，这个村叫思溪，必思过，才能这样命名。

宋是一个中国之思再次崛起的时代。朱熹生于1130年9月15日，卒于1200年4月23日。思溪延村建立时，朱熹已经69岁，格物致知那一套，应该已经传回他的祖籍了吧。在宋之前，中国圣人的生卒年月一般是很难考证的，只有些传说、祥瑞之类的，到了宋，生卒都这么准确了，也是格物致知的结果吧。思这个字出现在一个村庄的命名上，不是偶然的。距思溪延村不远的地方，另一个村子，叫作理坑。坑，理学渊源，理在此村浸淫如坑。“村人好读成风，崇尚‘读朱子之节，服朱子之教，秉朱子之礼’”。存天理，灭人欲，本意是“穷天理，明人伦，讲圣言，通事故”，像《圣经》一样，是“就起处而言。”（朱熹）“明德者，人之所得乎天，而虚灵不昧，以具众理而应万事者也。但为气禀所拘，人欲所蔽”，“仁义根于人心之固有，天理之公也；利心生于物我之相形，人欲之私也。循天理，则不求利而自无不利；殉人欲，则求利未得而害已随之。”是指引人生如何在世的，如何明德，如何在形而上与形而下之间，有无相生而不固执，保持对物的超越性，“至明而不昧”，不被形而下的物、有遮蔽。理开始是理的天理之坑，到后来，被腐儒们过度理解，概念化，工具化、功利化，成了坑人之坑了。那村子有个著名的景点，一位明代高官老宅的门头上，竟然装饰着一顶砖雕的乌纱帽。导游赞美，游客羡慕，纷纷举着手机。但是，朱熹不是这个意思，他那个理不是后来这个理，朱熹在世之日，乃是一个伟大的异议者。议论皇帝“今看着徽宗朝事，更无一着下得是。”议论宰相“王荆公遇神宗，可谓千载一时，惜乎渠学术不是，后来直坏到恁地。”问：“荆公初起，便挟术数？为后来如此？”曰：“渠初来，只是要做事。到后面为人所攻，便无去就。不观荆公日录，无以知其本末。它直是强辩，邈视一世。”宋庆元二年（1196 年）十二月，“党禁”开始，五十九位士大夫被列入伪逆，朱熹被定为“伪学魁首”，在黑名单排第五，差点被“斩朱熹以绝伪学”。落职罢祠，门人被流放或入狱，生活贫困到经常要告贷。

在乡土中国，乡村不像现在，被视为未来的绊脚石，乡村乃是中国生活的主流，诗意的持存之地，精英文化的核心，就像现在的城市。牧童遥指杏花村，指的不是一个普通村子，而是一种生活世界的经典样式。归去来，田园永远不能芜，那是向死而生的永生之所，可以死的地方，如果一个人不能“少小离家老大回”，他就是孤魂野鬼。城市在乡村面前，总是有低人一等的自卑感，那里唯利是图，商贾云集，天理被人欲遮蔽，物异化一切的地方。乡村不仅是陶渊明式“归去来”的最后归宿，乡村自身就是中国生活的最高典范。每一家都是一个家庙与栖居的结合，彼此独立、自尊又彼此关心、团结。房屋的制式、材料的选择，做工，从美感到实用，从礼的定位到道的沟通。文统领着乡村的方方面面，供奉祖先的中堂，养花蓄水做饭的后院，画栋雕梁的门楣，寓意深刻的对联、寓教于乐的各种装饰、文采，祠堂、牌坊、义仓、水井、戏台、小路，洗衣处、桥梁，茶馆……就是农田中的小路，也用青石板铺就，水利设施就不必说了。人们把故乡作为一个“向死而生”的终点而不是驿站来建造，不是毕其功于一役，而是以中庸为尺度，日积月累地调整，在世而又持存着超越性。“明德，也且就切近易见处理会，也且慢慢自见得。如何一日便都要识得！”（朱熹）固然，在这些细致入微，坚固耐用，美奂美伦的设施中，也有窒息生命的东西，比如那些必须抬腿过膝的门槛，禁止闺女露脸的秀楼。文胜质则史，象征的过度必然导致肉身的压抑。这只是由于“自见”终止了，僵化了，这只是复活、改造、修缮的问题。这些设施的基础植根于天人合一、道法自然这些关于人如何在世的基本思想，这种思想基于“生生之谓易”，不是否定、压制、怀疑生命，是信任生命，“天人无间断”，“天即人，人即天。人之始生，得于天地。即生此人，则天又在人矣”。人不是被天抛入世界的有罪心烦等着救赎的弃儿，而是与天同一、万物皆备于我的仁者，“生的意思是仁”（朱熹）。

当乡土中国被否定抛弃后，古老的村子一个个人去楼空，这时候重新进入村庄，儒教的尊严已经像旧墙上的天然水墨画一样斑斑驳驳，质胜文则野，这才看出这村子的合理处，显而易见的当仁不让。仁者之居，以天人合一为根基，即是道法自然之居，也是理之居，这种天（诸神、先烈，万物有灵）、人、理、地四位一体的文宅，比海德格尔、荷尔德林后来觉悟的“诗意的栖居”有更深的谋划。这村子不仅为刚刚来世者造，而且要保证他们在世的“向死而生”，为无疾而终造。只是可以生的地方，可以养的地方，也是可以死的地方。村子里，一路上一会儿遇到婴儿，一会儿遇到寿星。“人不独亲其亲、不独子其子，使老有所终、壮有所用、幼有所长、矜寡孤独废疾者皆有所养。”全村在大地、田野、河流、青山……的怀抱里像熟睡的婴儿，安享着一种依靠，好在。当然，如今也弥漫着自卑，学校和电视机从来不为这种生活的合法性提供知识，村人好多年都没有为自己的村子自豪过了。旅游仅重视商机，将村子像文化动物园中的怪兽那样展示。游客不会爱这个地方，只是好奇。20 世纪的中国知识很少像朱熹们那样对经典怀着“居敬”的诚意格物致知过，研究过它的“含义”“合法性”，那些知识总是基于概念化的、预设的、想当然的否定，影响到普通的游客，他们一方面体会到这些古宅对身体的善意——露天下赤日炎炎，汗流浃背，一进门就凉快，“每家都有天然的空调”，小何说。——对人生的教化，各种设施，基础、材料，尺寸、装饰……都在暗示着礼数、德行、如何止于至善；一方面又迷惑不解，他们竟然花钱来参观被他们的知识界定为“没落”“反动”的地方。对乡土中国格物致知，意识到它的天理，也许现代只有伟大的费孝通做过这件事。

当然，对这种知识的叛逃也一再发生，有两个来自北京的退休商人参观过后再回来，背着箫，住在一个客栈里，每天狂吹六个小时，旁若无人，难听至极，窗外的牵牛花听了，不是随箫而开，而是蔫蔫将死。他们觉悟到这个地方可以吹箫，吹箫很自然。一位南昌人在思延村发现了新的生财之道，他租下一处从前很显赫的大家族的旧宅，天然的博物馆，第一流的木雕（近花团锦簇一项，就计有：正月梅花，二月杏花，三月桃花，四月蔷薇，五月石榴，六月莲子，七月菱角，八月桂花，九月金菊，十月芙蓉，十一月仲冬无花草，十二月蜡梅香）砖雕《三国演义》，第一流的匾额，一砖一瓦都被包浆裹着，还有出处，说法，完全可以送去苏富比作为晚明艺术品拍卖。森严豪华，依然可以感觉到从前是如何的显耀过象征性资本的雄厚，那种压抑生命的周全备至的礼数、壁垒阴森导致的沉闷、奢侈淤积的浪费也没有完全消散。经过改造修理，没有改变它的根基，就是在某些部分开出窗子，换下朽木，重新铺瓦，重组空间，沟通下水道，修建卫生间等等，马上，周边的鸟语花香、鸡鸣犬吠、烟淡流急、日晦星亮的古老村色就汹涌而入。这村主人每年2万租的房子，签了三十年的合同，重修花了两百万，有二十多个独立的房间，每个房间的日租金八百。淡季，我们讲到四百。喜出望外，有星空泊于帘外，有朝阳照亮枕头，有顺序而入的鸟唱、花香、炊香，有纯粹绝对的黑夜，有泥土、果蔬、花朵、畜粪此起彼伏的味道……大多数人跑掉了，留守故乡耦而耕的长沮、桀溺们趁机返璞归真，不再施用化肥，粮食可以放心了。最大的焦虑卸下，不再担心何时要食物中毒，就倒头一觉睡死过去。这个村子相当催眠，大白天昏昏欲睡者在桥头、河畔、山石上、田垄里，随处可见。田野也是昏昏欲睡，河水也是昏昏欲睡，一幅地久天长、百无聊赖的样子。小何与我们熟了，就请我们去她家晚餐，做个梅干菜蒸肉，炒个鸡蛋番茄，捞些咸菜，她老公取出村子里自酿的高粱酒，互敬几盅。夜阑方散。完全是朱熹那首诗里写的："野人载酒来，农唊日西夕。此意良已勤，感叹情何极。归去莫频来，林森山路黑。"这村子只是世俗的么，不，它无处不在地暗示、实施着教化，住在这样的村子，文盲无地自容。每家门上都贴着对联，寓意深刻，每家都有自家的家训，小何特别强调，每家都不一样。但是一本万殊，理是一个理，只是表述的话语不同。如今家家将祖传的家训用小牌子钉在门口，作为旅游景点之一。我那房间的窗外是一个花园，通着后门，枣树、美人蕉、小池，金鱼在悠游。雇来的厨师天一亮就摸进来，站在小路上喂鱼食，长得极像闰土。我以为闰土就是他这个样子，忠厚，少言。他做的饭味道一般，就是这个村子人人都会做的家常菜。这个村的梅干菜味道怪异，有一种从老墙里发出来的味道，不像新派的梅干菜很甜，估计朱熹以前吃的就是这种。还有一位个子矮小的女服务员，也是鲁迅小说里描绘过的那种样子，敦实木讷，暗暗地丰满着。沉默寡言，忽然开口，自动解释，为什么这么年轻，却没去外面打工，她的闺蜜都走掉了，她丈夫腿不好，她得照顾她。忘记她昨天已经讲过了，今天又讲一遍。总是含着一丝笑容，有点像高更画的塔希提岛上的土人。

"沉沉新秋夜，凉月满荆扉。露泫凝余彩，川明澄素晖。中林竹树映，疏星河汉稀。此夕情无限，故园何时归。"（《对月思故山夜景》朱熹）那叫作思溪的水就在窗外流着，在纯正的黑暗里看不见它，一点光都没有，只有那种似乎在织物表面滑过的声音，偶尔碰到什么，轻微地叹息一下。思这个字，在朱熹的著作里频繁出现。“思诚为修身之本，而明善又为思诚之本。”“泛观博取，不若熟读而精思”“循序而渐进，熟读而精思”“大抵观书须先熟读，使其言皆若出于吾之口；继以精思，使其意皆若出于吾之心，然后可以有得也。”“人之进学在于思，思则能知是与非”。“今人作文，皆不足为文。大抵专务节字，更易新好生面辞语。至说义理处，又不肯分晓。观前辈欧、苏诸公作文，何尝如此？若其义理精奥处，人所未晓，自是其所见未到耳。学者须玩味深思，久之自可见。”“一粥一饭，当思来处不易。”朱熹对思的强调，可谓前所未有。

思这个字甲骨文未见，到篆文才出现。不是说之前没有思，易经就是伟大的思，中国思想的原典。易经的思路相当感性，是诗性之思，言此意彼。许慎说，思，容也。段玉裁说，思者，以其能深通也。思是文明的高级形式，先是感性之思，然后是思辨之思，在中国文化中，原始的感性之思非常强大。思辨之思活跃起来，是在春秋时代（世界轴心时代），孔子老子庄子孟子这些人的出现，是中国第一个自觉的思想时代。孔子强调思，“学而不思则殆；思而不学则惘。”“君子有九思：视思明，听思聪，色思温，貌思恭，言思忠，事思敬，疑思问，忿思难，见得思义。”子思的老师曾参好思，“吾日三省”，“思不出其位”都是他说的。“夫子之道，忠恕而已。”他显然深思了孔子，才说得出这种一语中的的话。曾参的学生是子思，《中庸》是他写的。子思，这个名字很有意思，最近发掘的竹简表明，子思的著作名为《子思子》，完全可以理解为他的写作就是对孔子思想的思。孟子是子思的学生，孟子说“耳目之官不思，而蔽于物。物交物，则引之而已矣。心之官则思，思则得之，不思则不得也。此天之所与我者。先立乎其大者，则其小者弗能夺也。此为大人而已矣。”不思，则蔽于物，真是高见，我们这个时代还是这样啊！至于老庄之思，风格与儒不同，儒是对话，循循善诱，老瘦硬如经，不容商量。庄则是诗的飞扬流转。在轴心时代。中国之思从黑暗里众流溃堤，汇成大海，壮丽开阔。思纲已立，后世要做的只是深思之，阐发之，去蔽。朱熹主张回到“本文”“大凡看书，须只就他本文看教直截。”“古今诸家说，盖用记取，闲时将起思量：这一家说得那字是，那字不是；那一家说得那字不是，那字是；那家说得全是，那家说得全非；所以是者是如何，所以非者是如何。只管思量，少间这正当道理，自然光明灿烂在心目间，如指诸掌。”这种思路颇似海德格尔。乔治·斯坦纳在《海德格尔》序言说过海德格尔之思：“在《存在与时间》中，海德格尔审慎地使用着普通的、非技术性语言。这种语言通过唤起一种感受力的独特张力甚至暴力，以达到人的本根或人的在世之在（man’s beingin the world）的本根，通过对未经雕饰的素朴语词（simple words）的锤炼和凝缩，使之回到原初的真实状态。”比较朱熹：“则有时而昏；然其本体之明，则有未尝息者。故学者当因其所发而遂明之，以复其初也。”“以孔子之语，浑然温厚，然他那句语更是斩截。若如公说一句，更用数十字去包他，则圣贤何不逐句上更添几字，教他分晓？”“圣人之言，本自直截。若里面有屈曲处，圣人亦必说在上面。若上面无底，又何必思量从那屈曲处去？都是枉了工夫。”比“杀身以成仁”，朱熹如是阐释：“圣人常说，‘有杀身以成仁’。‘今看公那边人，教他‘杀身以成仁’，道他肯不肯？决定是不肯。才说着，他也道是怪在。’又曰：‘吾未见刚者。’圣人只是要讨这般人，须是有这般资质，方可将来磨治。诗云：‘追琢其章，金玉其相。’须是有金玉之质，方始琢磨得出。若是泥土之质，假饶你如何去装饰，只是个不好物事，自是你根脚本领不好了。”

思是通过语言敞开的，语言敞开思之路，道出思路，但是也会遮蔽思路。宋是一个思再次崛起的时代，孔子那些圣经般的思想，到宋代，早已文胜质则史，被陈词滥调遮蔽了。“最切近处最分明处乃舍之，而谈空于冥愤之闲”“圣人之言坦易明白，因言以明道，正欲使天下后世由此求之。使圣人立言要教人难晓，圣人之经定不作矣。”宋思必须重新解释，再次点出它与世界人生的“切近处”。“于显处平易处见得，则幽底自在里许。且于切近处加功。”“先生曰：‘看教切己。’诸公数日看文字，但就文字上理会，不曾切己。凡看文字，非是要理会文字，正要理会自家性分上事。”(这些话令我想到海德格尔的此在，这种存在者与其他存在者的不同在于：此在就是不断地去亲临存在‘Zu-sein’)

切近之思只有通过语言，语言必须“明道”（可以解作“明白说”，也可以解作“明白道理”）曾经明过的语言未必还能明，时间、历史、意识形态、傲慢、风俗、谬讹、曲解……都会遮蔽它。语言会产生淤泥，阻塞思路。“思索，譬如穿井不懈，便得清水”，如何再得清水？每一次思的解放都是语言的解放。圣经、论语、老子、庄子、古兰经、马丁路德的新教、明治维新、白话文运动……莫不如此。海德格尔要重新说出存在、时间，他回到了希腊的词根。海德格尔不过是要为西方思想重建一条思之路，思之路就是语言之路。“罗马思想接受了希腊的词语，却没有继承相应的同样原始的由这些词语所道说出来的经验，即没有继承希腊人的话。西方思想的无根基状态即始于这种转渡。”（《林中路》孙周兴译）

朱熹很像是一位中世纪的海德格尔，“思量一件道理，直是思量得彻底透熟，无一毫不尽！”“看大事记，云：‘其书甚妙，考订得子细，大胜诗记。此书得自由，诗被古说压了。”宋思的崛起，语录体至关重要，语录体其实是一场语言革命。日本人市川安司注意到了：“他们对形而上学的兴趣，即把人置于一个更大的宇宙论情境内的新生发出来的兴趣——这种兴趣……自然地引导他们脱离书面语言向当时的口语靠拢。对于体系化的形而上学详尽阐释，对他们来说，还是一种新尝试，尚无传统形而上学的关于话语的东西可资利用。”（见《宋代思想史论》）我夜读朱子语录，听着他用梁山泊好汉那样的语言阐释《易经》《论语》，真是新鲜好玩。比如他说：看文字，须著意思索；应接事物，都要是当。四面去讨他，自有一面通处。“中庸言‘慎思’，何故不言深思？又不言勤思？盖不可枉费心去思之，须是思其所当思者，故曰‘慎思’也。”比如他说理要在根本上把握：“若只恁地逐段看，不理会大底道理，依前不济事。这日用之间，只在这许多道理里面转，吃饭也在上面，上床也在上面，下床也在上面，脱衣服也在上面，更无些子空阙处。尧舜禹汤也只是这道理。如人刺绣花草，不要看他绣得好，须看他下针处；如人写字好，不要看他写得好，只看他把笔处。”“大底道理，如旷阔底基址，须是开垦得这个些，方始架造安排，有顿放处。见得大底道理，方有立脚安顿处。若不见得大底道理，如人无个居著，趁得百十钱归来，也无顿放处；况得明珠至宝，安顿在那里？”

海德格尔，一生很多时间都住在黑森林托特瑙堡小屋里，“生活在城里的人一般只是从所谓的‘逗留乡间’获得一点‘刺激’，我的工作却是整个儿被这群山和人民组成的世界所支持和引导……我的工作就是这样扎根于南黑森林，扎根于这里的农民几百年来未曾变化的生活的那种不可替代的大地的根基……农民的记忆有其朴素明确永志不忘的忠实性。前些时候，那里的一位农妇快要去世了。她平日很爱同我聊天，告诉我许多村子里古老的传说。她的质朴无文的谈吐充满了丰富的想像。她还在使用村里许多年轻人不再熟悉很快就会湮没的不少古字和俗语。”在德国，海德格尔是个另类。乡村哲学家朱熹从未离开过大地，《久雨斋中诵经》：“端居独无事，聊披释氏书。暂释尘累牵，超然与道俱。门掩竹林幽，禽鸣山雨余。此无为法，身心同晏如。”他的全部思想都是道法自然的结果。大地一直是朱熹思想的“切近处”。“问溪哪得清如洗，未有源头活水来”，朱熹从来不是枯坐书斋的知识分子，他是思想家，也是诗人，“黎明即起，洒扫庭除”。“自号紫阳，箪瓢屡空，然天机活泼，常寄情于山水文字，南康志庐山，潭州志衡岳，建州志武夷、云谷，福州志石鼓、乌石，莫不流连题咏。相传每经行处，闻有佳山壑，虽迂途数里，必往游”。（《朱熹传》）他去故乡婺源城西南九老芙蓉尖祭扫四世祖维甫妻程氏墓时，见四周空旷，亲自在墓四周栽种了 24 棵杉木。读他语录，可见这是一个率性活泼可爱之人，且看他这般说话：“荀子尽有好处，胜似扬子，然亦难看。”“要看扬子，他说话无好处，议论亦无的实处。荀子虽然是有错，到说得处也自实，不如他说得恁地虚胖。”

思溪延村有两处，一个是思溪，一个是延村。从思溪村到延村要走二十多分钟，一路都沿着思溪，河在田野下面，听得见，看不见，只是感觉那里有什么活着。偶尔遇到一只鹭，或者什么飞起，没看清。延村见思溪发达起来了，也开始发展旅游，在河上架起来新的廊桥，那廊桥一侧是村子，另一侧是田野。游客走到那头，看见些稻草跺什么的，认为没有景点，悻悻折回。村子里收拾了几处老宅，改成咖啡馆、旅社什么的。这个村子不大，走几步就见田野，鸭子在小路上窜来窜去，自古都是这么笨拙，慢吞吞的，有点傲慢。村子里本来是有社戏的，已经多年未演，演员都找不着了。晚上就看看电视。

贵阳笔记

1. 龙场

1506年，先知王阳明面临的困境是，他失去了语言。这种失去，令他思考，也令他觉悟。

当时他被流放到贵阳西北七十里外一个山洞。“龙场在贵州西北万山丛棘中，蛇虺魍魉，蛊毒瘴疠，与居夷人鴃舌难语，可通语者，皆中土亡命。”（《阳明先生年谱》）“连峰际天兮，飞鸟不通。游子怀乡兮，莫知西东……蛮之人言语不相知兮”。（王阳明《瘗旅文》）一头熊从他身边走过去，没有吃掉他。

“圣人处此，更有何道？”“达观随寓兮，奚必予宫。魂兮魂兮，无悲以恫”（王阳明《瘗旅文》）“乃为石墩自誓曰：‘吾惟俟命而已！’（《阳明先生年谱》）他想到孔子、舜、禹……他们处此境，会如何？“在陈绝粮，从者病莫能兴。子路愠见曰：“君子亦有穷乎？”子曰：“君子固穷，小人穷斯，滥矣。”（论语）“君子素其位而行，不愿乎其外。素富贵，行乎富贵；素贫贱，行乎贫贱；素夷狄，行乎夷狄；素患难，行乎患难。君子无入而不自得焉。”（《中庸》）

王阳明“日夜端居澄默，以求静一。”

“忽中夜……寤寐中若有人语之者。”

语言在他心中醒来。这种醒来，超越了陈词滥调，自己的语言开始了，不是从零开始，而是接着说，温故知新。王阳明不是横空出世，不是打倒、革命。“今观《象山文集》所载，未尝不教其徒读书。而自谓理会文字颇与人异者，则其意实欲体之于身。其亟所称述以诲人者曰：‘居处恭，执事敬，与人忠。’曰：‘克己复礼。’曰：‘万物皆备于我，反身而诚，乐莫大焉。’曰：‘学问之道无他，求其放心而已。’曰：‘先立乎其大者，而小者不能夺。’是数言者，孔子、孟轲之言也，乌在其为空虚乎？独其易简觉悟之说，颇为当时所疑。然易简之说出于《系辞》；觉悟之说，虽有同于释氏，然释氏之说亦自有同于吾儒，而不害其为异者，惟在于几微毫忽之间而已。亦何必讳于其同而遂不敢以言，狃于其异而遂不以察之乎？”（《阳明先生年谱》）

不经意间，关于王阳明的故事似乎或多或少与语言有关。他五岁还不能说话，重新取了名字（命名）就开口说话了。“必也正名乎”。

这种情节颇似穆罕默德的故事。

中国素来讲文明，文明就是中国的神明。文的觉悟就是神性的觉悟。文统是中国最伟大的传统，一切传统都基于文统。孔子说，郁郁乎文哉，吾从周。周王是一位文王。好德。德不是现在教条化的道德，而是一种居恭持敬的超越性，对万事万物的超越之心。文是一种道，中道，文王崇尚中道。超越但是持中。《诗经·大雅·文王》：亹亹文王，令闻不已；穆穆文王，于缉熙敬止。

在中国文明中，语言至关重要。超越，通过语言。《左传·襄公二十五年》：冬十月，子展相郑伯如晋，拜陈之功。子西复伐陈，陈及郑平。仲尼曰："《志》有之：'言以足志，文以足言。'不言，谁知其志？言之无文，行而不远。晋为伯，郑入陈，非文辞不为功。慎辞也！"

慎辞也！惜墨如金。孔子说："修辞立其诚""辞达而已矣。"立其诚，居敬，执恭，就是建立与神的关系，通过辞。

修辞立其诚，是一种世界观。文明，就是以文照亮，"质胜文则野，文胜质则野，文质彬彬，然后君子"。中庸是一种衡量宇宙万物的尺度。

文的诞生，在中国是惊天动地的大事。"天雨粟，鬼夜哭。"

龙场这种地方，在某种意义上可以视为一个菩提伽耶。

"尔未看此花时，此花与尔心同归于寂。尔来看此花时，则此花颜色，一时明白起来。便知此花，不在尔的心外。"

"充盈天地之间的，唯有这个灵明。人只是因为这个躯体，从而把自己与其他一切隔离开了。我的灵明就是天地鬼神的主宰。天若没有我的灵明，谁去仰望它的高大？地若没有我的灵明，谁去俯视它的深厚？鬼神若没有我的灵明，谁去分辨它的吉凶福祸？天地鬼神万物，若离开了我的灵明，也就不存在天地鬼神万物了。我的灵明若离开了天地鬼神万物，也就不存在我的灵明了。如此这些，都是一气贯通的，岂能把它们隔离开来？"（王阳明）

这个灵明，是通过语言澄明，去弊的。“不言，谁知其志？”诗言志。志就是诚，诚就是通灵，接神。只有诗可接。“其称文小而其指极大，举类迩而见义远。”所以，不学诗，无以言。诗是语言上的语言。在黄金时代的中国，文人就像印度的婆罗门。“天子呼来不上船”（李白）“博闻强志，明于治乱，娴于辞令（修辞）。入则与王图议国事，以出号令；出则接遇宾客，应对诸侯。王甚任之。”（《史记·屈原列传》）

如何言，是中国文明的最高智慧。所以，老子说，道可道，非常道。老子开篇就讲语言。《论语》，也可以表象式地解为“讨论语言”。语言在中国文明中，并非像西方那样只是一个工具。在中国文明中，语言是一种宗教，文教、诗教。存在方式，世界观。海德格尔晚年开始朝这方面猜想。

文教。春节时写个福字供在中堂，就是请来了一尊神，谁敢撕去？

王阳明是一篇伟大的文章，文章不只是格律平仄。也是“为政不事威刑，惟以开导人心为本”。

觉悟都是在大地上，而非图书馆。司马迁将屈原的《离骚》看成一种觉悟，“离骚”者，犹离忧也。”忧，心动。忧，就是心的觉醒，思的开始。“夫天者，人之始也……人穷则反本，故劳苦倦极，未尝不呼天也”。王阳明也一样，语言的丧失令他回到天，回到根本上去思。

龙场是一个山洞，菩提伽耶是一棵菩提树。

2. 花溪

我第一次去贵阳是 1979 年。四个人，一个人背着一个布缝的马桶包。晚上 9 点上车，立即钻到硬座车厢的座位下面，枕着钢地板呼呼睡去，那时候就是刀山火海上面也能睡着。一边睡一边听着火车隆隆巨响，仿佛睡在波涛汹涌的大海上，做着梦。忽然安静了，落到沙滩上，从座位底下梭出来，车厢已蒙蒙亮，一车厢东歪西倒的人都不见了，赶紧背着包包跳下去。贵阳到了。下了火车就去坐公共汽车，路上除了公共汽车，几乎没有什么车，很快就到了花溪。果然有溪一条，碧蓝，像是一个冶炼车间刚刚融化的玉，淌在地上。不觉得很稀奇，云南也有，滇池也是一块巨璞。我们四个人，有三个是通过贴在昆明大街上的油印民刊《地火》相识，成了好朋友。当时贵阳最有名的就是觉悟社，在街口张望了一阵，找不到，就再上火车，走了。青春期想象世界的方式很浪漫，以为贵阳就是觉悟社和花溪。今年再来贵阳，去花溪的路堵车，改道去别处。路上看见老的贵阳水泥厂，一个巨大的灰呼呼的恐龙，有些穿橡胶长筒鞋的工人站在门口，忽然想起黄翔，一直以为他就在这样的工厂里劳动，穿着工作服。

我曾经在纽约拜访他。他住在鸟语花香的公寓里，一房子都是他的水墨画。唇红齿白的样子，刚刚从西班牙回来，在那里办了一个画展。

3. 红枫湖

1995年，我第二次去贵阳。80年代风起云涌的先锋派诗潮进入低谷，一些诗人跑到外国去，一些诗人搁笔。剩下的人在各省默默写着，渴望交流。我接到何锐的信，要在贵阳举办一个诗会，请我去。何锐是《山花》的编辑，敢于发表先锋派的作品，那时候先锋派这个词还是个禁忌。这是中国当代诗歌史上先锋派诗人第一次大集结，去了一客车，40多人。那时候对先锋派诗人如临大敌，《文艺报》发表整版文章，批判我的诗歌观点。不像现在，先锋是一种时髦、康庄大道，诗歌民刊印的豪华亮丽。后来刊物发表了会议纪要，标题是“诗坛的焦灼——红枫湖现代诗学术研讨会综述”。但是，那些前往讨论的身体，那些“优美的前倾姿势”（徐敬亚形容先锋派诗歌的用语）可是一点都不美。一些诗人被堵在机场，不准登机。我也被警告，后果自负。谈论诗有那么危险么？这种危险必须挺身解除，我悍然登机来到了贵阳。以前的先锋派的诗歌活动规模比较小，趣味相投的诗歌团伙开过一些小会。孟浪召集过一次，邀请了十个人，说是某月某日上午9点在马鞍山公园门口集合，自己坐着火车去，我都准备动身了，最后不准开了。这次诗会去的人有唐晓渡，陈超、谢冕、郑敏等等，搞哲学的刘东也去了，他发言讲到敬亭山，相看两不厌。讲到东西方的不可通约。他在看海德格尔。他是对的，这不是什么民族主义，汉语翻译成英语，汉语的身体，字都没有了，只剩下声音、字母，怎么通？比弗罗斯特讲得还严重，不可翻译部分不仅是无，也是有。大家各说各话，没有剑拔弩张。那时候尺度不同的诗人暗中彼此不以为然，各写各的，但互相尊重。不准登机的不仅民间，也包括知识分子。过了二十年，我因为写这一段，找出那篇会议纪要来看，完全不知道是说些什么，废话一堆，无益。名实分裂，许多诗人是坐在火山上开会，后果难测。会议纪要省略了身体的焦灼，只报告诗的焦灼。我读郑敏的诗，还是在“文革”时期，这是第一次见面，她女儿陪着她来。老太太风度沉稳，健谈、犀利。我们谈了很多，她强调不能与传统断裂。开会的钱是一个叫作石斧的画家出的，所以叫作石斧诗会。钱拿给一个叫瓦兰的诗人带着。石斧出现了一下，魁梧，皮肤深黑，坐在一个石头上，有个深色皮肤的女子跟着他。石斧是个有思想的艺术家，最近我看到他说：“仓颉造字，比如说这个字造出来了，干什么用的？我们要问一下，是不是你说话的时候，要记录你这个话，为这个而造的？按照西方语言学，字是语言的符号，它造的这个字一定是为你说这句话而服务。如果按照这个理论，仓颉造这个字，一造就得是一句话！一串，对不对？那是不可能的！中国为什么是单音单字？他造这个一个字，就是解决一个问题，解决一个事、一个事物的表述，所以中国的一个字它就是一句话，甚至于是一种思想，甚至于它是一篇文章。”有道理。瓦兰是个瘦人，三十岁不到，以前在江苏一个制药厂当工人，后来跑掉，写诗，我们通过信。红枫湖是一个休闲山庄，水面很大，可以开船。我们坐在船上开会。大家发言的时候，一些鱼从湖里跃起来，叼着那些掉下去的话，尾巴一转，回到黑暗里去了。然后诗人们露出身体，跳到湖里面去游泳，徐敬亚、陈仲义、唐亚平我们几个游得最远。唐亚平刚刚发表了《找个男人来折磨》，大家眼神异样地观察她。她热爱行动，不是那种苍白的纸上诗人，后来她拍纪录片去了，记录贵州伟大的土著文明。天气阴着，有点冷，但湖水不冷。晚上我们去参加火把节，没有看见火把，许多人走来走去。还去了黄果树瀑布，到了要散会的时候，忽然流言在与会者中散布，说是瓦兰背着的钱（5万）失踪了。大家面面相觑，满腹心事，坐在大巴车上低语。谢冕坐在前面，一语不发。郑敏在一个角落睡觉，靠着窗子，漏进来的风拂着她的白发。陈超和唐晓渡跟着瓦兰张罗此事，钱失踪了，很着急。这两位杰出的诗歌批评家笨拙而害羞地谈起钱，我听着相当新鲜。旅馆里传来巨大的争吵声。90年代，钱悄悄与诗歌发生关系，后来流行的拉赞助开诗会，就是从那时候开始。80年代彻底结束了，这是一种写作方式的结束。那时候中国当代诗歌与世界很近，与世界各种先锋派诗歌运动一样，诗是一种生活方式，一种行动。那时候，先锋派诗人的标志出众，留长发，穿牛仔裤，酗酒、打架，流浪……不约而同的波西米亚风格，诗歌有强大的身体性和空间、场域。不像现在，诗歌越来越成为一场场小圈子的自命不凡的秘密会议，坐着写，坐着开会，互相表扬，颁奖。80年代，诗人与财务没有一毛钱关系，很多诗人已经完成杰作，从未获奖，只在地下的、同仁刊物发表着。像李白、陆游、苏轼……或者“垮掉一代”“白银时代”那些诗人，自己坐着火车或走路去握手，见面，谈诗、相爱。诗人住在诗人家里，喝酒，睡地板、熬夜。就像凯鲁亚克的《在路上》那本书里面说的。我睡过老木家的地板，一个房间里睡着七八个诗人；喝过杨黎他母亲的水；在韩东家的筒子楼里冷得瑟瑟发抖，在骆一禾阴郁的小房间里看着他晃着苍白的手指谈隐喻，在西川的破沙发上翻书，在唐晓渡的办公桌上午睡……红枫湖诗会后，民间另一次大集结，是盘峰诗会，红枫湖诗会是盘峰诗会的先声。1949 年以来的所有诗歌讨论会都是公费。红枫湖诗会是私人出钱，盘峰是自费。这种细节在文学史上至关重要，许多学院批评家关于民间与知识分子争论的论文，从来没有注意到这些非诗的史诗性细节，肤浅是必然的。红枫湖诗会回到了 30 年代的传统，鲁迅们讨论文学，都是自费的，鲁迅经常请客。呵呵！钱失踪了，没有钱吃晚饭，我和几个诗人自己掏钱蹲在贵阳街头吃面条、米粉。矮桌子旁边就是臭烘烘的下水道，堵着了。一只黑乎乎的锅子里煮着各种各样的东西，卤肉啦、肠头啦、萝卜根啦、豆腐啦、魔芋啦、菜头啦……随便挑，很便宜，很好吃，难忘。我回去的机票成了问题，何锐通过《山花》或者谁给我买了回昆明的机票。飞机是苏式的伊尔 18，机舱口搭着一把钢筋焊接的梯子，爬进去，钻到一个洞穴般的机舱里。座位是折叠椅。每人发一把扇子。飞机一边飞，椅子一边晃荡，就像一辆旧单车。又闷又热，缝隙里面冒出白气来，前排的人都看不见了。激烈地震动，仿佛是坐在一个筛子上，行旅架震开了，一个包包掉下来。空姐跑过来捡起，又塞回去。那时候上飞机要抢行旅架，大家的行旅都很多。终于咚的一声，飞机的细脚杆戳在昆明地面上，断了似的。徐敬亚回忆说："1995 年夏，参加完贵州红枫湖诗会后，我和唐晓渡、唐亚平一起去看望黄翔。那一天，我们几个人全部喝得大醉。不知为什么几个人忽然走散，我一个人历尽千辛万苦乘公交大巴返回了贵阳。我记得我摇晃着走在无边的山沟里，不辨东西，摸爬滚打终于找到了汽车站。我当时身体已经失去控制，但头脑还有一丝清醒。我努力抵抗着晕眩，心想我要抓住这清醒，不能倒下去。努力控制后，我甚至还躲到了一处小树林里呕吐完了才上车。那真是一次莫名的众人通醉！黄翔流着眼泪，说着那些年的往事。……那天暗中作祟的，不是未谋面老友的相聚，而是整整一个时代隐藏的内心悲哀。”

4. 黄果树瀑布

后来我写了一篇散文，一首长诗。

黄果树瀑布

我在小学时就知道黄果树瀑布。那时老师在提到祖国的大好河山时总是要提到黄果树瀑布。这是我们祖国的骄傲，雄伟壮丽，它就是这个万马奔腾的火红时代的象征。老师说。我经常看到各种黄果树瀑布的风景照片，印刷的质量不同，但图象基本上是一样的，绿树环绕中，一片黄色的水凝固在山体上。这些图片把黄果树有效地风景化了，它们从来不提供任何关于这个瀑布的具体知识，而是根据“祖国的大好河山”这一总的概念，把它风景化。所谓“风景化”，就是所有的风景图片都要拍得符合某个统一的标准，图片虽然拍摄的是不同的地点的风景，但却是依照同一标准复制的。因此我看到黄果树的图片并不会特别地激动，这和看到祖国的长白山、祖国的大兴安岭、祖国的南海这些图片的感觉差不多。风景化的图片使我仅仅把黄果树看成风景之一，这风景是没有空间、质量、空气和细节的，它们仅仅是祖国的骄傲这一概念的所指。

去年六月，我到了黄果树瀑布。入口就是那些图片拍摄的地点，在这里看黄果树，和图片告诉我们的别无二致。确实是雄伟、壮丽，确实是万马奔腾。不由自主差一点就脱口而出的正是那句老话：哦，祖国的大好河山！周围到处是卖旅游纪念品的，这些纪念品和拍风景照片的方法一样，也是按照某种“旅游纪念品”的统一风格制作的，根本激发不起我的收藏欲。我不由地生出一种在旅游点必产生的那种似曾相识的无聊感。

但那时我猛然间听见了瀑布的声音，当时我心里一阵激动，黄果树瀑布原来是有声音的。这声音即刻改变了我对黄果树瀑布这一名词的成见，我立即明白我抵达了一个与我在图片上所知道的那个黄果树瀑布毫不相干的地方。它提供的东西不是什么形而上的雄伟、壮丽、大好，而是声音。它放射的声波令我的耳膜鼓了起来，我和它立即建立了一种陌生的接触。我越接近它，我的生命和它和肌肤相触的面积就越扩大。它先是侵入我的耳朵，然后灌满了我的耳朵，最后，是震耳欲聋。与此同时，我的头发开始潮湿，我的眉毛和鼻尖开始潮湿；再走近些，我外衣开始潮湿，我的内衣开始潮湿、我的皮肤开始潮湿，我全身湿透，我像落汤鸡一样里里外外彻底湿透。

那悬挂在高原上的大瀑布，犹如一只弥漫于天地之间的巨手(一个糟糕的比喻，无话找话说的惯用伎俩)，从高处向我合拢过来，它抚摸我，亲近我，拍打我，刺激我，使我的每一个毛孔都张开了，呼吸着水声、呼吸着潮湿。我感受着我的生命在巨大的水声中的惊恐、疼痛；在潮湿中的寒冷、收缩。越走越近，我看见水柱像庞贝城在火山中毁灭时的大教堂的圆柱（自鸣得意的小聪明，他已经成落汤鸡，哪里还想得起来什么古罗马的庞贝城。所谓，诗是对经验的虚构）那样崩裂，轰隆倒塌，栽倒在水里，把水砸出了大坑。水在变形，在死亡、在合成、在毁灭、在诞生……那时候我魂飞魄散，“黄果树大瀑布”作为一个一直统治着我的与此相关的知识的一个早已干瘪的概念，顷刻间灰飞烟灭。另一个瀑布在我的生命里复活了，那时，一切都成为说不出来的动词，我不能说，我只看见水在动，在响，那不是马在奔腾，是巨大的不可抗拒的潮湿，把我淹没了。

后来，我发现人甚至可以绕过瀑布，抵达它的后面。我看到的黄果树瀑布图片永远只有正面，我一直以为这瀑布是紧紧贴着山体滚下来的，它不存在后面。现在，通过一步一步的接触，我发现它实际和山体之间还有着一条缝隙，人可以从那里穿过。我来到黄果树瀑布的后面，犹如哥伦布进入美洲，因为在中国的任何一张关于黄果树的风景图片中，都不存在这个地点。这里永远不会进入摄影镜头，因为这里太局部，太狭窄，自成一体，与黄果树瀑布正面呈现给人的整体印象无关，在这里犹如置身于水流的内部，看不出丝毫的雄伟、壮丽，没有任何所指，你看到的就是水犹如玻璃粉碎那样的运动。这里是瀑布的声带，唯一的发言者是瀑布，除此之外，任何话都听不见，哪怕你在赞美，哪怕你像圣经那样说话。

你唯一可做的事就是抚摸。你可以把手伸向瀑布，抚摸它飘散在外的细毛。于是你和这瀑布之间建立了一种真正的关系。水和落水者的关系，这可能意味着死亡，也可能意味着得救。

我本来永远不会就黄果树瀑布说什么话，这是一个多么俗不可耐的话题，一篇小学生千篇一律的命题为“春游某某”的习作的题材，一位满脑袋陈腔滥调的诗人的灵感来源，我有什么话好说呢？

但我抚摸了黄果树瀑布，我周身湿透，我有湿透的话要说。

一九九六年三月十四日

事件·溶洞之旅

引领你们在昆明市附近的群山中穿越溶洞
只因我先于诸位来过此处我的脚底板与它
有过亲密的接触引领？一个可疑的词一向
为先知专用又不是率领以色列人逃出埃及
又没有燃烧的荆棘不过是步行在一些人的前面
从洞穴中穿过一个风景区
夸夸其谈你将为此付出代价

自己走好还是跟着旅游团走好？
当然是跟旅游团
自己走你认得路？

请在此登船互相搀扶小心了不要跌落水中
每个人一块钱坐好了我们开船
怎么去地狱还要收费？这世道可真……
不是地狱是喀斯特溶洞花了三百万开发……
他的样子像不像副县长？一伙人笑得几乎翻船

顷刻从亮处进入暗处船和人已处于途中
石头和岩层环绕的空心喀斯特洞穴
一个水滴石穿的工地
光谱不同看法就不一样充满细节的旅途
有的地方昏暗有的地方阴暗有的地方幽暗
有的地方冥暗有的地方灰暗有的地方墨黑
有的地方乌黑有的地方漆黑一团

看都不看大家就公认此处为“看不见的”
把一切简称为“黑暗”
黑暗的？又一个陷阱小心啦不要掉下去
用词不当一个词真会把我们牵入地狱

让你们走你们能通过的
让你们看你们看得见的
引领你们去你们去得到的地方
哦别视我为弗罗伦萨的但丁
我只是导游我只是昆明的于坚
南方高原的居民穿山越岭
是我的日常游戏之一
我只是将在这个旅次中
向诸位描述一个司空见惯的喀斯特洞穴
我舌头短所以说得慢些

来不及啦自以为是的外地人
已在黑暗中一意孤行
暗暗把洞穴一词朝地狱的样子联想
“洞穴”在中学的课文中
它经常与贬义词勾结黑暗一词的主语
总是出没在窝藏阴谋死牢
豺狼妖怪和魑魅魍魉之间
洞穴当然要对地狱的肇始负责

“从这里我走进罪恶之渊
从这里我走进幽灵队里”
一些语词从黑暗深处浮上来
犹如石油管道中的气泡
鬼来啦！妖怪来啦！
有人在船尾嘀咕开开玩笑
可是无人觉得好笑
都相信已进到了阴界
皮肤真的在发凉
“我们在何处？
怎么一点儿也看不见？”
“我们位于地狱的入口”
“出口在哪里？”
“万一真有不测谁能拯救我们？”
都跟着咕噜起来一船兴奋的老鼠

找到了磨牙齿的地方
“我感到巨大的黑暗可我的手是空的”
“什么也抓不住啊!”又一个声音
“这个洞不可预测!”又一个声音
“黑暗无比!”“真可怕!”许多人异口同声

这一船舌头刚才还在昆明的阳光下咀嚼着亮词
祖国的大好河山啦明媚啦葱茏啦高原啦
热爱生活的一群要探究大自然的奥秘
此时已弃明投暗语词也受到影响

顺水行舟顺理成章从“黑暗”驶向“地狱”
纷纷打开词典翻到有关地狱的章节寻找合适的词
虚构者细节稍异代词有所不同意思是一致的
地狱中的王不是一个人是许多人
瞧啦都因为得到这个桂冠在暗自窃喜
哦撒旦引领着我们向前
把永恒的作业者和它的现场抛在一旁

如何在一个它本不是的地方
告诉他们不是是一句难讲的话
如何在一个他们在的地址
让他们知道他们在此而不在彼
是一种困难的引领

解释或推卸已无济于事
都在阴阳交错之间《神曲》与
大地的衔接处巴望着我
哦昆明的但丁这一点已被误解

一切本是石头充实之地太初
没有与表面不同的内部没有洞没有黑暗
缔造黑暗的大师不是灵魂是水
是水带来了黑暗也创造了被照亮的可能
水滴石穿一些石头不在了
水是水石头是石头
这些在着才呈现出那不在的

在石头和水之间那些不能体察而又让我们得以通过的内部
是什么是什么在实施容纳是何者取代了石头的充实?
是什么使我们得以“进去”使不在者成为“通过”?
是什么使我们对一个空处有那么多思路?

世界潮湿的阴道看不见人体一群代词在向前滑行
水和石头不断出现地形改变着喀斯特洞穴在后退
但无人根究那些具体的无人洞察那些在场者
无人把手伸出去摸一摸那是什么
都忙着寻章摘句朝地狱的深处走
他形容什么那就是什么他说谁像什么谁就是什么

哦创世的时间造物的船
满载着一船先知一船知道的人

看见了吗看见啦
没有人睁开肉眼形象思维又何必把眼睁开
都在闭目冥想这是什么地方?
世纪末的暗河地狱的十三层有人随声答道
这答案可真够标准对每个人都有启迪
心窍就此打开他们对另一种洞穴更感兴趣
瞧啦那一个像什么奥斯威辛的房间都抢着答
我看那一个更像唐僧那一个像是牛魔王看啦

要从我这个方向看那儿是不是五个妖怪的变形
不要看而要猜那是什么鬼
都猜到了都沉默下来
幽灵们悄然出现恶之花一朵朵面目枯槁
老阎的模特儿不是石头是船上的乘员

心坚石穿曲径通幽
更有才气的一位连“像什么”都不用
秋天深处天鹅的肉置身在一只母狼的腹中
肝叶耸立肺片高挂排骨插在软处
它的心脏是一朵黑暗中的睡莲
这答卷得分最高一条船都赞不绝口

中文系讲师身上有狐狸的气味
羚羊挂角无迹可求
游客们没有鼻子但有文化

这条船上有没有少女?
有没有本色的不需要虚构的女性?
乳名桂花原籍某某县的在介绍意大利的黑玫瑰
她乘着一船人什么也看不见暗示她就是贝雅特
看不见她的乳房感得到她的秋波
没有载体的女子裙子腐烂灵魂像风
抓住我我的心是空的看见了吗
德克萨斯的凶宅女死神的七孔桥
昏暗街道上的小马车巫师的麻布围巾……
大家都以为死去的美女全是说这种话

有人另辟蹊径他的幻觉与空虚有关
这是在一个巨大的灵魂中穿过
谁的灵魂?鲁迅的!NO图宾根的荷尔德林!
谁?我怎么没听说过是不是大师?
也许是但丁的胸怀!什么那个船夫的心?
他只知道收钱并告诉我们
这是一些石头的残渣

灵魂?这个词终于露面了

仿佛是盐撒在寡味的汤里
虚词酷爱在公共场所出现
在这个充满性灵的国家
它从来不是私人的东西
每个人都嗜好谈论灵魂
人们惯于相信只要用“灵魂”一词发言
精神就会突破泌尿系统胃和腹部的脂肪
与他那空着两个方格的胸部遭遇

坐在中间的一位不会讲方言口音和革命有关
一辈子都渴望着置身于“时代的前列”
业余斗士生活中一旦缺乏主义他就郁郁寡欢
他把一切都视为“暗无天日的”春天大地人类
包括他个人的婚姻床第日用器皿怀才不遇者
热衷于地下活动他的词典里停满了尸体
哦他可是这条船上最有魅力的人他是唯一的一个
拥有尼康照相机的游客

黑暗啊黑暗啊不在黑暗中沉默就在黑暗中爆发
哦吟者乃是诗人后裔一条船都记得这千古名句
说得正是时候大家心领神会应声附合
可我明明看得清一些石头看得见水面上的光芒

一条船都笑起来

瞧这船夫他当真了他不懂言此意彼
只有这个摇桨的笨蛋会把话当真
说说而已就只是说说
别当回事好吗长者在黑暗中息事宁人

黑暗递减眼睛的功能在恢复现在有些适应了
看见时已在岩穴深处纵深一千多米海拔三千公尺
石头一个个出现呈现出石头的样子
样子一个个出现呈现为石头

抓住了要抓住船这是唯一可以把握的实物
要坐牢你的座位原在这是开始也是结尾
要坐好了船会碰到石头也要小心头部
前几天还翻过一回船就在这附近
前面石头还多有的在水里有的看得见有的看不见
我们要从它们中穿过去才能找到另一个洞口
我说得那么具体那么显而易见就像一串废话

他们却听不懂
“就这些么仅仅是一个洞么”又一个灵魂发问
“是的一个喀斯特溶洞。”
“我们在何处我们到哪里去?”
“我们在溶洞里从石头和水之间通过
从另一个洞口出去”“哦目的地不明?”

又一个灵魂“不还有一百米就是出口”
“你是否能对我们的航向负责?”又是一个
“我不知道什么事都可能发生这是在路上”
“你能不能说点鼓舞人心的话?船夫。”
“我们是人不是一群在石头中穿过的石头”
“是的客人”
“他一点想象力都没有他不是但丁”
“我姓于”

终于穿过了一小时零十三分走完了全程
没有翻船没有人掉下去
全体安全地返回到亮处
我松了一口气幸运的是这些人只是嘴上说说
没有爆发也没有沉默没有反抗
一个个身体一动不动
像是一些装了声带的木偶

我只是不明白是什么在造孽?
是什么容纳了这么多的代词
把一个罕见的喀斯特溶洞变成了尽人皆知的地狱?
什么你不明白你不正是这一切文字的作者?
不正是你于坚本人在水滴石穿之后
把那些空处用一部祖传的字典填掉?

1995年6月

5. 贵阳

喀斯特地貌使贵州地面充满细节，很难交通，文化上有一种独立气质。同质化在这里推进缓慢，群山、坝子、溪流和溶洞顽固而庄严地抵挡着同质化的一马平川。夜郎自大，其实是一种存在感，独立精神，对同质化的恐惧，敝帚自珍。大块假我以文章，同质化唯有大地能够抵抗，人是挡不住的，只靠荷尔德林和几个诗人？海德格尔相当浪漫。丘陵、山头、河谷林立交错，贵阳很难进行那种大面积的拆迁。除非连大地一起拆。昆明拆掉了，因为它建造的滇池岸边的平原上，推土机所向无敌。大地（那些伟大的喀斯特溶洞和丘陵）庇护了贵阳，要把贵阳改造成一马平川的平原，相当费事。因此贵阳城只是局部地焕然一新，超现实般地杂陈着各种时代的建筑，新新旧旧，高高低低，参差不齐、电线管道如麻……这栋是 2017 年的高端大气之栋，转过去，后面就藏着 70 年代破旧庄严的老楼、40 年代的旧宅、晚清的秘府、鬼屋。大街、小巷、社区、坡道、下水道、人行道、单车、汽车、板车、大厦、中产阶级的豪宅与低端人群的朴素栖居、流浪汉的蜗居……彼此交融，相安无事，令这个城市充满人性。温暖、混乱、光明、黑暗、危险、安全而亲切。面子、形象不重要，重要的是好吃好在。一个具有存在主义风格的城市。这种没有焕然一新，高大上，依然有历史感，到处是包浆、旧时堂前燕的城市今天在中国已经凤毛麟角了。一条街一条街大大小小一家挨着一家的馆子，铺天盖地吃得个吆五喝六，翻江倒海。一幅“商女不知亡国恨，隔江犹唱后庭花“的样子。贵阳崇拜的是生活，而不是进步的观念，这个城市比较低调，在中国的媒体上很少听见贵阳的声音，低头过着小日子呢。这些馆子不大，不在面子，在温暖、好吃，味道周正、弥漫着烟火气，藏着古老的美食。许多外地正在失传的美食还大大咧咧地摆在贵阳的餐桌上。比如脆哨。昆明也有，我少年时代就知道这道美食，但是昆明已经失传了，昆明现在的所谓脆哨，只是油渣，坚硬难咬，发苦。脆哨是油渣的升华。百度介绍说，“脆哨的制作方法：1. 选取槽头肉、五花肉（三线肉）、精瘦肉（前夹肉）。2. 将肉均匀切成大拇指般大小。3. 用大火将锅烧热后，放入肉丁不停翻炒。4. 等肉丁出油6成半左右，将火调至小火。5. 肉丁出油至7成（肉丁缩小1/4左右），将锅内的油尽数倒入其他容器。6. 边翻炒肉丁边均匀倒入甜酒酿（每5斤肉/5钱甜酒酿的量）。7. 翻炒至出油八成（肉丁出油已尽）时，将提前准备好的白酒（苞谷酒为佳）、生抽、陈醋（都以每5斤肉/5钱的量）均匀喷洒至肉丁上，不停翻炒约5分钟左右起锅。一锅色泽油亮、咸香爽口、脆梆梆的脆哨就做好了。”云云，呵呵！这是脆哨吗？这是标准。脆哨比这个高明多了。有一家叫作“丁家脆哨”的老店。老远就听见铲子在锅底上翻炒的声响，门口排着队呢。当街支着大锅，油烟滚滚，肥脆在锅中钻石般晶亮。娘子脸上还有一抹油烟，也顾不得擦了，要哪种，软哨，还是脆哨？中国文化的超越性是在日常生活的万事万物上超越，至良知，日用即道。民以食为天，这个天不仅是下雨打雷走云的天，也是管着“大象无形、大音希声”的形而上的老天爷。所以汉语有“味道”这个词，这个词与希腊人的真理一词一样重要。时间无情，如果丧失了对超越性的持存，脆哨就重返油渣。

茅台酒出在贵州不是偶然的，那地面的粮食厚道，具备可以升华的资质。茅台是一种厚度，但不仅茅台，本地酿的酒都很厚，粮食厚嘛。酒过三巡，大家就要划拳，还要唱歌，就像是《水浒》里的场景。贵州本是土著人的地面，也是中原酒徒的乐园，他们被流放到这蛮荒之地，只有借酒浇愁。饮酒是一种最原始的肉身升华解脱形式，人与野兽不同，野兽找到吃的就行，吃了睡，睡了吃。仁者人也，人需要迷狂，需要超越，需要胡说八道，需要唱歌跳舞，需要做爱而不只是繁殖。酒是通神的最原始的媒介，文还在酒之后。就是文质彬彬的知识界也不例外，《山花》主编李寂荡和老朋友唐亚平请我吃饭，一位朋友的家宴。三巡，几位诗人作家就开始划拳，酩酊大醉时，豪言壮语、秘闻真相滚滚而出。“狄奥尼索斯（酒神）将远遁的诸神的踪迹向下带给失神者（Gtterlosen）”“狄奥尼索斯见证了两者的存在（Seyn），他就是（ist）这种处于原始一体性之中的存在（Seyn）。狄奥尼索斯不是众多半神中的一个，他是别具一格的半神。他乃是最野性的、在生殖冲动中不可穷竭的生命之肯定，他也是毁灭之最可怕的死亡之否定。他乃是魔性的迷醉力量（Berü ckung）之至福，同时是迷乱的惊恐之恐怖。“他令白天与黑夜和解”“……远古的混乱\重新来临。（荷尔德林）”（海德格尔《论狄奥尼索斯》）这种肝胆相照的酒席如今在中原越来越难见到了，同质化消灭细节的速度够快，不仅拆迁了建筑物，人性都越来越规范了。韦伯讲“祛魅”，本雅明讲“灵光消逝”，海德格尔讲“图式化时代”都还讲得太轻。今天，人正在消失。孔子所谓的人正在消失，仁者人也，仁就是亲，这个世界啊，越来越举目无亲。

何锐坐在我旁边，沉默的兄长，已经74岁了。某种黄金时代的遗老，《论语》经常提及的那类被鲁迅善意揶揄的孔乙己式的人物。说贵州方言，像个遵义会议上的土著秘书。戴着眼镜，清瘦，发呆，不省人事，专注于工作，与他说话总是忽然醒来的样子。神出望外，似乎走着走着就会一头踩空，回到深渊里去。他确实摔过，有一年我与他在某地开会，早餐后跟着他出来转转，一转眼就不见了，还以为他去买烟了。后来听说有人从停车场的台子上跌了下去，是何锐。我是最后一个见到他筋骨完好无损的人，后来在床上躺了一年，现在好了，垂垂老矣，依然在编书。他是这个时代最杰出的编辑之一。我此生有幸，总是遇到何锐这种人物，掌握着作品的生死大权。就像美国电影《天才杀手》里的人物那样，只是一心要让他心仪的作品见光，别无私念。我们认识了快三十年了，通过作品相识。多年前，他冷冷地来信约稿，我记忆犹新，那信的意思是，不要傲慢，我也很傲慢。此后多次发表我的作品，也来信称赞。我投稿给他，连邮票都不贴，在信封右上角剪去一角，就寄给他。他只管发表。这天喝酒，我担心他坐不住，叫他不要来，他一定要来。次日我去书店做讲座，他又来坐着，送给我一盒茶。我写了几个字给他：何锐老矣山花烂漫主编在兹斯文传世。

何锐之后，《山花》主编是李寂荡，他是诗人，“逼仄的隧洞\昏眩之灯？摇逐渐远离正沉入秋天的群峰\深入似乎没有止境的深入\我们像一枚海贝\游走于石的大海……倘若没有在黑暗中漫长的摸索\当天光乍泄\喜悦又怎能随之降临”。席间，戴冰送给我一本书《穿过博尔赫斯的阴影》，这就是歌德所谓的“世界文学”

时代，贵州与阿根廷隔着无边无际的喀斯特。这里没有一句西班牙语，但是出现了博尔赫斯。这是否意味着另一种同质化？最终，我们都在一个头脑中思考或者不再思考？汉字令我放心，博尔赫斯永远看不懂。我也喜欢博尔赫斯，那是一个迷恋老子的作家，他读到的是哪个老子？戴冰的解读精密而深远，不像是在说博尔赫斯而是他自己，他就坐在我旁边，他旁边是他的夫人黄冰。他有点斜视，似乎可以看见世外。我跟着何锐下楼，贵阳夜晚的街道，吃喝是唯一的事，人们为大地之赐叹息，哀叫。有一种彝族人的荞饼，要蘸着蜂蜜吃，云南也有。南美也有这样吃的饼，玉米饼，也是蘸着蜂蜜吃。世界真美好。

郑瞳是《山花》的编辑，他来火车站接我。现在昆明到贵阳开通了高铁，只要两小时就到。时间被改变了，大地无法改变。虽然只有两小时，但依然要穿越千山万水，所以还是遥远，感觉比过去更遥远，人们不会因此轻易就到贵阳去。就像安装一部电梯，1 楼的人也不会随便就到 20 楼去。这种时间的罐头化很不自然，在电梯里，人们彼此面面相觑，冷若冰霜，欲言又止，就像失败的夫妻，出电梯门的时候，总是有一种解放感。遥远是因为细节的模式化，你得去火车站，你得过安检，你得出示身份证，你得坐在大厅里等着被宰般地等着，牵挂着行旅，盯着那些闪烁不停的告示牌。时间被面条般地拉长了，才等了一分钟，感觉已经过了一个世纪。被动，无聊，麻木被体制化地强加于你，生命没有过程，没有细节，只有目标。进入车厢，许多人因无所事事而昏睡。细节的丰富令时间充实，细节的单调令时间漫无边际。到了贵阳，时间复原，花不再畸形地秒开，山不再荒诞地疯高。河流上的波回来了，云的轮廓清晰了，一切都慢镜头似的倒着带，大家提着箱子像工厂下班的工人那样慢慢地走，脚踏实地，心才落下来，仿佛刚刚经历了九死一生。大地曾经那样撕扯着喧嚣着开裂般地旋转，惊心动魄。高速列车将人抛入一种断线似的境遇，经验断裂，感觉极端，一切只令空间更遥远，绝望更强烈。昆明到贵阳，感觉仿佛是穿越了地球。所以，郑瞳站在那里，我觉得像是个外星人。他不是外星人，他写诗“山上的树木和草重新绿了＼就像它们从来不曾枯萎＼就像刚刚过去的冬天＼从不曾到来＼风年年都是这样吹着＼我知道＼死去的亲人们＼他们对我的爱＼从未改变”（《清明节》），他住在贵阳的一栋老楼里。

另一天，我跟着他去吃早点，他说，9点钟再去。怪了，9点钟都快到午饭时间了，还吃什么早点？他说，去早了要排长队，9点钟人会少些。磨到9点半，跟着他走去一条旧街，一路上遇到几个满足幸福，用根牙签在嘴角上掏着的家伙。那馆子还在排队，队伍鱼尾般地甩在街道上，里面座无虚席，吃得个热火朝天，红辣白旺，没有空座位，抢到位子的幸运儿们大快朵颐，肘子抵着肘子。门上有个木匾，“大南门肠旺面。”肠旺面云南也有，就是贵州传过去的，我很喜欢吃。昆明武成路武成小学对面，徐霞客到过的那棵大树附近，有一家肠旺面馆，天天排着大队，像在医院挂号似的。就像普鲁斯特喜欢吃巴黎布乐耶街的玛丽家做的臭奶酪，博尔赫斯热爱南锣鼓巷的哥伦比亚咖啡，利奥波德·布鲁姆喜欢博兰食品店当天现烤的面包，“吃起来就像恢复了青春一样”，我隔三岔五就要去整上一碗，望着那汤厚油红的海碗，总是对世界人生充满感激。武成路被拆掉了，这家面馆不知所终，令人郁郁寡欢。大南门肠旺面馆，就像是卖肠旺面的延安一样，从黎明就开始召唤着各路人马，买到票的人表情都是“解放区的天是蓝蓝的天，解放区的人民好喜欢”那种。队伍慢吞吞地磨，担心着排到时那口锅空掉。终于轮到了郑瞳，肠旺面还有，卤鸡蛋只剩了一个。他笑眯眯地说，你一定要吃。我一口咬下去，某种秘方溢出来，抵达天堂的感觉。这是我吃过的最好吃的卤鸡蛋了。再挑一束面，软而脆。其他就不消说了，说也说不出来。郑瞳说，好吃的不仅这一家。对贵阳充满了好感，一个地方不好吃不好玩不好在，去做什么？最难吃的地方在哪里？高速列车上，医院。20 世纪以来反生活的潮流猖獗，鲁迅是伟大的，但他只是观念的伟大，他不喜欢生活，生活属于“只看见吃人”的旧世界，属于孔乙己。那颗茴香豆是多么美好的人生细节，孔先生不过是喜欢个茴香豆，吃出了细节，味道，就被无情地冷嘲，怒其不争。庸常无聊善良消极无害的小生命、小文人、小文盲、小落后、小顽固、小懵懂、小糊涂、小妥协、小残疾、小温柔、小沉默……世界因之充实、丰富，是由这些人组成的，曹雪芹乔伊斯也才有得写的，满世界都是争强斗狠较劲比酷的积极分子，这种世界其实很费力，很残忍，我们领教过。1965 年，我 11 岁时，曾经在我家巷口的那家电影院看过一部波兰电影《华沙一条街》，里面有个镜头永远难忘，秘密警察闯入民居，看见一个胖裁缝伏在缝纫机上，愚蠢笨拙，只图个饭碗的样子，那位趾高气扬的警察用棍子一指，喝道：把这个废物拉出去毙了。像乔伊斯那样写如何在都柏林的一间旧房子里出恭，像普鲁斯特那样写他祖母传下来的橱柜如何在夏日玫瑰开放时发情般地秘密开裂，像曹雪芹那样写如何在春天的落花中吃一顿晌午的作家，恐怕只剩下张爱玲。唉，贵阳的肠旺面哪！瞧门口那锅肥汤，热气腾腾，包浆滚滚！

郑瞳又带我去黔陶乡骑龙村桐埜书屋，这是清康熙时贵州诗人周渔璜儿时的读书之处，他后来参加过《康熙字典》编纂，著有《桐埜诗集》。他一边在京都上班，一边想着退路，念念不忘故乡。书屋不是建在京城，而是建在故乡，这是他可以死的地方。这书屋是重建的，一处两层楼的院落，院子左侧没有造墙，凿个水池隔开，池上有一间茅草亭，颇有创意，但古人不会这样盖房子，不安。院落后面挨着青山，山上有寺庙的废墟。“桃花本自秦时种，溪水甯知汉祀多”（周渔璜）。书屋前面有条小河，一处泉水流到河里，泉水边砌了个砚台般的石头池子，水口上雕着个龙头，水色深碧，像是这个龙头吐出的一块翡翠。茂林修竹，柏翠松森，是个清净好在处。从前中国许多知识分子一生的努力要达到的就是这种隐居。奋斗一生，只是为了再退回来，超越性地回到大地上。向死而生，无论苏州的园林还是陶潜的山居，都是回到大地上去。到周渔璜这一代知识分子，“归去来”已经不是惊世骇俗的异端思想了，而是生活体制。人生从大地出来，以文在世，最后要超越性地回到大地上，就像西方人在天堂得救。园林、四合院就是大地的转喻，道法自然的结果。“昨日入城市，归来泪满巾，遍身罗衣者，不是养蚕人。”可以理解为阶级意识，但还有一个意思，遍身罗衣，也意味着身的遮蔽，文胜质则史。养蚕才是生命的最高境界。“我故笼中羡高鸟，君徒画里著烟箕。仙源偶值还乡路，聊抱新诗寄梓歌”《桐埜诗集》。屋前屋后走了一趟，有很多古树，苔厚皮深，苍老的脸，顽固而难以捉摸。摸一把，凉气扎手。出来看见那亭子里有小石桌，就想坐下喝杯茶，郑瞳去和守门的说。有顷。端着过来了，茶倒是好茶，只是用纸杯沏，可惜！

回来的路上，郑瞳接到一个电话，说是黔灵山上的一个和尚打来的，问想不想去山上喝茶。已过中午，之前跟着郑瞳在青岩镇吃了美味（糕粑稀饭，米豆腐，极品！青岩卤猪脚，青岩豆腐，鸡辣角，冰粉等等），昏昏欲睡，就说，我睡哈，醒了再定。就在车厢里倒头睡去，醒来，车子恰好驶到山门前，下车吧。黔灵山住着猴子，它们是这座山的原住民。站在路边上，不说话，只是等着过路的人给点吃的，彼此抢夺。穿过猴群，到了弘福寺，那和尚已经迎来。法名释通谛，俗名董星。以前也写新诗的，翻开一本杂志。上茶，好茶！一边喝茶，一边望着猴子在阳台对面大雄宝殿的琉璃顶上走过去。它们是先来的，大殿是后起的，大殿闪闪有光，深厚庄严，猴子莫名其妙，光着屁股，一跃上了古松。茶过三盅，起身告辞。董星送到山门。说，前面右转，就是高速公路收费站。

2017年12月12日星期二在昆明紫庐